U0052975

# 從傳統到現代

## ——佛教倫理與現代社會

傅偉勳　主編

東大圖書公司

國家圖書館出版品預行編目資料

從傳統到現代:佛教倫理與現代社會／傅偉勳主編.－－二版一刷.－－臺北市：東大，2009
面；　公分

ISBN 978-957-19-2942-2　(平裝)

1.佛教倫理學 2.文集

220.11307　　97011330

 從傳統到現代
——佛教倫理與現代社會

主　　編　傅偉勳
發 行 人　劉仲文
著作財產權人　東大圖書股份有限公司
發 行 所　東大圖書股份有限公司
地址　臺北市復興北路386號
電話　(02)25006600
郵撥帳號　0107175-0
門 市 部　(復北店)臺北市復興北路386號
(重南店)臺北市重慶南路一段61號
出版日期　初版一刷　1990年10月
二版一刷　2009年5月
編　　號　E 220190
行政院新聞局登記證局版臺業字第〇一九七號

ISBN 978-957-19-2942-2　(平裝)

http://www.sanmin.com.tw　三民網路書店

# 再版說明

佛教，是釋尊因了悟世間一切皆苦而創立的宗教，強調人生境界的提昇，以求在實踐層次上獲得解脫。唯自佛滅後的「第一次結集」以降，對佛典學理的訪求與檢證，成為了佛學研究的一部分；現代佛教學者受到西方學術研究方法蓬勃發展的影響，更愈加傾向將學理本身作為宗教研究的目的。傳統的佛教學者與僧徒，面對這種情形，往往感到無所適從，甚至起而拒之。

有鑑於此，聖嚴法師（時為中華佛學研究所所長）特於一九九〇年召開「第一屆中華國際佛學會議」，廣邀十方碩學齊聚一堂，期盼藉由學者們的集思廣益，使傳統佛教與現代社會，能夠恰到好處的銜接配合，相得益彰。

此次會議獲得來自世界十八個國家、超過一百位學者專家的參與，可謂盛況空前，其開創性的地位至今仍難以撼動。會議期間宣讀的四十多篇論文，影響力更是歷久而不衰。本書即為此次會議之中文論文集。

適值本書再版之際，我們除了重新設計版式、改正少數誤漏之處外，更以本局自行撰寫的字體加以編排，相信於讀者在閱讀的便利性與舒適度上，都有很大的助益。希望透過本書，使讀者諸君對我國佛學研究的現代化，有更進一步的瞭解。

東大圖書公司編輯部　謹識

# 總序

佛教的目的，著重於人生境界的提昇及人間疾苦的疏解，不是為了滿足人們對於知識的探求。但是，佛教思想，源遠流長，佛教文化，極其豐富。除了成立於印度的三藏聖典，尚有漢藏等多種語文的佛教文獻，只要以現代的治學方法，加以研究考察，均會有所發現。

中國佛教，自魏晉迄隋唐，發展出大小乘的十宗之說，宋元以後，日漸式微，至於晚近，則僅遺下幾乎僵化了的佛教軀殼，少有佛教生命的精神內涵。我自己便是出生在如此環境中的一個僧侶。我在少年時代，只知有佛經可以讀誦，不知佛經還可以講解，更不知如何來依據佛經的教誡而信受奉行。年事稍長，雖知佛經可以講解，卻發現三藏聖典浩如湮海，不知從何著手。最不幸的是遭逢到中國現代史上政治的大動亂及社會的大變遷，我既未能受完六年的小學教育，也未能受好僧侶的基礎教育。二十五歲之後，接觸到了譯自日文的現代佛教著作；三十歲起，自修日文，看懂了日文原文的佛教著作，使我的視野，漸漸從古老的中國佛教圈內，擴大到了現代世界佛教的領域。結果使我理解到，若要復興中國佛教，必須先去認識世界佛教，若非引進新知，很難挽回中國佛教衰亡的命運。因此，我在臺灣南部的山中，禁足及掩關，度過了六年的自修生活之後，便以三十九歲的中年之身，毅然東遊日本，留學於東京的立正大學，先後依止華嚴學者坂本幸男博士 (Sakamoto Yukio)、印度學者金倉圓照博士 (Kanakura Ensho)、中國佛教史學者野村耀昌博士

(Nomura Yosho)，以六年的時間，完成了文學碩士及文學博士學位。

我在日本學成之後，首先想到的，是日本自明治二十一年至昭和四十二年 (1888–1967) 的七十九年之間，培育出研究佛教學的文學博士，共計二百七十一位，平均每年培養出三至四位；在我們中國，自我獲得博士學位的一九七五年起，每年能夠培養幾人呢？以什麼環境來培養呢？事實上當時中國大陸的中共政權，正在大鬧「文化大革命」，不會歡迎我這樣的人回去。中華民國的臺灣佛教界，也沒有人做我的後援。所以一九七五年底我就到了美國，暫時放下學問的研究，一邊學英文，一邊指導禪修的方法，在紐約創立了禪中心 (Ch'an Meditation Center)。到了一九七八年，應臺北中國文化學院之聘，擔任哲學研究所教授及中華學術院佛學研究所所長，發行《華岡佛學學報》年刊，這個因緣，又將我拉回到教育及學術的崗位上。一九八五年，我在臺北創立了現在的中華佛學研究所，出版《中華佛學學報》年刊。至此，我總算能為中國佛教的教育及學術，做一些事了。

傳統的佛教學者，不論是梵語系、巴利語系、漢語系、西藏語系，沒有一位是為了學術而研究的，他們都是藉研究的方法達成實踐的目的。可是近世的印度學、佛教學、漢學，目的不在宗教的信與行，而是在於學術的真與明，故在傳統的佛教徒們，初初接觸到現代佛教學的論點之時，頗有難以適應的現象。但是，現代學術的求真求明，乃是無可懷疑的，縱然學者們提出的觀點，未必皆能成為永久的定論，但經過精密審查的結論，必定有其相當程度的可靠性。與其禁止學者們發表新觀點，倒不如也來認真地認識學者們的新觀點，通過新觀點的試鍊，仍能落實到對於佛法的信仰與實踐，佛教才具有更大的耐力和潛力。我是基於如此的信念，籌備且召開了第一屆中華國際佛學會議 (The First Chung-Hwa International Conference on Buddism)。

我自一九七〇年起，成為「日本印度學佛教學會」(Japanese Association of Indian and Buddhist Studies) 會員，一九七六年加入 International Association of Buddhist Studies，出席過多次國際性的佛教學術會議，特別是近年來所見的佛教學者中，雖然尚有不少是非佛教徒，而其中佛教徒人數的比率確有越來越高的趨勢。純學術的討論，無傷於佛教信仰的尊嚴，則已相當清楚。因此，我們這次的國際佛學會議，不論宗教派系及其立場背景，凡對會議主題有研究的專家學者，都是我們考慮邀請的對象。最初我們只計畫邀請三十位學者，宣讀二十篇論文。但當邀請函寄出之後，自動請求參加以及輾轉推薦介紹的相關學者，來自十八個國家，竟達一百多人，會議期間宣讀的論文，有四十篇之多，如此良好的反應，乃我們始料之所未及。

如果依照慣例，凡是召開國際學術會議，地主國的出席人數，多半會超過外籍的學者，這一點我們也做到了。不過我們的人數之多，不是以學者做比例，而是邀請了國內各佛學研究所、各佛學院的師生代表，讓那些關心佛教教育及佛教學術的明日之星，即使在國內也能呼吸到由今日國際知名佛教學者們陶冶出來的學術空氣，並讓大家把心胸敞開，把眼光放遠，看看人家對佛教做著怎樣的研究，有了那些成果？聽聽人家對佛教抱持怎樣的看法，有了那些異議？

我在本次會議的「緣起」之中曾說：「我們目前是迫不及待的引

進國際的佛教學術成果，也希望讓國際佛教學術界知道我們正在向這個方向努力，讓他們來提供經驗和訊息，同時也讓中國國內的佛教內外人士，很快的認同佛教學術研究的重要和必要。」會後檢討，我們固然為此投注了大量的人力與物力，然豐富的收穫，已是有目共睹的事實，這該是對本所相關人員的最大鼓勵；故在會議閉幕之日，與會學者全體一致期望，今後能夠每兩至三年召開一次，本所自當努力以赴。

會議的名稱「中華國際佛學會議」，固然與主辦單位中華佛學研究所有關，更是站在中國佛教的立場，放眼於世界佛教，把世界佛教的成果引回中國，把中國佛教的智慧傳到世界。會議的永久主題是「佛教傳統與現代社會」，希望將佛教的傳統美德，為現代社會貢獻最大的力量。至於如何把佛教的傳統與現代社會，恰到好處的銜接配合而相得益彰，那便是邀集專家學者們來討論的課題了。

第一屆會議的年度主題是「佛教倫理與現代社會」，分作英、中、日三種語文發表，會後商得日文發表學者的同意，各自譯成英文。也有四篇論文，本來即以中英雙語宣讀。本所聘請傅偉勳及華珊嘉二位教授，將大會的四十篇論文，分別編成中英兩冊論集；英文部分，洽請紐約的綠林出版社 (Greenwood Press) 出版，中文部分則由臺北的三民書局（以東大圖書公司名義）出版。本所以此作為一項獻禮，分享關心這次會議的諸方賢達。

最後，我要為傅偉勳及華珊嘉兩位教授的精心編輯，並將我的這篇序稿譯成英文，致最高的謝意，也要向這次會議的總策劃人游祥洲博士的全心投入，由衷的感激；對於國立中央圖書館、臺灣大學哲學研究所、東吳大學哲學系、文化大學哲學研究所、輔仁大學宗教學研究所、日本佛教大學佛教文化研究所、美國天普大學宗教系、夏威夷大學宗教系等各單位的惠予協辦，使得本居會議成功，在此一併致謝。

釋聖嚴

一九九〇年四月十四日序於紐約

# 引論

今年 (1990) 元月十二至十五日，中華佛學研究所在中央圖書館舉辦了第一屆中華國際佛學會議，在「佛教傳統與現代社會」這永久主題下，選定「佛教倫理與現代社會」為此屆會議研討主題。來自十八國的數十位中外學者，環繞著傳統戒律、佛教與世俗倫理、佛教倫理本身的現代化落實與發展等等重要課題，各別提出學術論文，也展開了極其熱烈的公開討論與對談交流。中、日、英三大部門在中央圖書館的討論場地，場場爆滿，可說盛況空前，充分反映出臺灣佛教界人士（不論出家在家）以及一般知識分子對於此屆會議主題的強大興趣與認真關注。此屆會議所獲致的豐碩成果，也象徵了我國的現代化佛教研究正在進入嶄新階段，方興未艾，前途未可限量，有待我們共同努力。

本屆會議的英文論文部分 (包括日本學者的論文英譯)，因中華佛學研究所所長聖嚴法師授意，由聖地亞哥州立大學 (San Diego State University) 哲學系的華珊嘉 (Sandra Wawrytko) 教授與我共同主編，已交紐約的綠林出版社 (Greenwood Press) 印行。出版之後，版權與收入全部歸屬該所。至於海內外中國學者所提出的中文論文部分，聖嚴法師亦授意由我主編。三民書局董事長劉振強先生欣然表示願意出版，由該局所轄東大圖書公司印行。該局王韻芬小姐來函建議，書名稍予通俗化，以便普及，原先的會議主題仍可當做副題。聖嚴法師與我都表示同意，乃以「從傳統到現代」為本書主題，「佛教倫理與現代社會」為副題，合起來可以聯貫中華佛學研究所籌劃當中的多屆佛學會議的永久主題與本屆會議主題兩者的旨趣，也可同時表示，佛教在「傳統與現代化」課題之中，佔有不可或缺的極大分量。本書除三篇主題演說（當做附錄）之外，共收十五篇論文，大致依照佛教戒律與倫理觀念的歷史發展乃至現代化探討的次序重新安排。以下我依此次序，逐一提示各篇論文的理趣，以及這些論文之間的相關性與銜接點，或可稍有助於一般讀者的理解。

本書首篇〈三皈依與現代社會倫理〉，係由中華佛學研究所副所長李志夫教授所提出，環繞著佛教傳統之中最根本的「三皈依」（佛、法、僧三寶的皈依與奉持）理念，討論佛教在現代社會的倫理價值與意義，尤其強調佛教三皈依對於現代政治民主觀念、社會道德觀念、家庭倫理、經濟制度的健全化等等，具有啟蒙教育的重要意義。

臺灣大學哲學系的楊惠南教授針對「十事非法諍」的起因、經過和影響予以討論之後，進而藉此論及佛教戒律的方便性。他認為「十事非法諍」構成原始佛教分裂成為部派和大小二乘的第三原因，也是最主要的原因。他下了結語說：「佛教傳入中國，並進而傳入目前的臺灣，其時空上的變化無疑地相當巨大。在這樣一種不同（古印度）的時空背景之下，要中國甚或臺灣的佛教徒來遵守這些戒律，是不可能的。因此，目前所顯示的現象是：人人受戒、人人破戒。……如果我們不想繼續做一個受戒而又破戒的佛教徒，如果我們下定決心要做一個心安理得的佛教徒，那麼，依照戒律的『方便』精神，大膽地修改不合時宜的戒條，此其時矣！」此一結語雖令人有「破天荒」之感，卻有發人深省之處，值得我們大家反思。

此刻在東京大學博士班研修的惠敏法師的論文，則專從大乘佛教的瑜伽行學派基本論書《瑜伽師地論》中所列《聲聞地》的「種姓論」探討，去重新發現佛教倫理的一些重要特質。此篇論文涉及大小乘佛教的觀念與術語，以及《聲聞地》與《攝大乘論》、《成唯識論》的「種子論」的比較等等，可能對於佛學並不熟悉的讀者相當吃力，但如有耐性好好細讀兩三次，當可刺激讀者進一步探索佛法與佛教倫理的興趣。作者所下的結論，如「在善法的完成上，先天的資質（種姓）是基礎，但後天的教育（聽聞正法）也是重要」等語，實有助於我們在大小乘經論之中重新發現種種佛教倫理的深層義蘊出來。

在所有中文論文之中，引起數百位在場學者與場內聽眾的公開討論（甚至出家眾與在家道信徒的辯論）最為熱烈的，莫過於現代佛教學會理事長藍吉富居士所提出的〈大乘經典中之在家佛教徒的地位及其角色功能〉這一篇。他在大乘經典尋找理據，證實在家佛教徒的地位與角色，在大乘初期已有顯著的改變，其主要特質是在「在家佛教徒逐漸地易附屬為自主、轉卑下為平等」。據此，他批判地檢討傳統中國佛教界所流傳的「僧尊俗卑」的意識型態，是否合乎大乘佛教的倫理原則。他舉歐陽大師的慨嘆為例，認為在標榜「僧俗一貫」的大乘時代，如果仍然執意堅持「僧尊俗卑」，則容易使人不以為然。他又點出，依《優婆塞戒經》所載，在家菩薩亦如出家菩薩，可以弘法收徒；又進一步引申該經有關在家菩薩弘法收徒的幾點意趣出來。藍居士所檢討的這些問題，當會繼續引起僧俗雙方的關注與辯論無疑。

接著上述三篇多少涉及印度佛教歷史背景的論文，就有兩篇有關「孝」的倫理的論文。現為新加坡東亞哲學研究所專任研究員的古正美博士，特就大乘佛教孝觀的發展背景進行通盤性的考察，引用大乘經典，主張「大乘孝觀的理論發展及實踐方法也都是在護法信仰體系之下開創出來」。她又強調大乘孝觀原是貴霜文化的發展結果，因此我們不能不知大乘孝觀與佛教政治史發展的關係。

目前應聘執教於臺北法光佛教文化研究所的佛教學術界耆宿冉雲華教授，則專就〈中國佛教對孝道的受容及後果〉考察，認為：(1)中國社會倫理的孝道壓力，遠較印度佛教所承受的要沉重得多；(2)孝道在中國佛教思想的地位，遠比印度佛教思想要更高一層；(3)孝道與中國官僚政治結合在一起，從而對佛教的寺院經濟造成不利的後果。作者所達到的六點結論，如「外來的壓力來自儒家重孝的傳統、皇室的提倡、刑罰的威脅與鎮壓、家族組織的監督，與通俗文化推波助瀾」等等，都很值得讀者細予探討。

直接關涉中國佛教的戒律或倫理的論文，除了上述冉教授的一篇之外，還有六篇，其中游祥洲博士（此屆會議總策劃人）的論文專就中國大乘佛教的懺悔倫理，進行有關此一倫理理念的蘊涵分析，又析出中國佛教懺悔儀式的八大特色，最後做一綜合性評價，強調中國佛教懺悔倫理的下列三點，在東西方文化交流特別值得我們重視：(1)反罪惡感的宗教意識，(2)重自力的道德感，以及(3)理性化的宗教態度。作者同時指出某些流弊，包括形式化、商業化、教條化、迷信化等等。作者所指摘的這些負面現象，確實值得現代中國佛教徒的共同檢討。

在美國紐澤西州的拉特格（州立）大學 (Rutgers University) 宗教系執教的于君方教授，則提出另一有趣的論文，特就戒殺與放生討論中國佛教對於我們現代人格外關注的生態問題的貢獻，而在結論部分主張「把中國人傳統對父母應行的孝，廣泛地推廣到對所有眾生及生態環境行大孝」。于博士把慈悲心、孝道（及其擴充）與環保、生態等現代倫理問題的解決結合起來，自有她的新義與深意。

中華佛學研究所所長聖嚴法師是本屆會議的總召集人，他也提出一篇〈明末的菩薩戒〉，同時另外印發〈明末中國的戒律復興〉，作為補充資料。聖嚴法師不但獲有日本立正大學的博士學位，同時又是中國戒律學的極少數權威之一，提出上述論題，恰當不過。在〈明末中國的戒律復興〉，他舉出明末戒律的四大特色，並分就明末戒律的著作、明末的在家戒與出家戒、明末的受戒法、明末的戒律環境等等一一討論說明。在〈明末的菩薩戒〉，他首先提及梵網菩薩戒的源流，然後分別論述雲棲袾宏、蕅益智旭、在犙弘贊、三昧寂光、德玉等明末佛教大德有關戒律的說法。他在這兩姊妹篇所討論的明末戒律，一方面足以啟發讀者對於戒律學歷史研究的興趣，另一方面也提醒我們，對於傳統戒律如無充分的了解與知識，所謂「佛教倫理與現代社會」的課題研討，只不過是紙上談兵而已。

聖嚴法師在〈明末中國的戒律復興〉最後說道：「一直要到清末民初，始有另一位弘揚戒律的大師出現，那便是演音弘一。」此篇的結束正是中華佛學研究所教授曹仕邦博士所撰論文的起點。曹教授專就弘一律師夾在戒律與僧制之間所產生的兩難之局，舉出多例予以評論，而下結論說：「……由於受到中土佛門傳統的影響，弘一律師步入他的律宗先世大德底命運，面對同樣的兩難之局。因此，當人們看到弘一律師某些行為是背離戒律之時，其實律師在實踐僧制中的某些行事。」作者的結語對於傳統戒律與僧制如何有其現代化的充實或調節，提供了耐人尋味的思維靈感。

本書最後收有直接關涉佛教倫理的現代詮釋或現代化課題的

四篇論文。首先是來自夏威夷大學的鄭學禮教授（開會期間正在臺北，為臺灣大學哲學系訪問教授）所提出有關佛教道德現代式詮釋的論文。鄭博士此篇所論及的佛教倫理觀念與問題相當廣泛，主要內容包括五戒、十惡、龍樹對於業論的質問、大小乘在道德心理學與形上學的殊異性、東亞佛教中禪與淨土的倫理觀念，以及禪的工作倫理與今日東亞經濟成就之間的關聯等等，十分豐富，又有啟迪性意義。

其次是慧嚴法師（日本佛教大學研究員）的〈佛教倫理與時代潮流〉。她在此篇所提出的主要問題是：「承繼了中國江南佛教系統的臺灣佛教，有關佛教倫理的實踐，在今日的社會裏是否需要興革?」她特以八關齋戒為例去透視與檢討，最後總結她的討論，並提出建議，說：「……我們在討論佛教倫理與現代社會時，我們需要了解實踐佛教倫理的時代性與區域性。為了達到這個目標，我想我們需要開拓佛教學術研究的自由空間，以客觀的立場來關心了解自己生存的社會，提昇佛教倫理實踐的層次。」

中國（大陸）社會科學院世界宗教研究所的楊曾文教授，是本屆會議的唯一大陸代表，由於海峽兩岸的政治問題還未解決，無法親自來臺參加，因此由他人代讀他的論文。楊教授在論文中首先提示社會道德和佛教道德的相關性，接著提出大乘佛教的道德原則，即慈與悲。然後針對五戒、十業、三皈依、六度、慈悲喜捨、四攝等等大乘佛教倫理的主要道德觀念和道德規範，一一予以分析，再進一步探討三聚淨戒的大乘倫理的實踐意義，最後對於大乘佛教倫理的繼承與發展課題，特別強調太虛大師所倡導過的「人生佛教」，以及海峽兩岸各別發展的「人間佛教」等等涉及大乘佛教倫理現代化課題的新近說法。由於此篇論文出自唯一大陸代表的手筆，格外引起海峽此岸佛教界人士的注目。

本書最後一篇，是由此刻在美國費城天普大學 (Temple University) 宗教學研究所主持佛學與東亞思想博士班研究的傅偉勳教授所提出。為了（大乘）倫理的現代化重建，他以二諦中道為理論根基，試創下面一套具有五對倫理學名辭的模型：⑴僧伽本位的微模倫理對社會本位的巨模倫理；⑵具體人格的慈愛倫理對抽象人格的公正倫理；⑶動機本位的菩薩倫理對結果主義的功利倫理；⑷修行本位的戒律倫理對規則本位的職責倫理；以及⑸無漏圓善的成佛倫理對最低限度的守法倫理。作者認為，應用此一模型，當有助於我們重新探討並發揚不二法門的中道原理（理論層面）與大乘菩薩道的慈愛精神（實踐層面），藉以暗示如何適予解決佛教戒律的現代化等圈內課題，以及佛法與世法之間的種種圈外問題。他在結語說道：「與耶教傳統相比，佛教傳統在社會倫理的現代化落實這一點仍很落後，如何通過創造的對談，學到其他宗教傳統的優點長處，藉以充實本身的倫理道德觀點，乃是現代佛教徒與教團不可迴避的首要課題。如何依據二諦中道的根本原理，大大發揮（大乘）佛法在世俗諦層次的倫理威力，可以說是一切佛教徒的共同責任。」

如上所述，本書所收十五篇論文環繞著會議主題所各別提出的歷史考察、課題探討、理念詮釋、問題分析、未來展望等等，可謂百家齊鳴，各有千秋，充分反映出佛教倫理的圓善性、包容性、開放性、應時性、方便性、社會性等等基本性格，有待繼續充實與發展。就這一點說，第一屆中華國際佛學會議的舉辦與成功，對於我國佛教文化與學術的未來發展，具有極其重大的象徵性啟迪意義，讀者通讀一次本書之後，當可領略出來。

傅偉勳

一九九〇年五月十五日於聖地亞哥市華珊嘉教授處

# 從傳統到現代
## ——佛教倫理與現代社會

目　次

# 壹　三皈依與現代社會倫理

李志夫

## 一、前　言

今天整個世界，都面臨民族問題、民主問題，以及主權問題，這些都是屬於政治問題。

今天整個世界，也面臨吸毒問題、青少年犯罪問題、性氾濫問題，這些都是屬於社會問題。

今天整個世界，老年人、兒童必須有賴社會立法來保護，失去了家庭之溫暖。老人固已注定寂寞終身，而兒童成年後，亦變成自私、冷漠、孤獨。

個人人格分裂，必會帶來社會秩序解組；社會秩序解組，必會帶來政治上之叛逆。反之，亦會使得個人人格愈加分裂。這些問題，呈現在未開發或正開發之國家中更為嚴重。

為何會有這樣的結果呢？我們認為，是因為：人們在政治上、社會上，乃至個人生活上都沒有「皈依」感。

已開發之國家，已奠定了完整之政治制度；確定了一定之社會規範；培養了個人獨立之人格。獨立人格之個人，就在治人與治於人之間，維持了一個均衡點，也正是政治、社會、個人之皈依處。但就政治倫理來看，仍是沒有皈依處的。

正開發中之國家或未開發之國家，多為賢人、強人，乃至暴民政治，全賴其個人領導；且政權之篡奪、政變頻繁，人亡政息。政治、社會、個人沒有均衡點，也就沒有皈依處。

論及「皈依」，我們不能不溯及釋迦牟尼佛所創立之「三皈依」(tri-śaraṇa-gamana) 制度。這種制度，維繫了佛教兩千多年。而且，歷久常新。所以我們確信，三皈依對現代社會，應有積極地啟示作用。

所謂三皈依，根據《阿含經》:「阿難，唯提波羅陶師歸佛、歸法、歸比丘眾、不疑三尊……」❶

為何要皈依三尊呢? 佛陀說，是表現皈依的人具有三種本身自有的德性:「有三自歸之德，云何為三? 所謂歸佛第一之德，歸法第二之德，歸僧第三之德。」

三尊，有什麼值得尊重、皈依呢?

就佛而論:「諸有眾生，二足、四足、眾多足者，有色、無色，有想、無想，至尼維先天 (navasaññinasaññina) 上，如來於中，最尊、最上、無能及者……諸有眾生承事佛者，是謂承事第一之德，以獲第一之德，便受天上、人中之福，此名第一之德。」❷

---

❶ 《中阿含經》卷 12，《含婆陵耆經》，《佛光阿含藏》，《中阿含經》一，頁 424。

❷ 《增一阿含經》卷 13，〈三寶品〉第二十一，《佛光阿含藏》，《增一阿含經》一，頁 399–401。尼維先天，即非想非非想處天，為無色界第四天，三界中最高天。

就法而論：「所謂諸法，有漏、無漏，有為、無為，無欲、無染，滅盡、涅槃。然涅槃法於諸法中，最尊、最上無能及者。諸有眾生承事法者，是謂承事第一之德，以獲第一之德，便受天上、人間之福，此名第一德。」

就僧而論：「眾生之中，如來眾僧於此眾中，最尊、最上、無能及者。……是謂承事第一之德，以獲第一之德，便受天上、人中之福，此名第一之德。」

綜此三德，佛為一代之教主，證得涅槃之聖者，自為一切眾生中之第一德；佛陀因之修行，而證得涅槃法，自為形上、形下第一法；皈依於佛、法之僧眾，放棄了個人財富、聲、色之娛，自亦是佛陀徒眾中之聖者。

「三自皈」之皈依者，自然具有三種德性；而虔誠地皈依，更是與三德合一。這也是佛、法、僧，以及一切有情眾生之均衡點與皈依處。

如果我們將「佛」比之於「國家領導人員」；將「法」比之於「法律、法規」；將「僧」比之於「各級行政幹部」，也有三德之尊，也是受尊之為三德。我們的現代世界，一定更為美好。

根據《聖法印經》及《法印經》：「清淨、空性、寂滅」就是涅槃❸。皈依「法」，就是皈依清淨、空性、寂滅，也就是皈依涅槃。

為什麼要皈依「法」呢？因為此「法」即是真理，是佛陀所發現之真理：「法爾如是，法住法界，此法常住。」❹僧是上承佛陀所

---

❸ 《大正藏》卷 2，頁 500，及拙著《中印佛學比較研究》（中央文物供應社發行），頁 110。

❹ 《雜阿含經》卷 11，《大正藏》卷 2，頁 84 中。

發現之真理，下化眾生的傳道者。由此可知：皈依「法」是知識範疇，皈依佛與僧則是倫理與道德範疇。

換句話說：三皈依，乃是通過佛與僧之倫理、道德範疇，以達到最高真理涅槃法之知識範疇，這是我們站在哲學思辨立場說的。如果站在宗教立場看：涅槃乃是眾生之究竟解脫，這才是最高之倫理，才是真、善、美之極致。尤其印度之學者們，大都將宗教上之「解脫」列入倫理學之中；西方從希臘乃至士林哲學家，雖然也論及動機與方法之善，但極終之善還是上帝，人們認知了神，也認知了真、善、美，那才是最終極之倫理。

佛教是宗教，其皈依法，也是倫理的。因此，我們說佛教之三皈依，也就是佛陀為佛教所建立之基本倫理，也是佛教的大憲章。

## 二、三皈依之價值

釋迦牟尼佛有大智，所以有大悲；有大悲，所以有大智。大悲在於濟世久遠，大智在於以前車為鑑。他的思想與方法都是取自印度傳統與非傳統之精華，去蕪存菁而成❺。而他為佛教立的大憲章——三皈依亦不例外。

㈠三皈依之溯源：原來印度教之大憲章就是所謂三綱領：吠陀天啟，祭祀萬能，婆羅門至上。如果用佛陀的話說，則是：皈依吠陀，皈依祭，皈依婆羅門。其中皈依吠陀與皈依婆羅門就等於皈依法、皈依僧。

佛陀受耆那教 (Jainism) 的影響很多，基本上，三皈依也是直接

❺ 見拙著前書，第三篇，頁 617–647。

受其影響的。耆那教之耆那 (Jina) 不是教主，而是解脫的聖者。他們除了皈依耆那教教義之外，也皈依僧，皈依耆那。耆那與佛不同者：除其所服膺之教義不同外，佛陀為教主，而耆那只是解脫的大靈魂。

㈡自創憲章：佛陀時代已見到婆羅門教的敗象，認為他們所「皈依祭」是迷信，其所皈依之法《吠陀經》更不足恃，因之靠祭祀營生之婆羅門更不值得皈依。

耆那為大靈魂，佛陀是倡緣起的，當然反對靈魂說，自然也不贊成其法與僧。但佛說「三皈依」之概念則是從婆羅門教、耆那教而來的。

此外，佛陀除了不得以上兩者之教義外，同時也反省婆羅門的腐敗，不足以發展教務，《吠陀經》與祭祀也不足以鞏固其信仰中心。

耆那教的僧雖然修苦行，足為萬世師，卻不足為萬世法，所以不能開物成務，其抽象不實之「耆那」信仰亦不足成為信仰中心。

所以佛陀建立僧團之戒律，以防僧團腐敗，蹈入婆羅門之覆轍。改耆那教僧團之修苦行為「中道修行」，以利宗教之發展。

同時，將虛無、形上、神觀為中心的皈依，改為他本人、人格的、現實的，佛陀為皈依中心。

可見，三皈依之概念或名詞雖是得自前二者，但佛陀三皈依之內容與精神卻是佛陀自行創立的。唯有他具有大悲、大願才有此氣魄，直下承擔；今天也足以證明是因為佛陀的大悲、大願，才能使四眾弟子感動而聖法長住。

㈢聖法長住：佛教傳到現在，已歷兩千四百多年❻。之所以能

❻ 佛陀出生與涅槃年代不詳。室利蘭卡學者以為西元前五六四～四八〇；

聖法長住，歷久常新，實應歸功於佛陀高瞻遠矚，自己為佛教樹立了倫理宏規，而成為佛教大憲章；而此憲章還能傳之久遠，其原因如次：

1. 佛於眾生中最尊：從《六度集經》❼所載佛之本生，以及以後大乘經如《華嚴》、《法華》、《楞伽》諸經中所載：印度傳統文獻，遠比佛陀之前幾百年，乃至幾千年之神、魔、仙人，都皈依了佛，成為佛陀大弟子。如以文獻學、歷史法則來看，簡直是笑話。但如站在文學或宗教上來看，也更顯出它的價值。

譬如佛陀前生若干世本生為鹿，見人溺於水，而救護之。前本生為魚王，見眾魚為漁網所捕，乃以大尾刺破網，而群魚得逃生等故事❽，皆在說明悲心存於一切眾生之中，低等動物尚有悲心，何況人！

佛能使群魔、諸神、諸仙都能皈依其座下，乃是指佛陀的悲心能寬恕怨敵，攝服諸神、眾魔，這自然已屬有情眾生中之最尊了。

就現世觀，佛陀以國王太子之尊出家修行，其能捨棄榮華富貴，聲色美食之樂，即已夠偉大了，進而能得大證悟，實非常人所能；成道後倡眾生平等，使得最低的首陀羅也能與婆羅門同起同坐。佛陀甚至優先為理髮匠的首陀羅剃度，他就是有名的優婆離 (Upālī)。

佛陀在《阿含經》中所揭示之修行內容是從如何做好個人之本分為起點，首先要分別善惡，知道自己之缺點，努力學習，親近好

---

中國學者認在西元前五六八～四八六。參閱拙譯《印度通史》下冊（國立編譯館出版），頁 1614。拙著《中印佛學比較研究》，頁 977–988。

❼ 《大正藏》卷 3，本緣部，上。

❽ 同前，頁 32 上、下。《六度集經》第五十一及六十。

人，追求正法，獨立思辨，依次奉行。像這樣作為一個公民的條件做到了，才能正式出入戒、定、慧三無漏學，然後才能證入解脫道。從《阿含經》中，我們所看到的大都為求「建立人間倫理」，其所示倫理條目，可說超越任何宗教之教條❾。可見佛陀最重世法。其原因有兩點：其一，人生倫理，是解脫倫理之基礎；其二，救度眾生必須建立社會倫理。換句話說，佛陀之悲願是要眾生解脫，也同時完成了人間的倫理教化工作。

我們無論從佛陀之人格，佛理之教化，以及他教化之精神與方法看，他都是「眾生之中最尊」。

2.涅槃是諸法中之尊：涅槃 (nirvana)，就是清淨、空寂。我們在前面舉過《聖法印經》為例，這應是佛陀最早所給予涅槃的定義。以後他又陸續指出：「色無常，受、想、行、識無常，一切行無常，一切法無我，涅槃寂滅。」❿之後又演進成「四法本末」說：「一切諸行欲不滅盡此亦難得，滅於愛欲永盡無餘，滅盡涅槃。今有四法本末：「一切諸行無常……一切諸行苦……一切諸行無我……涅槃為永寂……是謂諸賢四法本末。」⓫這就是以後的四法印。

一切現象的、有形的，都是變化的、無常的，包括「我」在內。既然我也是無常，故無我。我既不可得，而眾生尚一切以我為計，所以一切諸行苦。

涅槃法所以為諸法之尊，在使眾生知道一切空寂之後才不會貪著利養，執著生死；正因為不會貪著利養，執著生死，所以才能發

---

❾ 楊郁文先生之《阿含經講義》，尤其頁 12，學、道過程表解部分。

❿ 《雜阿含經》十，《大正藏》卷 2，頁 66 下。

⓫ 《增一阿含經》卷 18，《大正藏》卷 2，頁 639 上—640 中。

大悲心，救度眾生。在〈中般若品〉稱之為「菩薩行般若波羅蜜與空相應」⓬。

佛法深廣無比，但綜言之：緣起因緣法是他的宇宙觀，四諦法是他的人生觀，法印則是他前兩者之究竟結說。換句話說：他是以萬象之遷變歸於涅槃之空寂；眾生之生老病死，歸於涅槃之空寂。在空寂中產生悲願，與空相應，去救度眾生。

這種以超越的出世法，去救治世法，自不愧為諸法之尊了。

3.僧為佛眾弟子中之最尊：佛既為眾生中之尊，佛法涅槃又為諸法中之尊，專為傳播佛法之僧眾一定是佛弟子眾中之尊。這是從必然的邏輯而得之結論。

再從歷史來看，佛教歷經二千四百多年，現正方興未艾，逐漸發展到了歐洲、美洲，佛教教主之威、德，佛法之高深，自然為其原因之一，但佛教歷來之高僧大德，代代興起，代代相傳，延佛慧命，實在功不可沒⓭。

究其原因：

⑴佛教有偉大的傳統：出家人以皈依佛陀、佛法為榮，至於為什麼以此為榮呢？我們在前已談到，佛陀為眾生之尊，涅槃為諸法之尊，所以以皈依佛、皈依法為榮。

⓬ 《摩訶般若波羅蜜經》卷1，〈奉缽品〉第二，《大正藏》卷8，頁121中、下。印順老法師，《初期大乘佛教之緣起與展開》，頁680。

⓭ 關於佛教歷代大師輩出，可參閱《大正藏》卷49至52，史傳部，《東初老人全集》之一《中國佛教近代史》。至於中、印以外其他國家，手頭無資料可考。而日、韓、以及宋、明以前之高僧，部分已錄於「史傳部」中。

⑵佛教有豐富的文獻：佛教在印度能留下那麼多文獻，遠超過印度正統之宗教，乃至一切其他宗教。基本上說，印度是不重文獻的民族，而佛教能留下那麼多文獻，簡直是一個異數。

而且，更值得一提者，自兩漢、魏、晉、南北朝，至隋、唐以來，印度大多佛教文獻已譯成漢、藏文，否則大量佛教文獻亦會在印度遺失。這也是佛教復興的第二大異數。

第一個異數應歸功於佛法本身之深廣，第二異數應歸功於佛法之人文精神與中國儒家精神相契，其出世法又為中國道家相接引。

而韓、日文化又早受中國所影響，對於接受佛教亦如中國相契合。

⑶應歸功於有效之戒律：佛教僧團之維繫，除佛、法信仰外，便是戒律了⓮。佛陀住世時，由於徒眾增多，始漸漸規定戒律，大多簡單明瞭，稱之為「增上戒學」⓯。到了部派以後，有的部派則各有增益，其中以「根本一切有部毘奈耶」為最完整，其他尚有薩婆多部、彌沙塞、摩訶僧祇等部之戒律。

從內容上分，無論僧、尼，從出家到塗毘，其中行、住、坐、臥，聆法、受戒、托缽、受供，接物、交談等，無一不在戒律中規定著，遠比一個國家的「法規彙編」還要詳盡。茲舉一例：「觀軍學處」說：比丘尼如乞食，或有軍人入寺、或軍人主動找其交談，不算犯戒，但不能表示一己之好惡⓰。像這樣的細微小節，在律中已制定了。可見在印度的佛教僧伽所受之教育是極為嚴格的。迄今南

⓮ 詳參《大正藏》卷 22 至 24。

⓯ 見楊郁文先生，《阿含經講義》，增上學，頁 49–59。

⓰ 《根本說一切有部苾芻尼毘奈耶》卷 14，《大正藏》卷 23，頁 982 下。

傳佛教多尚因襲之；而中國僧團，為適應中國的社會環境，大致是依禪宗「百丈清規」。不過，出家、剃度、受戒，尚悉依古制。但中國的法師最受世人尊重的，還是他們能「嚴守清規」，不近色、不葷食，這在一般凡人看來，已足夠為天人師了。食、色，性也，能反制自然，昇華人性，佛教之教律能使僧伽延佛慧命具有極大的作用，僧眾為其弟子中之尊，實當之無愧。

佛既為一完格的聖者，雖然有人迷信其為神，但這不礙佛的偉大，只能歸咎於迷信者自身。涅槃空寂，雖有人誤認為是消極，而皈依「青燈古佛」，亦只能歸咎於消極者自身之墮落、頹廢，無損於空相應之大乘行者。雖然，也有極少數的出家人，敗壞清規，但亦不影響大多數僧伽承擔了如來家業。總之，佛、法、僧三皈依制度之確立，對佛教之發展，實具有重要之價值。

## 三、現代社會倫理

雖然家庭、社會、國家有其一定之界限，也各有其重心或中心，無論社會如何變遷，此一原則終不會變；而社會又連接家庭與國家成為一個整體社會，也是不變的。

但是，現代的家庭、社會、國家之重心確是變了，而形成了現代社會之特色。那就是家庭、社會、國家倫理之頹廢。之所以如此，我們認為可歸納成下列三種原因：一為政治民主的盲點；二為社會福利的盲點；三為兩極經濟制度的盲點。

㈠政治民主的盲點：傳統以來，無論是賢明政治或暴君政治，都同樣地是寡頭政治。寡頭政治在倫理上所形成之國民是表示喪失思想之能力，盲目崇拜權威。

一旦享受到民主，不是盲目崇拜權威依舊，就是不知民主真諦，以反法治、反秩序為民主自由。在政治上則是反叛性的政治團體；在社會上則是政治的社會暴力；在家庭則形成嚴重之代溝。

實施民主的先進國家，已有完善的政治制度，雖然沒有反叛性的政治團體，或政治的社會暴力，在家庭之代溝也較小；但卻使家庭、社會、國家之領導重心或中心發生了變化。重心或中心在於多數的一方，家庭重大事務往往都賴家庭會議中決定。而社會犯罪才是社會上唯一的暴力，政治上的暴力則消滅於無形。但多數雖合乎公平、民主原則，普羅大眾往往教育程度低，知識不足，理性欠缺，所以多數所選出之候選人未必是理想的當選人，這樣，豈不又變成多數決「非暴力之暴力」，追求「善」的倫理必將受到扭曲。

總之，在民主政治尚未臻成熟的國家，人民對於國家、社會領導重心或中心不是失去皈依感，就是誤認個人自由為民主，容易產生社會暴力。也由政治上的暴力，更導致純犯罪性之暴力增加。而現代先進的民主國家，雖然沒有以上的缺點，但是，前面所說，受教育較低的絕大多數所選出之當選人，未必是精英人才，繼之由他們進入議會之後，進入政府主政時，就未必會有理想之法案與施政，政治倫理則無法建立。

㈡社會福利的盲點：隨著政治經濟的發展，社會亦跟著發展，社會福利就是全民普遍的要求。基本上說，這是政府與人民在權利與義務上之均衡發展。

今天，政府權力已伸展到家庭與個人，從出生報戶口到死亡撤銷戶口；其中，入學、結婚、治產、納稅、服兵役……無不在政治權力之下生活，甚至家庭之婚姻、財務糾紛，作父母者均無權處理。

在傳統社會上，家長可以處理家務事；社會發達，地方紳士維持社會公信力；政府只是賑災、負責戡亂而已。

今天，既然政治權力及於家庭、個人，相對地，家庭、個人之權利亦及於政府。凡家庭、個人能力所不及之基本權利必須全賴政府負責。諸如生、老、病、死、衣、食、住、行，以及求職、結婚等。因為今天的家庭，家長之權力已漸消失，族長、地方賢達、紳士也有無力感。因之子女對父母之依靠僅止於未成年時期之養育，以後則自行獨立，家庭倫理於焉淡薄。而父母年老也寧願居住在養老院，過著孤獨的寧靜生活。由之，社會倫理亦漸漸在衰微之中。

㈢兩極經濟制度的盲點：我們所稱之兩極經濟制度：一是指資本主義社會，一是指共產主義社會。

1. 資本主義社會：雖然今天的資本主義國家，對於社會福利不遺餘力，但畢竟還要保持個人主義與資本集中兩大原則。這便是鼓勵人民，一切向「錢」看。

我們在前面指出：福利社會人民與政府之權利義務是直接的，家庭、社會倫理漸漸式微，而資本主義社會，一切向錢看，利令智昏，個人倫理觀念已日漸淡薄，更使得倫理欲振乏力。

2. 共產主義社會：經濟上是計畫經濟，生產社會化，分配社會化，旨在要求分配公平，而不在增進福利。所以他們的經濟落伍。由於人民抱著吃「大鍋飯」的心態，多工作、少工作反正拿的工資是一樣多，致使其經濟落伍，那已是其分配經濟之負現象了。人民所需均是分配而得，各得其分。父母、子女在依存關係上，只有親情，沒有且亦無力有經濟下之贍養以示孝思。

在社會、家庭倫理上，資本主義與共產主義社會可說都有相同的結果。不過在政治倫理上，二者稍有差別，資本主義是「非暴力之暴力」所選出之政府或議會，未必賢與能，不能有效地建立起政治倫理，以及政治倫理之修行。共產主義，是靠少數人掌權，以軍隊作權力中心的寡頭政治，未必賢與能，更不能有效地建立起政治倫理，以及政治倫理之信仰。在政治倫理上，兩者之現況雖不同，但結果確是一樣。

## 四、結　論

在本文論及「三皈依之價值」時曾論到：佛教之所以能綿延二千四百多年，而且現正方興未艾，實在是由於教主具有大慧廣被眾生；有大智締造了佛法；有大行成為證道的聖者；有涅槃空寂、世、出世法之旨歸；還有忠心佛、法，嚴持戒律，慧心四溢，以弘法為己任的僧伽。

在本文論及「現代社會」時，曾指出：以民主方式所選出來的政府領導人或代議士，未必是社會精英，甚至是無所不為，專放高論之狂士。如是之人，行如是之政，立如是之法。使執行公務及司法人員，作如是行、如是判。於是，致使失去公信力，政治倫理、社會倫理、家庭及個人倫理亦隨之喪失。

本文並不是特立過高之陳義：希望政府負責人、國會代議士都像釋迦牟尼佛，也無意希望他們的施政、立法都能適於四海，要求執法者與行政官員都具有僧伽的宏願。

而是希望政府負責人、國會代議士都能以政治家自期自許，而後才有大悲心，愛國家、愛同胞；有了大悲心才有大智慧，擬出好的施政，立出好的法案。

但,「徒法不能以自行」⓱，我們今天的法已深入到家庭、個人，已僵化了人與人之倫理關係，使整個社會只見到冷冰冰的法，感覺不到暖暖的熱情交流，即使有也是在大眾傳播主導下「擠」出來的幾分情緒而已，而不是真情流露。很多法破壞了各層次之倫理。倫理破壞，則法不足以自行。倫理為法之根本，皮之不存，毛將焉附?所以政、法必須「導之以德，齊之以禮」然後「有恥且格」⓲。

當然，本文也沒有奢求負責行政官員，有如僧伽，清修自持，以救世為己任。但作為一個公務人員，忠於政府，遵從法規，為民服務亦是天職。

如果政府領導人員、國會議員，能具有充分的自尊與被崇敬，其施政與法案亦值得信賴，行政官員獲得尊重，整個社會公信力必可建立。政治、社會、家庭乃至個人之倫理亦能得到皈依。我們所面臨的政治問題、社會問題、家庭乃至個人問題當必可稍有疏解。

政府領導人員、國會立法者及各級官員，以及他們所定之法規，如果具有公信力，就能受到民眾的皈依，使民眾能產生皈依感。於是我們可以說：建立皈依政府、皈依法治、皈依公務人員三皈依，即可揄清今天世界之紛亂。

是此，佛教三皈依對於現代社會倫理實有啟示之價值。

---

⓱ 《孟子‧離婁上》，陳立夫著，《四書道貫》，頁 627。

⓲ 《論語‧為政》，陳氏前著，頁 593。

# 貳　從「十事非法諍」論戒律的方便性

楊惠南

## 一、部派佛教形成的各種傳說

佛法從「根本佛教」、「原始佛教」❶進一步而分裂成為多派別的「部派佛教」乃至更後來的「大乘佛教」和「小乘佛教」，傳說中不外下面幾種因素：

⑴三藏的首次結集——「五百結集」，令人不盡滿意。

⑵由於「對佛的永恆懷念」❷，以致高舉了佛陀的神聖性格。

---

❶ 所謂「根本佛教」，是指釋迦佛在世時的佛教。而所謂「原始佛教」，則指釋迦佛逝世後一百年左右（「十事非法諍」發生之前）的佛教。一般的佛教史家都把這二階段的佛教合一而稱為「根本佛教」或「原始佛教」；也就是說，「根本佛教」和「原始佛教」在這些學者看來並無本質上的差異。但是日本的宇井伯壽卻以為二者有本質上的不同，因此必須分別而論。參見宇井伯壽，《印度佛教思想史》第一章，收錄於藍吉富編，《世界佛學名著譯叢》（臺北：華宇出版社）。

❷ 「對佛的永恆懷念」一詞是印順法師用來解釋佛法從「根本佛教」、「原始佛教」、流變到「部派佛教」乃至「大乘佛教」的原因。參見印順，

(3)隨著時、空的轉移，有些戒律已經不合時宜。

其中，第(1)「五百結集」不盡令人滿意，形成了「窟外結集」和三藏之外另有兩藏（以致共有「五藏」）的傳說。這一傳說，具體而微地記載於唐玄奘的《大唐西域記》當中：

> 大迦葉波結集西北，有窣堵波，是阿難受僧訶責，不預結集❸，至此宴坐，證羅漢果。……西行二十餘里，有窣堵波，無憂王之所建也，大眾部結集之處。諸學、無學數百千人，不預大迦葉結集之眾，而來至此，更相謂曰：「如來在世，同一師學，法王寂滅，簡異我曹。欲報佛恩，當集法藏。」於是凡聖咸會，賢智畢萃，復集素呾纜藏、毘奈耶藏、阿毘達磨藏、雜集藏、禁咒藏，別為五藏❹。

引文中說到了大迦葉（波）為首的結集——「五百結集」❺和「大眾部結集」的不同，也說到了參加大眾部結集的僧人乃是「凡聖咸會，賢智畢萃」；也就是說，大眾部所領導的結集，乃是解脫的

---

《初期大乘佛教之起源與開展・自序》（臺北：正聞出版社，1989）。

❸ 在第一次的「五百結集」當中，多聞第一的釋迦弟子——阿難，傳說被結集的召集人——大迦葉所排擠而無法參與結集的盛會。後來經過阿難的據理力爭，才被大會的僧人所接受（參見龍樹，《大智度論》卷2；《大正藏》卷25，頁68a–b）。這意味著「五百結集」並不是所有釋迦的弟子都參與，也意味著一些無法參與的釋迦弟子並不一定認同這一次的結集。

❹ 唐玄奘，《大唐西域記》卷9；引見《大正藏》卷51，頁922b–923a。

❺ 「五百結集」的名字，是由於參與者的人數共有五百阿羅漢而來。

聖者和未解脫的賢者和凡夫共同聚集的盛會。引文中又說到大眾部所結集出來的佛教文獻共有「五藏」，它們是：⑴素呾纜藏，即經藏；⑵毘奈耶藏，即律藏；⑶阿毘達磨藏，即論藏；⑷雜藏；⑸禁咒藏。其中，⑴～⑶即是一般所說的「三藏」，和大迦葉所領導的五百結集所整編出來的聖典並無太大的差別。但是第⑷的雜藏和第⑸的禁咒藏，則是五百結集所沒有的；一般相信這即是所謂的「大乘經」。儘管這一傳說的出現可能較晚，因此也較不可靠，但是這一傳說意味著當時的佛教徒，並不滿意五百結集所編輯出來的三藏。相信這是促成佛法一再分裂的原因之一。

佛法一再分裂的原因還有第⑵點——佛弟子「對佛的永恆懷念」，以致使得佛陀的性格起了神聖的變化。因此，一些保守的佛弟子起來反對這種神化的傾向，試圖保持佛陀的人間性，並因而分裂成為兩個教派——保守的上座部和開明的大眾部。有關這點，可以從傳說中的「大天五事」的爭議得到證明。

大天 (Mahādeva) 是大眾部的領導者，由於他提倡一種把佛陀視為比一般的阿羅漢還要更加完美的主張，因此引生了一連串的爭議。最後雖然在當時統一全印度的國王——阿育王（無憂王，Ašoka）的調解之下，平息了這場紛爭，但卻使得和合的佛教僧團分裂成為上座和大眾兩個部派。有關這一傳說，世友的《異部宗輪論》記載得非常詳細：

> 如是傳聞：佛薄伽梵般涅槃後百有餘年，去聖時淹，如日久沒。摩竭陀國俱蘇城王號無憂，統攝贍部。……是時佛法大眾初破，謂因四眾共議大天五事不同，分為兩部：一、大眾

部；二、上座部。……其五事者，如彼頌言：「餘所誘無知，猶豫他令入，道因聲故起，是名真佛教。」❻

引文中把大天的主張歸納成為一首偈頌❼，頌中說到了大天所主張的五件事情：⑴「餘所誘」；⑵「無知」；⑶「猶豫」；⑷「他令入」；⑸「道因聲故起」。在這「五事」當中，除了最後的「道因聲故起」之外，其他四事都在闡述佛陀比阿羅漢偉大、圓滿❽。由於大天這樣地高舉佛陀而貶抑阿羅漢，以致上座部的僧侶們群起而攻之，並分裂成為上座和大眾兩大部派❾。其中，大眾部更進而發展成為大乘佛教。無疑地，這是由於「對佛的永恆懷念」而引生的佛法上的變化。

佛法由和合一味而分裂成為部派和大、小乘的不同派別，傳說中還有第⑶種原因，那即是「十事非法諍」。這是由於時空背景的轉移，使得原來的戒律不再適用於時代當中，因此有人試圖更改戒律，有人卻保守地死守戒律，以致分裂成為兩派。「十事非法諍」的起因、經過、內容和影響，我們將在下面詳細討論。

---

❻ 引見《大正藏》卷 49，頁 15a。

❼ 依據《阿毘達磨大毘婆沙論》卷 99，這首偈頌是大天在半月一次的「布薩」儀式當中所唱唸出來的（參見《大正藏》卷 27，頁 511a–c）。

❽ 由於篇幅所限，這五事的詳細內容不在本文的討論之內。讀者可參閱《阿毘達磨大毘婆沙論》卷 99；《大正藏》卷 27，頁 511a–c。

❾ 分裂的詳細過程和結果，請參見《異部宗輪論》和《阿毘達磨大毘婆沙論》卷 99。

## 二、「十事非法諍」的起因、經過和影響

在現存的漢譯廣律當中，大都記載著「十事非法諍」的歷史事實。例如《五分律》卷 30 即記載說：

> 佛泥洹後百歲，毘舍離諸跋耆比丘，始起十非法：一、鹽薑合共宿淨；二、兩指抄食食淨；三、復坐食淨；四、越聚落食淨；五、酥油蜜石蜜和酪淨；六、飲闍樓伽酒淨；七、作坐具隨意大小淨；八、習先所習淨；九、求聽淨；十、受畜金銀錢淨。彼諸比丘，常以月八日、十四日、十五日，盛滿鉢水，集坐多人眾處，持鉢著前以為吉祥，要人求施。……有欲與者與之，不欲與者便譏呵言：「沙門釋子，不應受畜金銀及錢。設人自與，不應眼視。而今云何作此求施！」時長老耶舍迦蘭陀子，在彼獼猴水邊重閣講堂，語諸比丘言：「汝莫作此求施！我親從佛聞，若有非法求施，施非法求，二俱得罪！」……跋耆比丘復以耶舍前教諸比丘為罵僧，犯波逸提，語言：「汝當見罪悔過！」耶舍答言：「我無罪可見，云何悔過？」跋耆比丘便聚集，欲與作不見罪羯磨。於是耶舍便以神足，飛往波旬國[10]。

引文中說到了下面的幾件事情：⑴釋迦逝世後大約一百年左右，位於東方毘舍離 (Vesālikā) 的跋耆比丘 (Vajjiputtakā Bhikkhū),

[10] 《彌沙塞部和醯五分律》卷 30；引見《大正藏》卷 22，頁 192a–193a。

因為主張十件「非法」的戒律，因此引起了由西方波旬國 (Pācīnā) 來的比丘——耶舍迦蘭陀子 (Yasa Kākaṇḍakaputta) 的指責，並產生了爭議。⑵十件「非法」之戒律的具體條目。⑶爭議的導火線則是：毘舍離的跋耆比丘，在每個月的初八日、十四日和十五日，在人多之處向路人乞錢，而西方波旬國來的耶舍（迦蘭陀子）比丘，卻以為這是違反佛陀所制訂之戒律。

在這三點當中，最重要的自然是第⑵的十件「非法」之律的具體內容。這十件「非法」的事情，《十誦律》卷 60、《四分律》卷 54，都有不盡相同的譯名和內容⓫。現在依聖嚴法師在其《世界佛教通史》上集所列舉的名稱和解釋，說明如下：⑴角鹽淨，僧人可以貯存食鹽於角器當中。⑵二指淨，日影未過兩個手指，未吃飽的僧人可以再吃。⑶他聚落淨，吃過飯後，到達其他聚落時可以再吃。⑷隨意淨，眾議處決時，雖未全部出席，但仍有效，只要事後追認即可。⑸住處淨，同一教區（界內）的僧人可以另外舉行「羯磨」⓬，不必一定參加教區中所舉行的羯磨。⑹所習淨，隨順先例。⑺生和合（不攢搖）淨，僧人可以飲食未經攪拌去脂的牛乳。⑻飲闍樓嶷淨，僧人可以飲用未經發酵或半發酵的椰子汁——闍樓嶷。⑼無緣坐具淨，坐具可不必貼邊，也可隨意大小。⑽金銀淨，僧人可以接受信徒所奉獻的金錢⓭。這十件「非法」的事情，儘管內容在各部廣律當中有所出入，但是無疑地，都是一些不重要的小戒條。但是，這十件「非法」事情的爭議，顯然受到了極大的注目，以致馬上引

⓫ 參見《大正藏》卷 23，頁 451a–452a；同書，卷 22，頁 969c–970a。

⓬ 羯磨，是半月一次宣讀戒律，以求眾僧戒律清淨的一種儀式。

⓭ 參見聖嚴，《世界佛教通史》上集（臺北：臺灣中華書局，1969），頁 51–52。

起了兩地僧人的集會討論。集會討論的地點在毘舍離的毘羅耶女所施園，參加的兩方人數原有七百人，但為了討論的方便起見，雙方各派出代表四人，展開了佛教史上有名的「七百結集」⓮。雙方的四人代表，依《五分律》的記載是這樣的：

> 跋耆比丘先求四人：一名一切法；二名離婆多；三名不闍宗；四名修摩那。波利邑比丘亦求四人：一名三浮陀；二名沙蘭；三名長髮；四名婆沙藍⓯。

集會討論的結果，似乎並沒有辦法阻止佛法的分裂；因為，事實上，佛法由東北印度的一個地方性的信仰，已經流傳成為全印度的宗教，而在時間上離釋迦的逝世也有一百餘年。時空的轉變，使得佛法也不得不跟著轉變了。

## 三、「十事非法諍」論戒律的方便性

佛法的一再分裂而成部派佛教和大、小乘佛教的不同，固然有本文一開頭所列舉的三種主要原因，但是第⑶之「十事非法諍」恐怕才是最直接而又最重要的原因。這是因為「十事非法諍」乃是僧人直接面臨的實際問題，不像只牽涉到思想層面之第⑴經典和第⑵

⓮ 「七百結集」的名字，顯然是因為雙方參與的總人數而得名的。由於這次的結集地點是在毘舍離，因此佛教史上又稱之為「毘舍離結集」。而且，相對於第一次的「五百結集」，這次結集也被稱為「第二次結集」。

⓯ 《彌沙塞部和醯五分律》卷 30；引見《大正藏》卷 22，頁 193c。

佛格的問題那樣的抽象而不實際。因此,「十事非法諍」無疑的是佛法分裂的最主要原因。如果和合意味著「好」而分裂意味著「不好」,那麼,面臨每一時空轉變而對戒律的「適法性」也產生歧見的情況,每一個參與爭議的佛弟子,如果能夠瞭解戒律原本存在著「方便」的特質,那麼,歧見將可減到最低的程度,「不好」的分裂也就可以避免。

事實上,戒律的「方便」特質,確實存在於被視為「非法」的「十事」當中;更有甚者,「方便」的特質還普遍地存在於一般的戒條當中。有關這點,可以從戒律的制訂過程得到進一步的證明。

《增一阿含經》卷 44,第二經,曾說:過去的毘婆尸如來,「百歲之中,聖眾清淨」,因此「恆以一偈為禁戒」⑯。直到一百歲之後,由於弟子之中有人觸犯了這首偈頌之中所說的禁戒,所以才制訂具體的條文為戒律。其次,過去的試詰如來,八十年中也只說了一偈,作為禁戒⑰。直到有弟子觸犯了這首偈頌所說的禁戒,才開始制訂戒條。同樣的情形也發生在過去的毘舍羅婆如來,拘樓孫如來,拘那含牟尼如來和迦葉如來的身上⑱。而現在的釋迦如來呢?《增一阿含經》說:

---

⑯ 這一偈是:「忍辱為第一,佛說無為最,不以剃鬚髮,害他為沙門。」(引見《大正藏》卷 2,頁 786c)

⑰ 偈文說:「若眼見非邪,慧者護不著,棄捐於眾惡,在世為黠慧。」(同前註所引書)

⑱ 詳見《大正藏》卷 2,頁 786–787b。又,過去七佛所說的這幾首偈頌,後來被稱為「七佛通戒偈」。通戒,意思是未制訂成具體的戒條,只是寬泛地說出禁戒而已。

> 我今如來出現於世，一會聖眾千二百五十人，十二年中無有瑕穢，亦以一偈為禁戒：「護口意清淨，身行亦清淨，淨此三行跡，修行仙人道。」十二年中，說此一偈以為禁戒。以生犯律之人，轉有二百五十戒⓳。

釋迦的意思是：釋迦說法後的前十二年，弟子之中沒有人觸犯戒律，因此這十二年中只用一首偈頌當做戒律。但是十二年後卻有弟子開始觸犯戒律，因此才制訂了二百五十條的（比丘）戒條。這一傳說顯示了下面的事實：戒律是為了規範佛弟子的行為而「方便」制訂的。這可以從釋迦佛制訂出家人不可自殺的戒條，得到證明。《五分律》卷 2，先是記載了佛陀在世時，佛弟子自殺風氣的盛行：

> 其中或有自殺，展轉相害。或索刀繩、或服毒藥。有一比丘厭惡身已，便往彌鄰旃陀羅所，語言：「為我斷命，衣鉢相與。」時旃陀羅為衣鉢故，即以利刀而斷其命⓴。

引文中自殺的佛弟子，大都是修習「不淨觀」過了頭的人㉑。另外還有一些自殺的佛弟子，則是為了不能忍耐重病的折磨而萌生自殺念頭的。如：「病比丘或以刀自刺，或以繩自絞，或服毒藥，或食增病食，或墜高岸自斷其命。」㉒佛陀為了遏止弟子們的自殺風

---

⓳ 《增一阿含經》卷 44，第二經；引見《大正藏》卷 2，頁 787b。

⓴ 《彌沙塞部和醯五分律》卷 2；引見《大正藏》卷 22，頁 7b。

㉑ 詳見前註所引書，頁 7a–b。

㉒ 引見前書，頁 7c。

氣，因此「方便」地制訂了不可自殺的戒條：「若比丘自斷人命，持刀授與，得波羅夷，不共住。」㉓由此可見，佛陀原本沒有制訂僧團所應共同遵守的戒律。但是僧團內部存在著越來越多的問題，其中，有些的確與道德有關，例如婬行；有些卻與道德無關，例如自殺或下面所要討論到的比丘尼為比丘洗衣服等情事。佛陀為了解決僧團內部所存在的這些問題，因此才「方便」地開始制訂一些規範僧團的戒條。起先也許只是簡單的幾條，後來僧團的人數越來越多內部的問題也越來越複雜，因此制訂出來的戒條也就跟著逐漸雜多起來。後來的佛弟子們，在佛陀逝世之後不久，才把這些戒條結集起來成為目前我們所看到的「律藏」㉔。

有關這點，還可以從廣律當中描寫制訂戒律的原因進一步得到證明。例如《五分律》即說：「以十利故，為諸比丘結戒。」㉕而所謂「十利」則是：

> 何等為十？所謂僧和合故、攝僧故、調伏惡人故、慚愧者得安樂故、斷現世漏故、滅後世漏故、令未信者信故、已信者令增廣故、法久住故、分別毘尼梵行久住故㉖。

引文中所說到的制訂戒律的「十利」，幾乎是不同部派的所有不

---

㉓ 同前註。

㉔ 有關律藏的結集經過、種類及其所代表的部派，請參見印順，《原始佛教聖典之集成》（臺北：正聞出版社，1988），三至六章。

㉕ 《彌沙塞部和醯五分律》卷 1；引見《大正藏》卷 22，頁 3b。

㉖ 同前書；引見《大正藏》卷 22，頁 3b–c。

同廣律都提到的事情㉗，可見這是不同部派都共同承認的制戒原則。在這「十利」當中，有些固然牽涉到道德的層面，例如第三的「調伏惡人故」；因此制訂後的戒條，不但出家的僧人應該遵守，一般未出家的凡人也應該遵守。但是，「十利」當中的絕大部分，都只是為了佛法的「久住」、僧團的「和合」，或是純粹為了宗教的修行目的（例如「斷現世漏」、「滅後世漏」等），乃至為了吸收信徒（例如「令未信者信」、「已信者令增廣」）等等目的而「方便」制訂的，其中並不一定要以一般世俗所認定的道德標準來衡量。也就是說，為了僧團的「和合」、為了廣招信眾、為了宗教修行（例如斷漏而解脫）等目的所制訂出來的戒條，都只是一時的權宜之計，不能視為具有道德意義的禁戒。因此，觸犯這些戒條的僧人，不能說他們在道德上或人格上有什麼瑕疵。也正因為這類的戒條並不具有道德上的禁戒意義，因此，隨著時空的轉移，它們也必須跟著有所更動；這樣才能達到原先制訂它們的美意。像這種非道德意義的可更動性，即是本文所說的「方便性」；這一「方便性」，無疑地一直存在於所有不同宗派所遵奉的戒律當中。這特別是存在於「波羅夷」、「僧殘」等重戒之外的輕戒當中。

就以「捨墮」之一的「比丘使比丘尼浣故衣若染若打，尼薩耆波逸提」㉘為例來說，《摩訶僧祇律》卷 9 和《四分律》卷 6 都說到

㉗ 在現存的漢譯廣律當中，《十誦律》沒有提到這「十利」；其他像《摩訶僧祇律》卷 1（《大正藏》卷 22，頁 228c）、《四分律》卷 1（同前書，頁 570c），都提到了這「十利」。

㉘ 尼薩耆波逸提 (naiḥsargika-prāyaścittika)，譯為捨墮，是兩種波逸提 (prāyaścittika) 罪當中的一個。波逸提，譯為「墮」，而形容為「燒」、「煮」

它的制訂原因，是在防止比丘尼洗到帶有比丘精液的衣物而制訂的㉙。而《五分律》卷 4 更說到它的制訂，是為了防止在家人的恥笑：

> 又諸比丘亦與諸比丘尼衣，令浣染打。時諸比丘尼以此多事，妨廢誦讀、坐禪、行道。諸白衣見，種種呵責言：「諸比丘尼常以浣染打衣為業，與在家人有何等異！」㉚

對於比丘尼不可為比丘洗衣服的戒條，儘管這三部廣律有著不盡相同的說法，但是貫穿其中的，仍然是「方便」的精神。也就是說，比丘尼為比丘洗衣，原本是一中性的、無關乎道德的行為，但是，或是為了比丘尼的能夠專於道業（如《僧祇律》、《四分律》所說），或是為了避免在家信徒的譏嫌（如《五分律》所說）㉛，釋迦佛才在思考其得失、權實之下，「方便」地制訂了這條戒律。其他的戒律也必須站在這個角度來觀察，才不會歪曲了戒律的本質。否則，如果以為佛所制訂的戒律，不管時空如何變化，都永遠不可更改，那麼，各部廣律中處處存在著的「方便」精神，就喪失無遺了㉜。

等，是使身心陷於焦灼、煩熱、不安的意思。參見印順，《原始佛教聖典之集成》，頁 137。

㉙ 見《大正藏》卷 22，頁 300c–301c，607a–c。

㉚ 引見前書，頁 26c。

㉛ 避免在家信徒的譏嫌，其實就是前文所說「十利」當中的「令未信者信故」和「已信者令增廣故」。

㉜ 事實上，各部廣律中的「方便」精神，傳說在第一次（五百）結集時就已經喪失了。《四分律》卷 54 曾經說到：釋迦剛剛逝世不久，當大迦葉

## 四、結　語

佛法是「法住、法位」的「古仙人道」，因此也是超越時間與空間的不變真理。但是奉行並弘揚佛法的人，不管是出家的比丘、比丘尼，或是在家的優婆塞、優婆夷，都是時空中的存在物。因此，規範這些時空中之存在物的戒律，不管是出家的「具足戒」或是在家的「五戒」，都必然是時空中的產物。既然是時空的產物，時空是無常變化的有為法㉝，那麼，存在於其中的個人，不管是出家的僧人或是在家的白衣，都會隨著時空的變化而變化。而規範他們的戒律，也就不得不跟著有所更異了。就以「十事非法諍」為例來說，其中所引起爭議的戒條，其實只是微不足道的「雜碎戒」㉞而已。事實上，「十事非法諍」發生的時代，是佛陀逝世後一百年左右的時

為首，發起結集律典的時候，阿難曾向大迦葉說：「我親從佛聞，憶持佛語，自今已去，為諸比丘捨雜碎戒。」（引見《大正藏》卷 22，頁 967b）但是由於什麼叫做「雜碎戒」沒有得到共識，以致保守的大迦葉說：「自今已去，應共立制，若佛先所不制，今不應制；佛先所制，今不應卻。」（同前引）

㉝ 在部派佛教中，有些部派（例如說一切有部）主張時間和空間是永恆不變的無為法。但是，本文所謂時空是會變化的有為法，是指時間會有過去、未來、現在的三時變化，而空間也會有東、西、南、北等「十方」的變化。在這一意義之下，即使是像說一切有部這樣的部，也是可以認同的。更何況在大乘佛教的宗派當中，例如唯識宗，時間與空間都被視為有為的虛妄法。

㉞ 「雜碎戒」一詞的出處，請見㉜。

代（詳前文）。這一時代，佛法已由東北印度的恆河中下游，漸漸往西、往南，流傳到整個印度；因此，不但在時間上已有一百年的變化，甚至在空間上也有很大的不同。在這樣不同時空之下，是否可以為了遠行弘法而攜帶食鹽以便隔夜食用（鹽薑合共宿淨）？是否可以遠行弘法而在到達另一村莊之後，由於已經過了中午或是因為已經餓了而再度吃飯充飢（兩指抄食食淨，越聚落食淨）？乃至是否可以為了遠行弘法而攜帶金錢急用（受畜金銀錢淨）？無疑地，只要是一個理性而又開明的人，他的答案必然像毘舍離的跋耆比丘所認為的那樣肯定。相反地，若是像波旬國的耶舍迦蘭陀子那樣，給以否定的答案，那麼，這種戒律不但是不合時宜的，而且，古代東北印度的地域性佛法，恐怕也無法流傳到其他不同時空的全世界去。像這種戒律必須隨著不同時空的變化而做適當調整的理念，正是本文所說戒律之「方便性」的理論基礎。

兩千多年前、古代的、印度的佛教戒律，是某種特定時空下的產物，因此也只適用於該一特定的時空（古印度）之下。佛教傳入中國，並進而傳入目前的臺灣，其時空上的變化無疑地相當巨大。在這樣一種不同（古印度）的時空背景之下，要中國甚或臺灣的佛教徒來遵守這些戒律，是不可能的。因此，目前所顯示的現象是：人人受戒、人人破戒。每一個臺灣的現代佛教徒，不管是出家的或是在家的，都生活在一種雙重人格的、矛盾的……守戒與破戒衝突、聖情與罪惡交戰的複雜心理之下，成了宗教上的分裂性人格。事實上，出家僧人的僧衣問題、可否居住於公寓的問題、乃至比丘尼是否一定劣於比丘的問題等等，都是當代臺灣出家僧人所必須面對的嚴肅問題。同樣的情形，（在「登革熱」等傳染疾病猖獗的今天）可否殺害蚊蠅的問題，（在工商社會應酬頻繁的今天）可否飲酒的問題等等，也都是每一個在家的佛教徒所必須面對的問題。這些戒律上的問題一天不能解決，出家和在家的佛弟子就永無心安的一天。

如果我們不想繼續做一個受戒而又破戒的佛教徒，如果我們下定決心要做一個心安理得的佛教徒，那麼，依照戒律的「方便」精神，大膽地修改不合時宜的戒條，此其時矣！

# 叁　從《聲聞地》的「種姓論」來看佛教倫理之若干性質

釋惠敏

## 一、前　言

《聲聞地》十四卷是由四部分的「瑜伽處」(yogasthâna) 所構成。第一的「初瑜伽處」五卷再被分為⑴種姓地 (gotrabhûmi)，⑵趣入地 (avatârabhûmi)，⑶出離地 (naiṣkramyabhûmi) 等三階段。對於《聲聞地》的「種姓地」須預先說明的是：一般在三乘「共十地」中所論的「種姓地」是位於「八人地」(aṣaṭmaka)——「見道十五心」之前的段階，亦即是聖位的前階位。但《聲聞地》的「種姓地」卻是屬於修行前之最初的出發點，亦可說是被作為最基本的條件來討論的❶。

《聲聞地》之「種姓地」的論題有四：⑴自性、⑵安立 (avasthâna)、⑶住種姓 (gotrastha) 者諸相 (liṅgâni)、⑷二十三類安住種姓補特伽羅 (pudgala)。其中，對於⑶住種姓者所有諸相之描述是從相反的概

❶　高崎直道，〈種姓に安住する菩薩——瑜伽行派の種姓論・序說〉(《中村元博士還曆論集——インド思想と佛教》，1973)，頁 219。

念「無般涅槃法」（＝無種姓）者之六種相來討論的。因此，本稿想從倫理學的觀點來考察《聲聞地》所論的「種姓」與「無種姓」，藉此來看佛教倫理（特別關於涅槃：完全清淨、出世間的善）之若干特色，並且也希望能從此「涅槃」的個案討論中，尋求出普遍性的原則而能對一般的倫理之促進有所裨益。

## 二、種姓、願、根、行

《聲聞地》的修行目標是「涅槃」，即是經由「戒、定、慧」的修行而斷盡煩惱的境地。以煩惱斷盡故，不再受輪迴而得到永遠的解脫。這種完全清淨、出世間的善之追求，是建立於所謂「種姓」(gotra, rigs) 之基礎。它有別於願 (praṇidhâna)、根 (indriya)、行 (carita)。此區別在《聲聞地》之第三瑜伽處中，瑜伽師（修行之指導者）對「初修業者」(初學者) 指導之前，必須以「審問」(pṛcchayâ)，觀察學生的「言論」(kathâ) 與「所作」(ceṣṭâ)，或「知他心差別智」(cetaḥ paryâyasthâna) 等四因緣 (kâraṇa) 來尋求 (samanveṣitavya) 學生的四種「處所」(sthâna)——種姓、願、根、行，以瞭解學生的根機、性向等，這在《聲聞地》之教學上是非常重要的學生調查。

> 復於四種處所 (caturṣu sthâneṣu)，以四因緣應正尋求。何等名為四種處所？一、應尋求其願。二、應尋求種姓。三、應尋求其根。四、應尋求其行。(《大正藏》卷 30，頁 449a17; CBh–sh. 353–12）❷

❷ CBh 是梵本《聲聞地》(*Crâvakabhûmi of Äcârya Asanga*, Shukla,

云何名為應以審問尋求其種姓、及以根、行？謂如是問：長老！云何名為應以審問 (pṛcchayâ) 尋求其願？謂如是問：長老！於何以發正願？聲聞乘耶？獨覺乘耶？無上正等菩提乘 (mahâyâna) 耶？如是名為應以審問尋求其願。

云何名為應以審問尋求其種姓、及以根、行？謂如是問：長老！於自種姓、根、行能審察不？謂我本來有何種姓？聲聞乘耶？獨覺乘耶？大乘 (mahâyâna) 等耶？有何等根？為鈍？為中？為利根？有何等行？為貪行耶？為瞋行耶？為痴行耶？廣說乃至尋思行耶？(《大正藏》卷 30，頁 449a28; CBh-sh. 353-12)

由上可知四種「處所」之具體的內容是：

- 願：於聲聞乘、獨覺乘、無上正等菩提乘等發願之別
- 種姓：聲聞乘、獨覺乘、大乘等種姓之別
- 根：鈍根 (mrdvindriya)、中根 (madhyendriya)、利根 (tikṣnendriya) 之別
- 行：貪行 (râgacarita)、瞋行 (dveṣacarita)、痴行 (mohacarita) 之別

所謂「根」是指學習上之智力的差別。「行」則是個人行為的傾向。此二者的內容與「種姓」容易區別，但「種姓」與「願」的內容相同之故，在定義上較不容易區別，今再引《聲聞地》之由「願差別」建立補特伽羅之說明來檢討此問題。

Karunesha ed., TSWS. vol. XIV Patna 1973) 之略號。

> 若聲聞種姓補特伽羅，於獨覺菩提；或於無上正等菩提，已發正願。彼是聲聞種姓故，後時決定還捨彼願，必唯安住聲聞乘願……此中所有補特伽羅「願」可移轉、「願」可捨離，決定不可移轉「種姓」捨離「種姓」。(《大正藏》卷 30，頁 426b23; CBh-sh. 189-20)

因此可知：若是「聲聞種姓」補特伽羅，縱使於「獨覺菩提」、「無上正等菩提」(大乘) 發願，於後必定捨 (獨覺、菩薩) 願，而只安住於「聲聞乘願」(其他之種姓亦同)。何以故?「願」可移轉、可捨離,「種姓」則決定不可移轉捨離。也可說:「願」是「後天的」、「一時性」的願望。而「種姓」是「先天的」、「永遠性」的性質。此認識在討論《聲聞地》之「種姓論」時，須首先區別的。

## 三、《聲聞地》之「種姓」定義

> 云何種姓?謂住種姓補特伽羅 (gotrasthasya pudgalasya) 有「種子法」(sa bon kyi chos, bîja-dharma)，由現有故，安住種姓補特伽羅若遇「勝緣」，便有堪任、便有勢力，於其涅槃能得、能證。(《大正藏》卷 30，頁 395c19)

「種姓」的定義是：住種姓者 (住種姓補特伽羅) 具有種子的屬性 (法)，只要它存在的話 (由現有故)，彼遇緣 (勝緣)，則有證得涅槃的可能性 (堪任) 與力量 (mthu)。因此「種姓」可說是指有能力證得涅槃者之「種子法」，此外亦名為「界」(dhâtu)，「性」(prakṛti)。

> 問：此種姓名有何差別？答：或名種子 (bîja)、或名為界、或名為性，是名差別 (miṅ gi rnam graṅs)。（《大正藏》卷 30，頁 395c22，藏譯北京版 2b1）

《聲聞地》又把「涅槃法緣」(rkyen) 分為「勝緣」與「劣緣」二種❸：

> 問：何等名為「涅槃法緣」而言闕故、無故、不會遇故不般涅槃。答：有二種緣。何等為二？一、勝。二、劣。（《大正藏》卷 30，頁 396b7）
>
> 云何勝緣？謂(1)正法增上他音，及(2)內如理作意。（《大正藏》卷 30，頁 396b10）
>
> 謂此劣緣乃有多種。謂若(1)自圓滿。若(2)他圓滿。若(3)善法欲。若(4)正出家。若(5)戒律儀。若(6)根律儀。若(7)於食知量。若(8)初夜後夜常勤修習覺寤瑜伽。若(9)正知而住。若(10)樂遠離。若(11)清淨諸蓋。若(12)依三摩地。（《大正藏》卷 30，頁 396b11）

相對於遇「涅槃法緣」可證得涅槃，住種姓補特伽羅若有「四因緣」(rgyu bshi) 卻不能證得涅槃。

> 問：若住種姓補特伽羅有涅槃法，此住種姓有涅槃法補特伽

❸ 楊郁文老師指出：「涅槃法緣」也是有關「佛教倫理規律、德性行為」，應該有專章討論。

> 羅何因緣故有涅槃法而前際來長時流轉不般涅槃？答：四因緣 (rgyu bshi) 故不般涅槃。何等為四？一、生無暇故 (akṣanopapanna)。二、放逸過故 (pramatta)。三、邪解行故 (mithyâpratipanna)。四、有障過故 (âvrta)。(《大正藏》卷 30，頁 396a9)

而此「四因緣」與初期佛教以來所說「八難」(aṣṭâvakṣaṇâh)❹故不得聞佛法的說法異曲同工，如後之對照表可知：

| 四因緣 | | 八難 |
|---|---|---|
| 一、生無暇 | ≒ | ①地獄、②畜生、③餓鬼、⑤邊地 |
| 二、放逸過 | ≒ | ④長壽天 (dirghâyuso deva) |
| 三、邪解行 | ≒ | ⑦邪見 (mityâ-darçana)、⑧如來不出現世 |
| 四、有障過 | ≒ | ⑥六根不完具 (indriya-vaikalya) |

與「四因緣」或「八難」相反概念的是「涅槃法緣」之「劣緣」的(1)「自圓滿」(âtmasaṁpad) 與(2)「他圓滿」(parasaṁpad)，其比較表如下：

❹ 例如：《增含・八難品》(《大正藏》卷 2，頁 747a)，《舍利弗毘曇》(《大正藏》卷 28，頁 654c)。

| 涅槃法緣 | | 四因緣、八難 |
|---|---|---|
| ⑴自圓滿 | | |
| ①善得人身 (manuṣyatva) | | |
| ②生於聖處 (âryâyatane pratyâjâtiḥ) | ↔ | 一、生無暇 |
| ③諸根無缺 (indriyair avikalatâ) | ↔ | 四、有障過 |
| ④勝處淨信 (âyatanagataḥ prasâdaḥ) | ↔ | 三、邪解行 |
| | | 二、放逸過 |
| ⑤離諸業障 (apaṛivrttakarmantatâ) | ↔ | 四、有障過 |
| ⑵他圓滿 | ↔ | ⑧如來不出現世 |

亦即：住種姓補特伽羅當有「四因緣」或「八難」時，是不能證得涅槃；反之，若遇「涅槃法緣」則可證得涅槃。因此，「種姓」是以證得涅槃的可能性、本質（種子、界、性）而被重視，並非絕對的保證，其之間的關係如下圖：

- 住種姓者＋「涅槃法緣」→證得涅槃
- 不住種姓者＋「涅槃法緣」→不能證得涅槃
- 住種姓者＋「四因緣故不般涅槃」→長時流轉不能證得涅槃

此種想法在《攝大乘論》或《成唯識論》則發展成「本性住種子」與「正聞薰習種子」❺或「無漏種子」與「正聞種子」❻的「種

❺ 《攝大乘論》（《大正藏》卷 31，頁 136c），《攝大乘論釋》（《大正藏》卷 31，頁 173b, 281b, 333c）。楊郁文老師提示：《攝大乘論》、《成唯識論》等將《聲聞地》所說的「涅槃法緣」亦稱為「種子」之一類（「正聞薰習種子」、「正聞種子」），是應該要注意的。

❻ 《成唯識論》（《大正藏》卷 31，頁 9a）。

子說」。若將它與「聲聞地」之「種姓」比較的話，可以下圖表示：

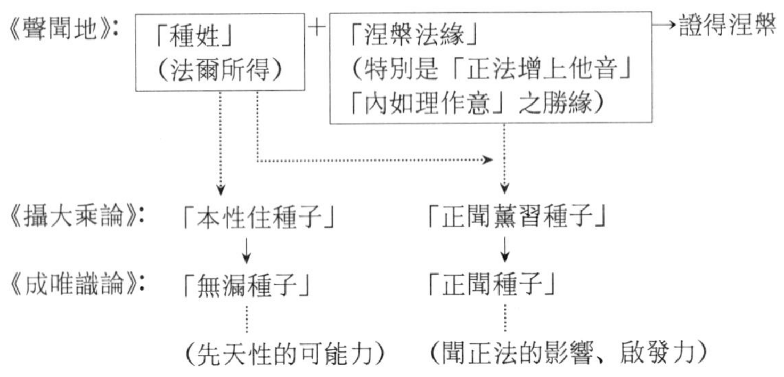


## 四、「種姓」的本質

對於「種姓」的本質，《聲聞地》的說明是：

> 問：今此種姓以何為體？答：附在所依 (âçraya)，有如是相，六處 (ṣaḍ-âyatana) 所攝，從無始世展轉傳來，法爾所得 (dharmatâ-pratilabdha)，於此立有差別之名：所謂種姓、種子、界、性，是名種姓。（《大正藏》卷 30，頁 395c; cf. BoBh–w. p. 3）

但是「附在所依」在藏傳本則譯為：別於「身體」之特殊物 (lus las khyad par du gyur pa)。而《瑜伽論》之「菩薩地」之「種姓」的自性也說：

> 本性住 (prakṛti-stha) 種姓者，謂諸菩薩「六處殊勝」(ṣaḍ-âyatana-viçeṣaḥ)，有如是相 (tâdrça)，從無始世展轉傳來，法爾所得，是名本性住種姓者。(《大正藏》卷 30，頁 478c)

並且《聲聞地》之「種姓安立」的說明中也有提到「六處殊勝」:

> 如是種子非於「六處」有別異相，即於如是種類分位「六處殊勝」從無始世展轉傳來，法爾所得，有如是想 (miṅ) 及以言說 (tha sñad)，謂為種子、界、性。(《大正藏》卷 30，頁 396a6)

因此，「種姓」的本質是為「六處所攝」，亦即屬於眼、耳、鼻、舌、身、意等六種感受機能；若是再配合上「殊勝」(khyad pa, viçeṣa) 的想法，從唯識思想的立場來看，與「本識中親生自果功能差別」之「種子」的定義有密切關係❼，因為「功能差別」正是 çakti-viçeṣa（特殊能力）的意義。在此，我們可看出，所謂《聲聞地》之證得涅槃的出發點——「種姓」，其本質並不是離開個人的現實生活之眼、耳、鼻、舌、身、意六種感受機能（六處）的別種形而上之存在；要限定說明的話，它是六種感受機能（六處）中具有特別（殊勝）潛在力之存在。

## 五、「無種姓者」的特徵

如上所述，《聲聞地》之「住種姓者」所有諸相（linga，特徵）

❼　《成唯識論》(《大正藏》卷 31，頁 8a)。

的描述是從相反的概念「無般涅槃法（＝無種姓）者」之六種相來討論的（《大正藏》卷 30，頁 398a–b）。即是：

⑴謂彼最初不住種姓無涅槃法補特伽羅、「阿賴耶愛」(âlayatṛṣṭâ) 遍一切種。皆悉隨縛、附屬所依。成無量法、不可傾拔。久遠隨逐、畢竟堅固。依附相續、一切諸佛所不能救。是名第一不住種姓補特伽羅無種姓相。

⑵謂彼聽聞以無量門呵毀生死眾多過失，又復聽聞以無量門稱讚涅槃眾多功德。而於「生死」不見少分戲論過失……亦復「不能少分厭離」……又於愛盡寂滅「涅槃」不見少分下劣功德……亦復「不能少分欣樂」。

⑶謂彼本性成就上品「無慚無愧」。由是因緣無有厭惡，心無怯畏，以「歡喜心現行眾惡」。由是因緣未嘗追悔唯觀現法。由是因緣自身財寶衰退過患。

⑷謂一切種圓滿分明稱當道理，美妙殊勝易可解了。或依苦諦、或依集諦、或依滅諦、或依道諦，宣說開示正法教時，不能獲得微小發心微小「信解」(mukti)。況能獲得身毛為豎，悲泣墮淚。

⑸謂彼或時於善說法毘奈耶中暫得出家。或為國王所逼迫。或為狂賊所逼迫。……非為自調伏。非為自寂靜。非為自涅槃。非為沙門性。非為婆羅門性。而求出家。既出家已，樂與在家及出家眾共諠雜住。或發邪願修諸梵行，謂求生天或餘天處。或樂退捨所學禁戒……「假相出家」……。

⑹謂彼少有所作「善業」。或由於身或語或意，一切皆為「希求諸有」(bhavâbhiprâya)。或求當來殊勝後有，或求財寶，或求

殊勝所有財寶。

我們可將此六種特徵（六相）再分成三類來討論：

| 第一、宗教性 | 第二、倫理性 | 第三、動機性 |
| --- | --- | --- |
| ⑴阿賴耶愛 | ⑶行眾惡而無慚無愧者 | ⑸假相出家（尸羅虧損） |
| ⑵不欣樂涅槃 | | ⑹雖行善而希求諸有 |
| ⑷不信解四諦 | | |

## 六、「阿賴耶愛」→「涅槃難解」→「無涅槃法＝不住種姓」

我們先討論⑴「阿賴耶愛」是通過何種理念發展過程而被列為「無種姓」的特徵之問題（「阿賴耶愛」→? →「無涅槃法＝不住（聲聞）種姓」）。所謂「阿賴耶」(âlaya) 是語根 â-√Li 的衍生語，在「唯識」系經論的「阿賴耶識」的概念提出之前，它是佛教界用於表示「執著」（＝渴愛，tṛṣṭâ）或「執著之對象」的一般術語❽。而「阿賴耶愛」在佛典中的用例，有二種類型。第一、釋尊成道後，受「梵天勸請」而決意為眾生說法的記述。第二、敘述以如來出現故，則

---

❽ 《經集》(*Sutta-Nipâta*) 635 偈 (Sn. v. 635 PTS. p. 121) yassâlaya na vijjanti aññâya akathaṁkathl/amatogadhaṁ anuppattaṁ tam ahaṁ brûmi brâmanaṁ／凡是無愛著，覺悟而無疑，到達不死之底者，我稱他為婆羅門。其注釋書云：âlayâ ti tanhâ／愛著者渴愛也（PJ. II p. 469–3）。巴利文的「渴愛」相當於梵文的 taṇhâ。

詳參：舟橋尚哉，〈阿頼耶識思想の成立とその展開——末那識の成立をめぐって〉，《大谷學報》(49–2, 1969)，頁 31–48。

有四種「未曾有法」(abhutâ dhammâ) 出現的經典。第一類型，依所屬部類又可分成三種：

A.「阿含」類經典之「梵天勸請」

1. S. 6–1, PTS. 1. p. 136–11f ≒《增含》19–1〈勸請品〉(《大正藏》卷 2，頁 593a)。

2. M. 26, ariyapariyesanasuttaṁ PTS. 1. p. 167–32f ≒《中含》204《羅摩經》(《大正藏》卷 1，頁 777a)。

3. D. 14, mahâpadâna-suttanta PTS. II. p. 36 ≒《長含》1《大本經》(《大正藏》卷 1，頁 8b)。

B.「律藏」中「佛傳」之「梵天勸請」

1. V. PTS. 1.《大犍度》(mahâkhandhaka) pp. 4–5。

2.《五分律》《受戒法》(《大正藏》卷 22，頁 103c)。

3.《四分律》《受戒犍度》(《大正藏》卷 22，頁 786c)。

C.「本緣部」之「梵天勸請」

例如：《佛本行集經》(《大正藏》卷 3，頁 805c 等)。

今以 A 類——「阿含」類經典為中心，來考察《聲聞地》將「阿賴耶愛」與「無涅槃法＝無種姓」結合的理念過程。在南傳「相應部」(saṁutthanikâya) 之「梵天相應」(brahma-saṁyuttam) ❾ 中，敘述

---

❾ 相當於南傳「相應部」之「梵天相應」(S. 6–1) 的漢譯《增含》19–1〈勸請品〉(《大正藏》卷 2，頁 593a)，及相當於資料 A2: M. 26, *Ariyapariyesanasuttaṁ*（《聖求經》）的漢譯《中含》204《羅摩經》(《大正藏》卷 1，頁 777a）中並無「樂阿賴耶」的記述。而相當於資料 A3: D. 14, *Mahâpadânasuttanta* PTS. II p. 36 的漢譯《長含》1《大本經》(《大正藏》卷 1，頁 8b）中，卻是毘婆尸 (Vipassin) 佛之傳記，但同樣有「梵

釋尊於菩提樹下悟道後，想將自己所證的法對眾生說時，卻躊躇於眾生是否能理解：

> "âlayarâmâ" kho panâyaṁ pajâ "âlayaratâ âlayasammuditâ"// âlayarâmâya kho pana pajâya âlayaratâya âlayasammuditâya "duddasaṁ" idaṁ ṭhânaṁ yad idam "idappaccayatâ paṭiccasamuppâdo"/idam pi kho ṭhânaṁ "duddasaṁ" yad idaṁ ...... "nirodho nibbânaṁ"//ahañ ceva kho pana dhammaṁ deseyyaṁ pare ca me na âjâneyyuṁ/so mamassa kilamatho/sâ mamassa vihesâ 'ti//(S. 6–1 PTS. 1. p. 136–11f)（南傳 12–234）
>
> 然彼等眾生「樂 (râmâ) 阿賴耶」，「悅 (ratâ) 阿賴耶」，「喜 (samuditâ) 阿賴耶」。樂阿賴耶、悅阿賴耶、喜阿賴耶的眾生於「此緣性、緣起」之理「難見」。又……於「滅、涅槃」之理「難見」。縱使我說法，他人若不解，徒勞且困也。

樂「阿賴耶」的眾生對釋尊之自內證法——緣起 (paticcasamuppâdo) 與涅槃 (nibbânaṁ) 是難解的。因此，於《聲聞地》

---

天勸請」的場面，而躊躇時的譯文是「眾生異忍、異見、異學。依彼異見，各樂所求，各務所習」。

資料 B 則更說明「緣起難解」而「涅槃益復難解」。但漢譯《五分律》與《四分律》似乎將「阿賴耶」譯為「窟宅」、「櫟窟」——「阿賴耶」也有 "a house"、"dwelling" 等「住處」之意故——資料 C 類則曰：「但眾生輩著阿羅耶（隋言：所著處）……」（《佛本行集經》，《大正藏》卷 3，頁 805c）

中,「阿賴耶愛」→「涅槃難解」→「無涅槃法=不住(聲聞)種姓」之理念發展過程是可以如此想定的。所以,這類經典是「初期瑜伽行派」將「阿賴耶愛」與「無涅槃法=無種姓」等二種理念結合之根據,並且也可說其教證。

經典上又接著說,「當釋尊的心意傾向於沉默,而不願意(對眾生)說法時」,梵天出現,勸請釋尊說法而帶來轉機:

> Addassâ kho Bhagavâ buddhacakkhunâ lokaṁ volockento satte apparajakkhe mahâ-rajakkhe tikkhindriye mudindriye svâkâre dvâkâre suviññâpaye duviññâpye appe-kacce par aloka-vajja-bhaya-dassâvino-viharante//(S. VI–1 PTS. I p. 138–3f)(南傳12–236f)

> 世尊以佛眼觀察世間。見眾生中有少塵垢者、多塵垢者、利根者、鈍根者、善行相者、惡行相者、易教者、難教者、又有一類人知來世罪之怖而住者❿。

釋尊由此觀察,終於下定說法的決心。這或許是「根機論」(觀察說法對象之「根機」)之原型之一。第二、敘述以如來出現故,則有四種「未曾有法」(abhutâ dhammâ)出現的經典。

此類經典在《攝大乘論》中是以「如來出現四德經」為經名,

❿ 關於此,B 類資料也有同樣敘述:「爾時世尊,受梵天勸請已。即以佛眼觀察世間眾生……有少垢、有多垢、利根、鈍根,有易度、有難度。畏後世罪,能滅不善法,成就善法。」(《四分律》,《大正藏》卷22,頁787a)

它是作為聲聞乘之阿賴耶識異門密意而被引用⓫。在此則主要著眼於它與「阿賴耶愛」→「涅槃難解」→「無涅槃法＝不住（聲聞）種姓」的關係。首先，南傳「增支部」中說：

> "âlayarâmâ" bhikkhave pajâ "âlayaratâ âlayasammuditâ"/sâ Tathâgatena "anâlaye dhamme" desiyamâne sussûyati sotaṁ odahati aññâ cittaṁ upaṭṭhâpeti/Tathâgatassa......pâtubhâva ayaṁ paṭhamo acchariyo abhuto dhammo pâtubhavati//(A. IV–128 PTS. II pp. 131–132)

> 比丘們！眾生「樂阿賴耶」、「悅阿賴耶」、「喜阿賴耶」。如來說「非阿賴耶法」時，彼欲聞、傾耳、欲知、發心。比丘們！以如來……出現故，此第一希有未曾有法出現。

與此相當的漢譯《增一阿含》中，並無「阿賴耶」或「非阿賴耶法」之譯語，但卻譯為「所著」或「不染著法」，在內容應該是一致的⓬。經典中雖然無說明「非阿賴耶法」是何等法也，但參考「梵天勸請」之經典類的話，或許是指如來之自內證法——緣起或涅槃，因為釋尊認為：樂阿賴耶眾生能接受「阿賴耶法」（≒緣起或涅槃）

⓫ 「復次聲聞乘中，亦以異門密意、已說阿賴耶識。如彼增壹阿笈摩說：世間眾生、愛阿賴耶、樂阿賴耶、欣阿賴耶、喜阿賴耶……」（《大正藏》卷 31，頁 134a）

⓬ 「此眾生類多有所著。若說不染著法時，亦復承受念修行之心不遠離。若如來出現於世時，有此四未曾有法出現於世。是謂初未曾有法出現於世。」（《增含》25–3；《大正藏》卷 2，頁 631b）

是很不尋常的事⓭。

若比較「梵天勸請」與「未曾有法」兩類的經典，是有不同的意味。前者，是在釋尊成道後，浸潤於自內證法（緣起或涅槃）之禪定時，對「樂阿賴耶」眾生而躊躇於說法。後者則是在釋尊說法生涯中，對縱使是「樂阿賴耶」眾生，若因如來出現故，彼欲聞、傾耳、欲知、發心，雖是很不尋常的事，但仍透露一絲肯定的希望。

## 七、不欣樂・不信解涅槃

第一不住種姓補特伽羅相是「阿賴耶愛」。如上所論，它是基於「阿賴耶愛」→「涅槃難解」→「無涅槃法＝不住種姓」的理念過程。至於「涅槃難解」的具體描寫，則應該是第二與第四不住種姓補特伽羅相。

> 謂彼聽聞以無量門呵毀生死 (saṁsâra) 眾多過失，又復聽聞以無量門稱讚涅槃 (nirvâṇa) 眾多功德。而於「生死不見少分戲論過失」(saṁsâradoṣadarçanam) ……亦復「不能少分厭離」(saṁvegamâtraṁ) ……又於愛盡寂滅「涅槃不見少分下劣功德」(guṇadarçanam) …… 亦復「不能少分欣樂」(prasâda-mâtrakam) ……是名第二不住種姓補特伽羅無種姓相。（《大

⓭ 楊郁文老師提供：可以引用相應部（S. 43, 49 Anâlayo 經、S. 43, 34 Nibbânaṁ 經、S. 34, 29 Taṇhakhayo 供）作為「非阿賴耶＝渴愛盡＝涅槃」之經證；如《雜含》293 經所節「此甚深處，所謂緣起；倍復甚深、難見，所謂一切取離、（渴）愛盡、無欲、寂滅、涅槃」。

正藏》卷 30，頁 398a6；CBh–sh. 18–7）謂一切種圓滿分明稱當道理，美妙殊勝易可解了。或依苦諦、或依集諦、或依滅諦、或依道諦，宣說開示正法教時，不能獲得微小發心，微小「信解」。況能獲得身毛為豎，悲泣墮淚。……是名第四不住種姓補特伽羅無種姓相。（《大正藏》卷 30，頁 398a23）

苦諦、集諦是表示迷妄「生死」的果與因，滅諦、道諦則是表示證悟「涅槃」的果與因，因此從內容來說，第四不住種姓補特伽羅相中所說不能信解苦、集、滅、道四諦等正法，與「阿賴耶愛→『涅槃』難解」的第一不住種姓補特伽羅相，以及不能厭離 (saṁvega)「生死」過失，欣樂 (prasâdamâtrakam)「涅槃」功德的第二不住種姓補特伽羅相是同工異曲的。歸納而言：⑴阿賴耶愛、⑵不欣樂涅槃、⑶不信解四諦等三者都是對於「涅槃不信解」的類型⓮。

## 八、無慚無愧

謂彼本性成就上品「無慚無愧」。由是因緣無有厭惡，心無怯畏，以「歡喜心現行眾惡」。由是因緣未嘗追悔，唯觀現法。由是因緣自身財寶衰退過患，是名第三不住種姓補特伽羅無種姓相。（《大正藏》卷 30，頁 398a17）

---

⓮ 楊郁文老師補充：「不欣樂・不信解涅槃」是因為「無明」，如《雜含》298 經所說之「無明」，《雜含》784 經所說之「邪見」，所以「不見生死過患、不知涅槃功德」；加上第六節所述「阿賴耶愛」及「涅槃甚深」，無種姓者更是「不欣樂・不信解涅槃」。

「無慚無愧」與「慚愧」的德目，從初期佛教以來在解脫道上的重要性已被強調，例如：

> 世尊告諸比丘：若無明為前相故，生諸不善法時，隨生無慚無愧。「無慚無愧」生已，隨生邪見。邪見生已，能起邪志、邪語、邪業、邪命、邪方便、邪念、邪定。若起明為前相生諸善法時，慚愧隨生。「慚愧」生已，能生正見。正見生已，起正志、正語、正業、正命、正方便、正念、正定次第而起。正定起已，聖弟子得「正解脫」……。（《雜含》749，《大正藏》卷 2，頁 198b）
>
> 彼因「慚愧」羞厭故，便住善相應捨，是「妙息寂」，謂捨一切有，離愛、無欲，滅盡無餘。諸賢！是謂比丘一切大學。（《中含》30，《大正藏》卷 1，頁 465a）

亦即是教示：無明→無慚無愧→邪道、明→慚愧→八正道→解脫之關係。或許《聲聞地》是基於此教說，而規定了第三不住種姓補特伽羅相。

## 九、假相出家・希求諸有

> 謂彼或時於善說法毘奈耶中暫得出家。或為國王所逼迫。或為狂賊所逼迫。……非為自調伏。非為自寂靜。非為自涅槃。非為沙門性。非為婆羅門性。而求出家。既出家已，樂與在家及出家眾共諠雜住。或發邪願修諸梵行，謂求生天或餘天

> 處。或樂退捨所學禁戒……「假相出家」……是名第五不住種姓補特伽羅無種姓相。(《大正藏》卷 30，頁 398b1)
>
> 謂彼少有所作「善業」。或由於身或語或意，一切皆為「希求諸有」(bhavâbhiprâya)。或求當來殊勝後有，或求財寶，或求殊勝所有財寶。是名第六不住種姓補特伽羅無種姓相。(《大正藏》卷 30，頁 398b)

第五不住種姓補特伽羅無種姓相「假相出家」與《聲聞地》之十種「尸羅虧損因緣」的⑴最初惡受尸羅律儀、⑸發起邪願、⑽所受失壞，在內容上相符合⓯。相對於論出家者的第五不住種姓補特伽羅相，第六不住種姓補特伽羅相則主要是檢討一般在家信者之希

---

⓯ 「云何十種虧損因緣？一者、最初惡受尸羅律儀。二者、太極沉下。三者、太極浮散。四者、放逸懈怠所攝。五者、發起邪願。六者、軌則虧損所攝。七者、淨命虧損所攝。八者、墮在二邊。九者、不能出離。十者、所受失壞。」(《大正藏》卷 30，頁 403b29)

「謂如有一王所逼迫，而求出家。或為狂賊之所逼迫，或為債主之所逼迫，或為怖畏之所逼迫，或為不活畏之所逼迫，而求出家。不為沙門性，不為婆羅門性，不為自調伏，不為自寂靜，不為自涅槃，而求出家。如是名為最初惡受尸羅。」(《大正藏》卷 30，頁 403c7)

「謂如有一依止邪願修行梵行。言我所有若戒、若禁、若常精勤、若修梵行，當得生天或餘天處。……如是名為發起邪願。」(《大正藏》卷 30，頁 404a4)

「內懷腐敗，外現真實。猶如淨水所生蝸牛、螺音狗行。實非沙門，自稱沙門。實非梵行，自稱梵行。如是名為所受失壞。」(《大正藏》卷 30，頁 404c3)

求諸有 (bhavâbhiprâya),「有」(bhava) 是與涅槃相反方向，因此成為無涅槃法者。這兩類都是在出家時、或行善時，動機不純真，不是真正想追求涅槃的類型。

## 十、結　語

㈠《聲聞地》的修行目標是追求完全清淨、出世間的善（「涅槃」),其出發點是建立於「種姓」,它與「後天的」、「一時性」的「願」不同，是「先天的」、「永遠性」的性質。「種姓」雖然是決定能否證得涅槃的基礎，但是聽聞正法之影響力與啟發力（涅槃法緣）也被重視，換言之，在善法的完成上，先天的資質（種姓）是基礎，但後天的教育（聽聞正法）也是重要的。此外,「種姓」的本質並不是離開個人的現實生活之眼、耳、鼻、舌、身、意六種感受機能（六處）的別種形而上之存在，它是屬於六種感受機能（六處）中具有特別（殊勝）潛在力之存在。

㈡「住種姓者」諸相的描述是以「無般涅槃法（＝無種姓）者」之六種相來討論的，因此，推論六種相的反面,「住種姓者」諸相即是：

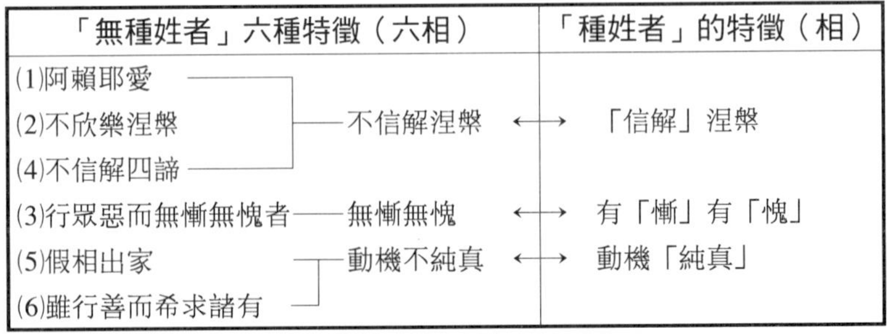

根據上表，對「具有可能證得出世間的至善人」（住種姓者）特徵的說明，在《聲聞地》的「種姓論」中，我們可以看出：「信解」、「慚愧」、「純真」等三個德目是最重要的，而世間一般的善之實踐，我們也可說：信解、欣樂於善的功德，有慚有愧，行善之動機純真亦是最重要的。

（後記：在國際佛學會議之論文發表時，感謝楊郁文老師之講評與提供許多寶貴的意見，拙文得以修正；其提示於注記中隨處誌之，以表敬意。）

# 肆　大乘經典中之在家佛教徒的地位及其角色功能

藍吉富

## 一、前　言

佛教教團的基本成員是比丘、比丘尼、優婆塞、優婆夷四類信徒。這也是所謂的四眾。其中，前二類是出家眾，後二類是在家眾。依據原始佛教及部派佛教的佛教倫理，比丘的地位最高，角色功能最重要。其次則為比丘尼。當時教團中的核心部分——僧伽(samgha)，就是由比丘與比丘尼組成的，並未包含在家信徒。在家二眾（優婆塞與優婆夷）只不過是護持僧伽、供養出家人的外圍分子而已。在四眾 (catasso parisā) 中的地位與角色功能，都不能與出家二眾相比擬。

此外，依據印度原始佛教及部派佛教的佛典所示，在家眾只能證得阿那含果而不能成為阿羅漢，偶有在家居士之悟境至阿羅漢境界者（如 Sujātā），也都立即出家。而佛陀所教化於在家眾者，也大多為布施、善業等生天的因行，而不像施予出家眾之以解脫道為主。可見在實質內涵上，大乘佛教興起以前的佛教倫理中，在家眾的宗教地位及角色功能確實不如出家眾。

這樣的趨勢，到大乘佛教以後有了明顯的改變。日本學者平川彰在其劃時代大作《初期大乘佛教の研究》中，提出了新穎的看法。他以為大乘佛教的成立，肇始於釋尊逝世後的佛塔建設者與管理者。這些建設、管理佛塔的佛教徒，主要是在家眾。提倡大乘佛法的菩薩教團，就是以這些在家居士為主而形成的。這一種新成立的菩薩教團，除了宣揚六波羅蜜及大乘戒律之外，最主要的特質是強調「成佛」才是修行的終極理想，而非阿羅漢。而且，教團成員不分僧俗，不像傳統佛教之「以出家為主，在家為輔」。

依據平川彰的上述論斷，即使其結論並非必不可易，至少也可以看出：在家佛教徒在印度歷史上的地位及角色功能，到大乘初期已有顯著的改變。這種改變的主要特質，是在家佛教徒逐漸地易附屬為自主、轉卑下為平等。

這樣的僧團倫理特質雖然與《阿含經》或《部派律藏》所載者不同，但卻是大乘經典中所觸處可見的。維摩詰的故事自是眾所周知。善財童子參訪的善知識中，在家眾人數所佔的比例也可使人窺見端倪。此外，觀音、文殊、地藏、普賢四大菩薩中，除地藏菩薩是固定的現出家相之外，其餘三菩薩在經典中也常顯現在家相。這些事例，都可以為平川彰的說法再下一註腳。

本文大體依循上述線索撰寫。擬對大乘佛教中有關僧俗之宗教地位及在家佛教徒所可能承擔的佛教使命等問題作一考察，以檢討傳統中國佛教界所流傳的「僧尊俗卑」的意識型態，是否合乎大乘佛教的倫理原則。

## 二、在家眾在大乘佛教中的地位

在中國佛教傳統裏，在家眾的地位是卑下的，與出家眾的尊貴地位不能相提並論。這種情形在目前臺灣的佛教界還是觸處可見。最顯著的事例便是在家佛子必須向出家人行跪拜禮（頂禮），而不論在家人是否善知識或長輩，出家人都絕對不會向他們禮拜。在這種「僧尊俗卑」的情勢下，在家人要「住持正法、主持教團」乃告絕無可能。

民初的佛學大師歐陽漸，對當時中國佛教界中這種極不平等的僧俗關係，曾經有過語氣極重的慨歎。他在《支那內學院院訓釋・釋師》文中，曾列舉出十種不合理的「崇僧抑俗」的現象，並且說：

> （在家人對出家人）但應奉事唯謹，一如奴僕之事主人。壓迫不平等，乃至波及慧命。而為（在家）居士者謙退又退無所容於天地。嗟呼悲哉❶！

事實上，這種現象可以溯源於原始及部派佛教時代。如前所述，原始及部派佛教是以僧伽為中心的，而僧伽則是由出家人所組成，因此，當時佛教的情勢可以說是「出家本位」的。加上出家人是專業修行者，可以證得在家人所不能證得的阿羅漢果位，而且又是在家人學習佛法的指導者，因此，在家佛教徒對出家人之「但應奉事唯謹，一如奴僕之事主人」，乃成為小乘佛教中的常態。

❶ 歐陽漸，《支那內學院院訓釋》（臺北：佛教版，1978），頁16。

這種現象在原始或小乘佛教中是可以被諒解的。但是在標榜「僧俗一貫」的大乘時代如果仍然執意堅持，則易使人不以為然。歐陽漸的不平之鳴，便是站在大乘佛教的立場有所感而發的。因為在原始或小乘佛教中，促使形成「僧尊俗卑」的內在與外在條件，到大乘佛教時代都已完全消失。如果宣揚的是大乘法，卻又持有「僧尊俗卑」的小乘意識，其矛盾是很顯然的。下面的分析，可以看出其中的問題所在。

㈠在教義上，大乘佛典的成佛理想是不論出家在家都可以獲得的，這與小乘佛教之唯有出家才可證羅漢果，而在家只能證得第三果的修證過程顯然不同；不會使人在先天上即產生「僧尊俗卑」的印象。這一點是眾所周知的，茲不詳論。

㈡在實際行事上，大乘佛教的教團與小乘僧伽並不相同。大乘教團叫做「菩薩眾」(bodhisattva-gana)❷，在大乘經典裏，此一詞彙與純屬出家人的「聲聞眾」(śravaka-samgha) 是不同的。除了 “gana” 與 “samgha” 用語的差異之外，菩薩眾的成員也包含有在家與出家二類，而不只是出家人。可見在家佛教徒在大乘佛教教團裏是直接參與的核心分子之一，而不是外圍分子。這與小乘僧團將在家人摒除在外的情形是大異其趣的。

㈢在弘法工作上，在家佛教徒能否收徒，和在求法過程中，在家人是否非向出家人學習佛法不可，也是形成僧俗地位尊卑的重要關鍵。如果這兩個問題的答案都是否定的，則在家人的地位仍然是在出家人之下。不過，在大乘佛典裏，對這兩個問題的回答，都持肯定的態度。依《優婆塞戒經》所載，在家菩薩與出家菩薩都可以

❷ 平川彰，《初期大乘佛教の研究》(東京：春秋社，1968)，頁 797。

弘法收徒。從該經所載的下列幾段文字，我們可以清楚的看出其中意趣：

1.〈自利利他品〉：「菩薩摩訶薩為利他故，先學外典，然後分別十二部經。眾生若聞十二部經，乃於外典生於厭賤。復為眾生說煩惱過……。」
2.〈攝取品〉：「菩薩二種，一者在家，二者出家。出家菩薩有二（類）弟子：一者出家，二者在家。在家菩薩有一（類）弟子，所謂在家。」

由此可見，大乘的在家佛徒是可以收徒弘法的。只是，依據原始佛教以來的戒律規定，出家人要較長期地成為在家人的弟子，在生活環境及戒律實踐方面，確有種種不便，因此，《優婆塞戒經》才規定在家人只收在家人為徒。

㈣在《法華經・法師品》裏，釋尊的一種宣言對在家佛子地位的提昇，也有暗示意義。該品云：

1. 若是善男子、善女人，我滅度後能竊為一人說《法華經》乃至一句，當知是人則如來使，如來所遣，行如來事。何況於大眾中廣為人說！
2. 若人以一惡言，毀呰在家、出家「讀誦《法華經》者」，其罪甚重。……其有「讀誦《法華經》者」，當知是人，以佛莊嚴而自莊嚴，則為如來肩所荷擔，其所至方，應隨向禮，一心合掌，恭敬供養，尊重讚歎❸。

這兩段話的主旨當然是在讚揚宣說《法華經》的佛教徒。但是，其中有幾點意義是一般讀者所容易忽略的。

其一，在這兩段話中，釋尊對在家人的咐囑分量絕不輕於出家眾。第一段的「善男子、善女人」是佛經中對在家佛子的通稱。第二段文字中則在家出家並列。可見釋尊在法華會上對在家眾並不貶抑。在家眾弘揚法華教法，仍然是「如來使」，「其所至方，應隨向禮」。並不僅出家眾始能如此。在這種意義下，如果一個出家人要向在家人乞求法華教法，不只不會違背佛意，而且也必然會得到釋尊的讚許。因此，前文所引《優婆塞戒經》中之在家人不能收出家人為徒的規定，固然是一種約定俗成的「世間悉檀」，但是如果是在沒有出家人可以弘法的情況下，則這種約定俗成的戒律，也不是不能破例的。

其二，上列這兩段文中的「讀誦《法華經》者」一詞，梵文的原文是 “dharma-bhānaka”。這一詞彙的原意就是「法師」。《法華經》的〈法師功德品〉，所講的也是弘揚法華教法的「法師」所能獲得的功德。而〈法師品〉與〈法師功德品〉這兩種品名中的「法師」一詞也都是 “dharma-bhānaka”❹，指的也是包含在家眾的一切弘揚法華教義的人。可見在這一意義下，在家人是可能成為「法師」的。這一種身分或資格的確立，對於在家人在大乘佛教中之地位的提昇有極重要的啟示作用。

㈤在家人是否可以主持弘法教團，是僧俗地位問題中最為尖銳的一項。由於有關菩薩教團 (bodhisattva-gana) 的資料不足，我們無

❸ 什譯，《妙法蓮華經・法師品》，《大正藏》卷 9，頁 30–31。

❹ 參見《大正藏》卷 9，頁 30 校勘欄註 4，及頁 47 註 11。

法見到「在家眾可以主持教團」的明確記載。但是，從現存大乘佛典裏，仍然多少可以窺見其中的若干蛛絲馬跡。

依據印度的佛教傳統，在家眾要主持包含出家人的教團，由於戒律及外在環境的限制，其可能性不大。但是如果所主持的是純屬在家眾的菩薩教團，則可能性甚高。

如前所述，在家人可以收徒，可以為「法師」以公開弘法，可見在弘法資格上是沒有問題的。既然弘揚大乘法是佛陀所讚賞的好事，而在家人又有弘法資格，則由在家人大規模地組織在家教團來弘法，當然也值得嘉許。事實上，在大乘佛典裏，擁有大批信徒的在家弘法者為數甚多，玆舉數例，以見一斑：

㈠釋尊之時，王舍城的賢護（颰陀和）長者，率領五百位受持五戒的優婆塞從事弘揚大乘法的工作。有名的「般舟三昧」法門便是他向釋尊請求，而由釋尊宣說的。在「大集經、賢護分」裏，釋尊還向阿難說：「是賢護菩薩，當於彼等五百徒眾而作義師，說諸法要。」❺釋尊在說完般舟三昧法門之後，也咐囑賢護等五百人在佛滅後要承擔起弘揚大乘佛法的使命❻。

㈡依《華嚴經・入法界品》所載，善財童子參訪的善知識裏，有不少在家善知識是擁有大批信眾的。其中，毘目瞿沙領徒一萬❼，遍行外道有梵眾十千❽。

㈢依《佛母出生三法藏般若波羅蜜多經》所載，常啼菩薩所參

❺ 《大正藏》卷 13，頁 886。

❻ 同前註，頁 897。

❼ 《大正藏》卷 10，頁 345。

❽ 同前註，頁 360。

訪的善知識——眾香城的在家菩薩法上，即：「處其宮內，與六萬八千婇女眷屬俱。……日三時中，說般若波羅蜜多。又復眾香城中一切人民，於其城內多人聚處，為法上菩薩摩訶薩敷大法座。……（法上菩薩）廣為一切天人四眾，宣說般若波羅蜜多。」❾

可見在家佛教徒擁有群眾以從事弘法利生的事業，也是大乘佛典所許可的。即使在家教團的史料不像出家教團那麼明確，然而，其弘法意義之不容否定也是事實。《華嚴經》在〈十迴向品〉等多處都期勉在家菩薩宣揚正法❿。經中的十地菩薩也常現在家相，這些事例與上述諸例配合著看，則對「在家眾可否住持教團」的問題，當較可能產生肯定的答案。

## 三、角色功能綜述

在家佛教徒在大乘佛典中的理想角色，可以用《華嚴經・十迴向品》中的這段話來代表：

> 菩薩摩訶薩在家宅中，與妻子俱，未曾暫捨菩提之心，正念思惟薩婆若境，自度度彼，令得究竟。……諸有所作，心常迴向薩婆若道，繫念思維，無時捨離。為欲饒益一切眾生，安住菩提無量大願，攝取無數廣大善根。……心不戀樂一切世間，亦不染著所行之行⓫。

❾ 《大正藏》卷 8，頁 669。

❿ 道霈，《華嚴疏論纂要》，收在《大藏經補編》第四冊（臺北：彌勒版，1986），頁 996, 997, 1030, 1072。

關於在家菩薩的實踐法門，在大乘經典中描述最多的，大概就是布施波羅蜜了。《華嚴經・十迴向品》整品所不斷敘述的，也不外乎此。甚至於可以說布施就是大乘經典中對在家菩薩最常叮嚀、最為反覆提倡的法門。依據般若智所展開的無相布施，是一切在家菩薩在實踐菩薩道時的行為核心，其他一切德目可說是環繞在「布施」周圍而展現的。

依據原始及小乘佛典所強調的，在家眾主要的布施對象是出家人，所布施的主要內容是財物（財施），而出家人則布施給在家眾以佛法（法施）。但是，到大乘佛教時代，在家眾的布施對象擴大了，範圍及於一切眾生，並且以眾生為主而不是以出家人為主⓬。除了財物布施之外，如前一節所述，在家眾也可以實行法布施，也可以收徒弘法。可見在家眾在大乘時代的角色功能是擴大了，這種情形是小乘時代的在家佛徒所難以想像的。

由於大乘佛典內容頗富寓言性、象徵性，因此我們對於經典中所載的在家佛徒的數量及行事內容，無法據以統計出一定的數據。但是，如果將所載內容視為具有象徵意義的暗示，則我們可以從而歸納出有關在家佛徒在印度社會中之角色功能的幾點看法：

㈠由在家人所主持的菩薩道實踐團體，可能分散在印度各處，而不相統屬。這些團體的共同行為準則是六波羅蜜，尤其是特別強調其中的「布施」。這從《華嚴經》〈十迴向品〉及〈入法界品〉中可以窺見端倪。

㈡這些團體大小不一，主持人的身分、職業也形形色色。大多

⓫　《華嚴經・十迴向品》第二十五之二，《大正藏》卷 10，頁 129。

⓬　參閱《華嚴經》〈淨行品〉及〈十迴向品〉。

由一位有攝受力的明星型人物為中心，而環繞一群信眾。有關這一點，可以從《華嚴經‧入法界品》看出來。對於這類在家弘法團體，經典中也頗有持肯定、讚賞態度的，在《郁迦羅越問菩薩行經》中，釋尊即曾如此地讚揚郁迦長者：

> 佛言：阿難！是郁迦長者，雖住居家地常有等心。於是賢劫所度人民甚多，勝餘出家菩薩百千人教授。所以者何，阿難，雖有出家菩薩百千人，其德之智不及郁迦長者[13]。

㈢由於在家菩薩的主要行為德目是布施，尤其是財物布施，因此，這些團體的主持人中，有錢的富貴人家為數不少。《維摩詰經》中的維摩詰，《郁迦羅越問菩薩行經》中的郁迦長者，《大集經》中的賢護菩薩，以及《華嚴經‧入法界品》中的慈行童女、具足、優婆夷、明智居士等，都是其中顯例。

㈣由於菩薩道的實踐，重視行為動機（慈悲利生）更甚於形式，因此，其救度眾生的方式是靈活而不拘常格的。《法華經》中的妙音菩薩與觀世音菩薩都強調可以現種種不同的變化身去救度眾生。《法華經》卷7：

> 1.（妙音）菩薩現種種身，處處為眾生說是（法華）經典。……或現長者身，或現居士身，或現宰官身……應以菩薩形得度者，即現菩薩形而為說法……。（〈妙音菩薩品〉）
>
> 2.應以居士身得度者，（觀世音菩薩）即現居士身而為說法。

[13] 《大正藏》卷12，頁30。

（〈普門品〉）

這兩段經文的原意，雖然只是在彰顯兩位菩薩弘法度生的方便善巧，但是對佛教徒而言，這種方便善巧與不必與出家形式所限的風格也可能成為一種典範。對於一般凡夫菩薩所可能給予的暗示作用，也是可以想見的。這種風格應該也可以視為大乘佛法的一項特質吧！

㈤在家佛徒在行菩薩道時，雖然身處世俗家庭，但對世俗的欲樂絕不能染著，對於世俗的一切價值要有真實的厭離感。關於這一點，除了前引的《華嚴經・十迴向品》之外，在《大寶積經》郁伽長者會也有詳細的說明⓮。

㈥在論及出家眾與在家眾的關係時，一般大乘經典都認為在家眾應該尊敬出家眾。尊敬的對象不只是實踐菩薩道的出家菩薩，而且也包含聲聞比丘，甚至於也包含破戒的出家人⓯。

---

⓮　《大正藏》卷 11，頁 472–480。

⓯　參閱《大乘本生心地觀經》卷 4、《郁迦羅越問菩薩行經》以及《十住毘婆沙論》卷 8。

# 伍　大乘佛教孝觀的發展背景

古正美

## 一、導　論

向來學者都認為，大乘佛教孝觀的主要特色即是「報恩思想」的信仰。事實上「報恩思想」即是孝的定義。中國儒家的孝觀也是一種「報恩思想」的信仰，但是佛教孝觀所側重的內容和行法卻與中國儒家孝觀的行法，在信仰上有很大的區別。中國儒家認為行孝不是只是行供養父母的行法，還有許多行法都是行孝必須注意的事項。大乘佛教在談「報恩思想」時，特別重視供養父母的思想，認為供養父母不只是一種人間行孝的實踐，也是一種佛教倫理的修行方法。大乘佛教「報恩思想」或孝觀的特色，因此是供養父母的思想。大乘佛教為什麼會以供養父母的思想作為其孝觀的內容及實踐方法呢？這個題目一直以來就沒有人問過，原因是，至今大乘佛教崛起的原因在學界尚無定論，學者們對大乘的發展情形還沒有明確的瞭解，因此，一談到佛教的孝觀不是說是受到中國儒家思想的影響，就是說佛教的孝觀在印度佛教思想中已見。這些含糊不清的說法，都沒有真正地釐清大乘佛教為什麼會提出孝觀的理由。

大乘孝觀之所以會被稱為「大乘」，乃因為此孝觀是大乘經中一直強調的思想。大乘提出孝觀的信仰不只與其大乘的信仰結構或系統有關，而且與大乘崛起的原因也有密切的關係。大乘佛教的信仰結構與早期佛教部派 (sectarian Buddhism) 的信仰結構有相當明顯的區別，前者是出世法與世法並重的一種信仰系統，而後者基本上只側重出世法的信仰方法。因此在新派佛教的經典中，主要的討論課題都是如何出家，放棄世俗生活的出世修行法。大乘佛教以後出佛教學派的姿態提出出世法與世法並重的信仰方法絕對不是沒有歷史原因造成的信仰現象，但是造成大乘提出出世法與世法並重的信仰也絕對不是一種純粹佛教內部教理發展的結果，大乘提出世俗化佛教 (secularization) 的現象事實上與貴霜王朝 (the Kushans, 50–300) 的政治思想的發展有密切的關係；換言之，大乘提出世俗化佛教或並重出世法及世法的信仰是教外原因造成的歷史現象。

第一世紀中期之後貴霜王朝的創始者邱就卻・卡德費些斯 (Kujula Kadphises, 2 B.C.–78 A.D.) 在攻克古代印度西北罽賓 (Gandhavati) 地區之後，不知道是為了什麼原因卻決定利用大乘學者及僧人為其建立一個新的政治傳統及治世方法。他的政治傳統是一種政教合一的帝王治世法。在大乘佛經中，稱此新帝王傳統為轉輪王 (Cakravartin) 治世法。邱就卻的政治理想為了在現實世界兌現，不但因此造成大乘學派的興起，而且也因此在歷史上建造了一個史無前例的佛教王國。邱就卻依賴大乘僧人及學者為其奠立佛教轉輪王傳統，大乘僧人與學者參與貴霜王朝的政治建設程度自不待言，可以想像。邱就卻沒有用傳統的佛教徒為其策劃立國的方案及帝王治世傳統，與他本人的個性與出生背景有絕大的關係。他出生在大

夏的藍氏城 (Bactria)，西元前後時期的藍氏城是一處波斯、希臘、中亞及印度文化的交接地，他浸淫於各種文化與信仰的環境之中，所希求的宗教與政治文化自然是一種開放自由的生動文化。大乘佛教的個性與創始者所給我的印象就是邱就卻所要追求的信仰及依賴，故大乘佛教在邱就卻時代的崛起不無原因。初期大乘 (the Early Mahāyāna) 的發展在邱就卻政治思想的影響之下出現於歷史舞臺，其信仰的結構自然要從側重出世法的傳統信仰方向轉向也重視世法的信仰道路，因為邱就卻的轉輪王治世觀要用大乘佛教的信仰合理化或合法化。在這種情形之下，大乘佛教所要做的工作不但要調和出世法和世法的信仰，而且還要徹底世俗化大乘佛教的信仰。大乘將佛教世俗化的結果，邱就卻的轉輪王治世傳統便因此得以使用，甚至成為大乘世法信仰的一部分；隨著貴霜政治活動的宗教化或大乘化，貴霜的世俗倫理活動，甚至經濟活動也被賦予大乘信仰的價值觀。大乘孝觀的出現便在這種大乘世俗化的過程中，孕育而生。本論文既然要談論大乘孝觀的發展背景，便不能不談邱就卻與大乘的關係及其政治思想，更不能不談論大乘如何在其體系之中調和出世法及世法這些問題，因為在學界都還未有人將這些問題做系統的研究過。

## 二、初期大乘與貴霜政治

許多學者都已經注意到大乘世俗化的傾向是其他佛教部派未見者。但是這些學者都沒有注意到，大乘重視世法或世俗化的現象與貴霜政治思想的發展有密切的關係。為了說明初期大乘運動與貴霜王朝之政治思想之發展一開始便結合在一起，筆者在此節中便要用中譯的初期大乘作品及地上保留的實物如法王塔 (dharmarājikā-stūpa) 來證明初期大乘的發展與貴霜王朝政治信仰的關係。中譯初期大乘經典的翻譯大抵始自後漢時代，完成於吳代，由第二世紀半之後來華的貴霜譯經僧，如支婁迦讖、安世高、安玄、竺大力、康孟詳及支謙等人翻譯成中文。這些作品包括《道行般若經》、《純真陀羅所問如來三昧經》、《法鏡經》、《修行本起經》、《犍陀國王經》、《受十善戒經》、《阿閦佛國經》、《無量清淨平等覺經》、《阿闍世王經》等經典，初期大乘經典記載貴霜政治信仰的作品事實上包括所有的初期大乘作品，因為每一部初期大乘的作品所要闡釋的大乘信仰與貴霜的政治活動及思想皆有直接的關係，因此，每一部初期大乘的經典不只是我們研究大乘信仰之重要文獻，也是我們研究貴霜政治思想之重要史料。我們除了從初期大乘的作品可以一窺貴霜政治思想與大乘的關係之外，自第三世紀半之後大乘涅槃系 (the mahā parimivanavāda of the mahāyāna, 250–400?) 製作的作品也能明見初期大乘與貴霜早期之政治思想的發展有何種關係，尤其是一些大乘涅槃系作者追述初期大乘活動的記錄作品如《大法鼓經》及《大薩遮尼乾子所說經》等經典。大乘涅槃系興起的背景與初期大乘興起的背景非常相似，都是因為要在地上建立一個佛教轉輪王治世的王國而躍上歷史舞臺。大乘涅槃系作者所支持的佛教轉輪王為一般學者所言之小月支王迦尼色迦第三 (Kaniska, the third)。本文因不以貴霜政治研究為專題，故對大乘涅槃系之發展與小月支王之關係不作進一步論述。

一般學者都將初期大乘崛起的時間定於西元第一世紀的中期，

即西元五〇年左右❶。在歷史上，這段時間恰好落在貴霜王朝第一代王邱就卻・卡德費些斯統治貴霜王朝的時間。按《後漢書・西域傳》的記載，邱就卻為月支大王，生長於古代大夏的藍氏城，西元第一世紀初期，其以貴霜翎侯的身分統一月支五部之後，便南下攻打卡布兒 (Kabul)、呾叉始羅 (Taxila) 及罽賓等地❷。中國學者王治來說，邱就卻統治罽賓是在西元五二年之後，因為在此之前，隸屬罽賓的呾叉始羅尚為安息王所統治❸。如果是這樣，中文文獻中記載的邱就卻是在西元五二年之後才正式進入罽賓。向來有些學者都將罽賓視為是迦濕彌邏國 (Kasmir)，包括唐代的玄奘在內都如此說❹，事實上罽賓並不是指迦濕彌邏國，中國歷史文獻上所言之罽賓乃指佛教經典中所記的犍陀越國 (Gandhavatī)，或今日學者們常言之犍陀邏 (Gandharā) 地區，這由初期大乘佛經《純真陀羅所問如來三昧經》及《道行般若》，甚至《犍陀國王經》之經文記載便可知曉：《道行般若經》卷 9 及卷 10 之處說，犍陀越國國王崇奉大乘，在其國城中央立一高座，由大乘大法師曇無竭菩薩 (Bodhisattva Dharmagupta) 向犍陀越國中之大乘求法者宣說大乘修行法，即般若波羅蜜法 (prajñāpāramitā) 及大乘教義❺，《道行般若經》雖說當時之

❶ 靜谷正雄，《初期大乘佛教の成立過程》（京都：百華苑，1974），頁 47–49 等處。

❷ 見《後漢書・西域傳》。

❸ 王治來，《中亞史》（中國社會科學出版社，1980），頁 111。

❹ 釋道宣撰，《續高僧傳・玄奘傳》卷 4，T. 2060, vol. 50，頁 449a。

❺ 後漢支婁迦讖譯，《道行般若經》卷 9 及卷 10，T. 224, vol. 8，頁 468–478。

犍陀越國城充滿大乘信徒或菩薩，其地有如忉利天境，但是該經作者卻沒有告訴我們，當時崇奉大乘、供養曇無竭並迎曇無竭入宮說法的犍陀越王是誰。但是從《純真陀羅所問如來三昧經》的記載，我們卻知道，當時犍陀越國的國王不但是位月支王，而且他的名字就叫「香山」或「犍陀越」。《純真陀羅》說：

> 有王名曰純真陀羅，從名香山，與諸純真陀羅無史數千，與犍陀羅無史數千，與諸天無史數千，而俱來說「純真陀羅」是瑞應❻。

Chandradara 意譯成中文，即是「月支」的意思；「香山」即是梵語或犍陀羅語「犍陀越」的意思。由此段經文的記載，我們不但知道，當時在犍陀越國崇奉大乘的犍陀越王是位月支人氏，而且也知道「犍陀越」之所以會被稱為「犍陀越」，乃因《純真陀羅》所記之月支王的名字「香山」而起。此段經文說得很清楚，當時崇奉大乘的月支王香山不但帶領月支人氏去信大乘，而且也帶領犍陀羅人去信大乘並供養佛及大眾。由此可知，邱就卻在攻克罽賓之後，便將罽賓改名為犍陀越，犍陀越人氏便因此稱之為犍陀羅人。西元第一世紀中期之後所造的《道行般若經》及《純真陀羅》所記的月支王因此在此確定不會有第二人，他就是中文文獻中所記的邱就卻。這件事不只由這些初期大乘作品可以佐證，邱就卻的葬塔，即法王塔亦可佐證。

❻ 後漢支婁迦讖譯，《純真陀羅所問如來三昧經》卷上，T. 624, vol. 15，頁 351c。

邱就卻在統治呾叉始羅及罽賓之後為什麼要推動大乘佛教的發展？初期大乘的作品都沒有直接了當的說明，但是，許多初期大乘的作品都用間接的造經法作了說明。這些初期大乘的作品都用間接的方法說：邱就卻在前世及今世因為供養大乘之佛與大眾的關係，而做了佛教的世界大王，即轉輪王邱就卻；因受「十善戒」的儀式而成為轉輪王；邱就卻改信大乘的關係而做了轉輪王。轉輪王的概念，在初期大乘作品中，一而再的被提及，有時是在說明轉輪王形象的場合，有時是在說明轉輪王定義的場合，初期大乘的中譯譯經僧常沒有將「轉輪王」一詞直接意譯為「轉輪王」，而只就其犍陀羅音音譯為「遮迦越羅」(cakravarā)。譬如《純真陀羅》便說：「爾時之世有遮迦越羅名曰危彌陀羅而主四方。是遮迦越羅供養佛六十億菩薩至千億萬歲。」❼這段經文主要是在記述純真陀羅香山前生為轉輪王的故事，經文作者使用因緣的造經法說明月支王香山過去如何成為一位轉輪王的故事。

初期大乘的作者在有系統、有資源的造經環境之下，對每一部經典的製作都作了相當的策劃，故其造經時便用一些特定的造經技巧或表達方法來說明特定的信仰題目。事實上初期大乘作者在造經時已經非常重視製作經文的技巧及方法。後來大乘涅槃系在承傳初期大乘造經法時，不但用初期大乘所用的「十二部經」造經法作為造經的技法，而且更以「十二部經」的造經法作為判定大乘經文的方法之一。譬如大乘涅槃系的主經《大般涅槃經》便說：

> 從佛出生十二部經，從十二部經出修多羅，從修多羅出方等

❼ 同前，頁 363b。

> 經，從方等經出般若波羅蜜，從般若波羅蜜出大涅槃❽。

又說：

> 菩薩摩訶薩知十二部經，謂修多羅、祇夜、授記、伽陀、優陀那、尼陀那、阿波陀那、伊帝曰多伽、闍陀伽、毘佛略、阿浮陀達摩、優波提舍❾。

初期大乘的作者，在這「十二部經」中，便常用譬喻或阿波陀那 (avadāna)、因緣或尼陀那 (nidāna) 及授記 (vyakāraṇa) 的造經方法來說明轉輪王的形象及定義。譬如在用因緣法說明轉輪王的形象及信仰時，《純真陀羅》的作者便說，月支王香山的前生便是轉輪王尼彌陀羅，尼彌陀羅之所以會成為「遮迦越羅」乃因為其供養佛與菩薩的關係。初期大乘的作品《修行本起經》亦用此因緣的造經法說明釋迦文佛前生為轉輪王的故事。從因緣造經法中所記的轉輪王形象及定義，如供養佛及大眾等行逕及其他的內容，我們便能確知當時貴霜轉輪王信仰之一般內容。譬如《修行本起經》說：

> 聖王治世正戒德十善，教授人民天下太平、風雨順時……聖王壽盡又昇梵天為梵天王，上為天帝，下為聖王，各卅六反，終而復始，欲度人故，隨時而出❿。

❽ 北涼曇無讖譯，《大般涅槃經》卷 15，T. 374，頁 449a。

❾ 同前，卷 15，頁 451b。

❿ 後漢竺大力共康孟詳譯，《修行本起經》卷上，T. 184, vol. 3，頁 463a。

《修行本起經》是部說明轉輪王定義及信仰的要典，在這部經中，作者不但稱轉輪王為「聖王」、「飛行皇帝」、甚至說轉輪王為菩薩下生，「上為天帝，下為聖王，各卅六反」⓫。《修行本起經》事實上是一部說釋迦文佛成道因緣的作品，但是由於經中涉及說明釋迦文在過去為轉輪王的故事，因此我們便見有轉輪王定義，如以佛教「十善法」治己及治世的說法及轉輪王面世形象如七寶隨身的界說記載於經中。所謂七寶隨身的意思就是說，轉輪王治世、活動時，皆有七種寶會與轉輪王一起出現世間。此七寶即是其他大乘經典也常記載的金輪寶、大臣寶、白象寶、馬寶、兵寶、珠寶及玉女寶。由於《修行本起經》已經提及轉輪王有下生三十六次的信仰，因此我們知道，初期大乘在說明轉輪王的形象之際，對轉輪王下生的信仰多少都會作一些解說。《純真陀羅》的作者基於轉輪王下生信仰的瞭解，便在經中用下生信仰來說明邱就卻在過去為轉輪王的事及在今日又下生為轉輪王的事實。《純真陀羅》用因緣造經法來說明這件事，這種做法便是筆者在上面所說的，用特定的造經技法說明邱就卻為轉輪王的方法。《純真陀羅》說，邱就卻的前生為尼彌陀羅或彌尼達王。為什麼《純真陀羅》的作者會說邱就卻的前生為尼彌陀羅呢？原因不外是，邱就卻和邱就卻之前的藍氏城希臘統治者彌尼達王都有相似的出生及政治發展背景：兩者都是藍氏城出生的「外國人」，兩者在統治藍氏城之後，皆進入印度為印度大王。從《純真陀羅》所記這段邱就卻的前生故事，我們更能證明當時統治犍陀越，發展大乘的是邱就卻，因為在貴霜諸王中，只有邱就卻的出生及政治成就與彌尼達王相彷彿。

⓫　同前，頁 461–463。

《純真陀羅》並不是唯一用間接的造經方法說明邱就卻為佛教轉輪王的作品。後漢安世高所譯的《犍陀國王經》在經中也說，犍陀國王，即邱就卻，因改信大乘，故能為轉輪王⓬。後漢時代佚譯人名所譯的《受十善戒經》更說，邱就卻因受「十善戒」儀式之故而「能上生天上為梵天王，下生世間作轉輪王，十善教化，永與地獄三惡道別」⓭。從《犍陀國王經》與《受十善戒經》所記之內容，我們不但可以看出，邱就卻做佛教轉輪王不但與信仰大乘有關，而且也可看出，初期大乘在為邱就卻奠立佛教轉輪王傳統之際，甚至立下「受十善戒法」之宗教儀式，使邱就卻因此在形式上真正的登上轉輪王的寶座。由此我們知道，《道行般若》及《純真陀羅》所記之邱就卻的宗教活動不是邱就卻單純的宗教信仰活動而已。邱就卻將「佛」迎入宮中、聽「佛」說法也是邱就卻的一種政治活動，或經中所言之轉輪王行供養的形象，初期大乘經文如此登錄邱就卻的政治信仰及政治、宗教活動，大乘僧人與作者為邱就卻設計政治信仰與傳統的證據便很顯明。大乘佛教與邱就卻的關係因此是互相依存的政治宗教關係。

邱就卻採用佛教轉輪王觀稱帝的事實除了初期大乘經典及大乘涅槃系作品都有詳細的登錄之外，邱就卻時代所製作及建造的實物如錢幣及法王塔亦可證明這個歷史事實。筆者在此不作錢幣的論述，但就今日尚保存於呾叉尸羅的法王塔作為考察及舉證的對象。一九一〇年代初期，英國的考古學家約翰・馬羯兒爵士 (Sir John Marshall)，在呾叉尸羅的法王塔遺址挖掘出一件滑石製作的舍利容

⓬ 後漢安世高譯，《犍陀國王經》，T. 506, vol. 14，頁 774。

⓭ 後漢失譯人名，《受十善戒經》，T. 1486, vol. 24，頁 1628b–c。

器。該容器中置有一銀盒，盒內又置有一金製的所謂「佛舍利盒」一具及一卷雕有佉盧文字書寫的銀卷片。銀卷片是當時建塔時造的造塔記，其內容大致如下：

> 阿姊士 (Azes) 第一三六年，阿夏達 (Āsshādha) 月之十五日這天，住在娜阿恰鎮 (Noacha) 的巴爾克人 (Balkh) 羅他弗利亞 (Lotaphria) 之子烏拉沙客斯 (Urasakes)，將如來舍利 (Bhagavato dhatno) 安置於呾叉尸羅 (Tachhaśie) 的呾奴瓦 (Tanuvae) 地區的法王塔之菩薩殿 (Bodhisatvagahami) 中。為大王 (maharajasa) 王中之王 (rajatirajasa)、天子 (devaputrasa)、聖神貴霜王 (Khushanasa) 祈求龍體康健，為諸佛、眾生、父母、朋友、尊師、族人、親友及自己祈求身體健康。願此舉……[14]。

銀卷片上的造塔記共分為兩個部分：第一部分是說明此塔收葬的舍利是誰的舍利及立塔的人是誰；第二部分是一些祝福當時還活著的皇帝、諸佛及親友、師長、父母及自己的話。

一般中外的學者，包括馬羯兒本人，都將此塔視為一座佛塔，或一座收葬佛舍利之塔。學者們有這種看法，主要的原因是，在過去，從來沒有人注意到貴霜有佛教的轉輪王政治傳統存在的關係，故在解釋這些銘文時，都將此銘文所記之「如來」或「菩薩」一詞指射佛的身分。

---

[14] Sir John Marshall, *Annual Report, 1912–13, Archaeological Survey of India* (Calcutta: Superintendent Government printing, 1916), p. 19.

此塔是阿姊士一三六年所造的。許多學者都同意，阿姊士一三六年是邱就卻統治貴霜王朝的最後一年。阿姊士一三六年，有些學者計為西元七五年，有些學者計為七九年⓯，羅申費爾德則計為七八年⓰。無論其確實的年代是西元幾年，此年即是邱就卻統治貴霜最後的一年，也是邱就卻死的那一年。

《純真陀羅》將邱就卻說成一位行「善權方便」法 (upāya-kauśalya)，教化眾生的大菩薩或如來，該經說，純真陀羅王，即邱就卻，善鼓琉璃琴；他以鼓琉璃琴之技，令眾生聽聞佛音、法音及僧音⓱，並以琉璃琴音發眾生之菩提心，使眾生前去聽佛說法⓲。銘文中的如來舍利如果是佛舍利應該是收葬在佛殿，但銘文卻說是葬在菩薩殿中。大乘經文通常稱一般大乘行者為菩薩，稱說法之法師為大菩薩 (mahāsattva bodhisattva)，稱行「善權方便」法或「漚和俱舍羅」的菩薩為如來⓳。如來行「善權方便」的方法是，用眾生之愛欲為教學的媒介，先使眾生盡情享樂其愛欲，然後於眾生享樂之中示現大道⓴。邱就卻在生前既已被視為是位以鼓琉璃琴教化眾

---

⓯ 林良一，《ガンダーラ美術記行》(日本時事通信社，1984)，頁 38 及 A. L. Basham (ed.), *Papers on the Date of Kaniska* (Leiden: E. J. Brill, 1968), p. 210.

⓰ John M. Rosenfield, *The Dynastic Arts of the Kushans*, p. 40.

⓱ 《純真陀羅》卷上，頁 354c。

⓲ 同前，卷上，頁 352a。

⓳ 見《道行般若》卷 9 及其他大乘經典；有關「善權方便」菩薩被稱為「如來」之事，請參見西晉竺法護譯，《順權方便經》，T. 565, vol. 14，頁 921–930。

⓴ 見西晉竺法護譯，《順權方便經》及《純真陀羅》卷上。

生的如來或大菩薩，其死時，立塔人稱其為如來，將其舍利安置於菩薩殿是合情合理的事。

銀卷片上的銘文除了這些稱號能證明此塔收葬的舍利為邱就卻的舍利之外，銘文稱此塔為「法王塔」也是一處說明此塔非為佛塔而為轉輪王塔的證據。大乘涅槃系的學者，在承傳初期大乘的信仰之下，為解釋轉輪王的定義及傳統也造了許多轉輪王經典。在其所製的轉輪王經典如《大薩遮尼乾子所說經》及《阿育王經》或《阿育王傳》中，大乘涅槃系的作者都很清楚地用「護法法王」或「法王」的稱號稱呼轉輪王。譬如《大薩遮尼乾子所說經》說：

> 有一種轉輪王，謂灌頂剎利，統四邊畔、獨尊、最勝，護法法王㉑。

又《阿育王傳》也說：

> 我若涅槃百年之後，此小兒者當作轉輪聖王四分之一，於藍氏城作政法王號阿恕伽㉒。

轉輪王在佛經中既又被稱為「法王」(dharmarājikā)，「法王塔」當然是一座轉輪王塔，而非佛塔。

「法王塔」中出土的銀卷片既如此清楚地告訴我們，此塔是一

㉑ 見魏天竺三藏菩提留支譯，《大薩遮尼乾子所說經》，T. 272, vol. 9，頁330a。

㉒ 見西晉安法欽譯，《阿育王傳》卷 1，T. 2042, vol. 50，頁 99c。

座葬轉輪王的轉輪王塔，我們對此塔的建造意義至此應該有一明確的瞭解。很顯然的，「法王塔」是一座紀念邱就卻為佛教轉輪王所建的轉輪王葬塔，因為此塔建於邱就卻死的那一年，而且就立在離犍陀越東南方不遠的咀叉尸羅，邱就卻統治貴霜王朝時代的另一重要城市。咀叉尸羅原屬罽賓，邱就卻統治罽賓之後，咀叉尸羅應該亦隸屬犍陀越或罽賓管轄。邱就卻的葬塔立在犍陀越，也是邱就卻在死前統治犍陀越不爭的事實。

事實上除了「法王塔」出土的銘文內容可以證明，「法王塔」是座紀念邱就卻為佛教轉輪王之葬塔外，「法王塔」之建築型制也能證明此塔是一座轉輪王塔。至今立在地上的「法王塔」仍能見是一座下部具有方形基臺，上部是呈一半圓形如覆盆狀的大型建築物。馬羯兒爵士認為此塔的建造年代是在西元前第一世紀，後來經歷代維修、堆積而成為今日的規模㉓。馬羯兒爵士和許多學者一樣，都不知道佛教葬塔或浮圖 (stūpa) 的建造有四種不同的型制。《大般涅槃經後分》便提到佛教葬塔建造的識別方法。《大般涅槃經後分》說：

> 佛般涅槃荼毘既訖，一切四眾收舍利置七寶瓶，當於執尸那伽城內四衢道中起七寶塔，高十三層，上有相輪。一切妙寶間雜莊嚴，一切世間眾妙花幡而嚴飾之。四邊欄楯七寶合成，一切莊校靡不周遍。其塔四面面開一門，層次間次，窗牖相當，安置寶瓶如來舍利……。其辟支佛塔應十一層……；其阿羅漢塔成以四層……；其轉輪王塔亦七寶成，無復層級㉔。

㉓ Sir John Marshall, *Annual Report, 1912–13*, p. 11.

㉔ 大唐南海波凌國沙門若那跋陀羅譯，《大般涅槃經後分》，T. 377, vol. 12,

《大般涅槃經後分》將佛教的葬塔分為四種，即佛塔、辟支佛塔、阿羅漢塔及轉輪王塔。這四種塔，按該經的說法，基本上是以塔之「層級」及「無復層級」作為判別塔類的方法。該經說佛塔高十三層、辟支佛塔高十一層、阿羅漢塔高四層，而轉輪王塔則「無復層級」或無層級。什麼叫做「層級」呢？日本法藏館編的《總合佛教大辭典》對佛塔的建築結構作了這樣的說明：「最低部稱之為基或露盤，呈方形狀；基臺上置有一如覆缽狀之半圓形物稱之為覆缽；覆缽之上有剎柱，即安置相輪的位置。」㉕基臺及覆缽的部位是古代各種塔的基本建築結構，覆缽的位置一般是作為安置舍利的地方。佛塔、辟支佛塔、阿羅漢塔與轉輪王塔的建築結構不同的地方就是，前三者有剎柱及相輪，而轉輪王塔只有基臺及覆缽，故後者被稱之為「無復層級」的建築物。

呾叉尸羅的「法王塔」只有基臺和覆缽的結構，這種結構就是《大般涅槃經後分》所言之轉輪王塔的「無復層級」的建築結構。「法王塔」的這種建築結構後來也傳入中亞于闐。《魏書・西域傳》在記述古代于闐國的歷史時說，羅漢比丘盧栴為其王立「覆盆浮圖」㉖。雖然《魏書・西域傳》沒有說于闐之「覆盆浮圖」是座轉輪王塔或「法王塔」，但從此處記載之「覆盆浮圖」一辭，我們已經知道其為一座如呾叉尸羅「法王塔」建築結構的轉輪王塔。

由呾叉尸羅「法王塔」的建築結構，我們更能證明「法王塔」本身就是一座轉輪王塔。此塔的建造既是邱就卻死的那一年所建

---

頁 902–903。

㉕ 日本法藏館編，《總合佛教大辭典》下冊，頁 1037b。

㉖ 《魏書・西域傳》，「于闐國」條。

造,「法王塔」當然是一座紀念邱就卻為佛教轉輪王的葬塔。因此,「法王塔」不可能是如馬羯兒所說的,建造於西元前第一世紀的佛塔,其建造年代確確實實如銀卷片上的銘文所記,建於阿姊士一三六年,即邱就卻死的那一年,西元七八年。

邱就卻為佛教的轉輪王因此不是只是大乘經文獨說或宣唱的經文故事而已,邱就卻為佛教的轉輪王的事是貴霜歷史上的大事,也是佛教史上的重要事件。

從大乘經文登錄邱就卻崇奉大乘的故事,我們已經可以看出邱就卻與大乘的關係,從邱就卻帶領月支及犍陀羅人信奉大乘的情形,我們更可以看出,邱就卻是以大乘為國教。邱就卻崇奉大乘的情形雖是如此,讀者還可以懷疑邱就卻的政治思想不是大乘僧人或學者製造出來的。為了解答這個問題,筆者將在下面再作證明,說明邱就卻的轉輪王信仰是大乘信徒一手奠立而成的。

《道行般若》和《純真陀羅》都提到邱就卻將曇無竭菩薩或「佛」迎入宮中說法的事。譬如《純真陀羅》說:

> 純真陀羅遙見佛在交露中坐……而趣前迎佛,便和將入宮,到其處所佛就其座……中宮一切各持飲食而悉供養。飲食已竟,行澡水訖,純真陀羅以機坐佛前聽佛說經㉗。

邱就卻在宮中聽「佛」說法,到底「佛」對邱就卻說了什麼法?從《道行般若》、《純真陀羅》,甚至《犍陀國王經》,我們只知道,「佛」是對邱就卻說大乘法,說般若波羅蜜法。初期大乘的作者對此事似

㉗ 《純真陀羅》卷中,頁356a。

乎都不想明確的記載，但是大乘涅槃系的作者在追述佛教轉輪王傳統的發展之際，卻沒有放棄說明當日「佛」對月支王邱就卻說什麼法的機會。大乘涅槃系的作品，《大薩遮尼乾子所說經》及《大法鼓經》是兩部追述曇無竭菩薩當日發展大乘及奠立貴霜轉輪王傳統的重要作品。自這兩部經中，我們知道《道行般若經》中所記的曇無竭菩薩或《純真陀羅》經中所記的「佛」，原是一位自南方而來的離車 (liccha) 族人士或一位耆那教 (Jainism) 徒或尼乾 (nirgrantha)。《大法鼓經》稱經中所記之「離車童子」為「一切世間樂見」，並說「離車童子」在佛滅後，其護法的地位甚至比佛弟子迦葉更高。該經說，「一切世間樂見離車童子」，在佛滅後，「擊大法鼓，吹大法蠡，設大法會，建大法幢」㉘。在初期大乘經中，明記在犍陀越「擊大法鼓，吹大法蠡，設大法會，建大法幢」，又是「一切世間樂見」的人物，只有《道行般若經》中所記的曇無竭菩薩。在《道行般若經》中，曇無竭亦現童子像，在犍陀越國城中央坐高座，「擊大法鼓，吹大法蠡，設大法會，建大法幢」，奠立大乘學派㉙。《大法鼓經》稱「一切世間樂見童子」乃自南方而來的「離車」，《大薩遮尼乾子所說經》則稱經中所記之「大薩遮」(mahāsatya)，即「大真人」為南方而來之尼乾子。曇無竭菩薩因此在流傳中並不是一位犍陀國人，而是一位「離車」族人士或尼乾。《大薩遮尼乾子所說經》說，「大薩遮尼乾子」為「嚴熾王」，即月支王說轉輪王定義及轉輪王治國方法。有關「大薩遮尼乾子」為「嚴熾王」說轉輪王定義及轉輪王治

㉘ 宋天竺三藏求那跋陀羅譯，《大法鼓經》卷下，T. 270, vol. 9，頁 298c 及頁 298b。

㉙ 《道行般若》卷 9。

國方法的經文都記載在該經的〈王論品〉中。按〈王論品〉中所記之轉輪王定義，最重要的有兩條：㈠轉輪王是行「十善法」治己治他的護法法王，㈡轉輪王是「統四邊畔」的世界大王㉚。從《大薩遮尼乾子所說經》所記之轉輪王定義，我們便能明白，邱就卻為什麼當日在做轉輪王時要學「十善戒」法，為什麼邱就卻時代所造的錢幣及「法王塔」出土的銘文要稱貴霜的皇帝為「護法者」或用四國大王稱號稱呼邱就卻及貴霜的新皇帝。所謂四國大王的尊號即是，印度大王 (mahārāja)、波斯大王 (rājatirāja)、中國天子 (devaputra) 及貴霜王稱號 (śahi) 的四種大王尊號集一身的世界大王頭銜。邱就卻時代已引用四國大王尊號於一身的稱號尊稱自己，說明自己就是一位「統四邊畔」或「主四國土」的轉輪王。因此邱就卻的「統四邊畔」的轉輪王信仰是其政治上的世界大王形象，此形象與行「十善法」治己及治他之「護法法王」之宗教信仰形象結合在一起便成為一位政教合一的佛教轉輪王形象。邱就卻之轉輪王法或傳統既由大乘創始者曇無竭所奠立，大乘僧人及學者參與貴霜政治局面的情形便可想而知的是如何的徹底及全面，這也就是為什麼大乘法要徹底世俗化的原因。

## 三、初期大乘的信仰體系

初期大乘的發展既要兼顧佛教轉輪王觀的發展，這個學派的信仰或思想走向極端世俗化的發展方向因此是可以明白的事。事實上初期大乘的信仰體系在發展時不但做到出世法及世法發展兼顧的

㉚ 《大薩遮尼乾子所說經》卷 3，〈王論品〉，頁 330b。

局面，而且更用護法 (dharmaraksa) 的信仰概念將出世法及世法統合起來成為一個沒有矛盾的信仰體系。傳統佛教部派，雖常也說一些世法的修行法，但是後來的發展常偏向出世法的說明及側重，故在傳統的佛教信仰中，世法常被視為出世法修行的障礙。基於這種信仰的理由，出家修行便常被看成為得道唯一的解決方法。大乘雖也承繼了這種信仰傳統，但是為了建立一個史無前例的空前佛教王國，此學派便必須將出世法與世法中修行上的矛盾減到最低程度，甚至要以持兩個修行法不衝突或不矛盾的信仰方式開展大乘的學說。為此，大乘因此提出護法信仰的調和方法。大乘的護法信仰不只含括大乘所有的信仰體系，譬如二身說、佛性論，而且也含蓋了大乘的修行法，即般若波羅蜜法。護法體系因此不是只是一種單純的教理信仰系統，此護法信仰甚至也是一種大乘的實踐方法。

大乘護法思想自初期大乘開創之後，護法信仰就成為大乘經中談論的主題。大乘學者對此信仰之執著，甚至到達一種視護法信仰即是大乘一切法的地步。後來的大乘涅槃系在造經時，不但也用護法概念作為造經的方法及主題，而且在推動佛教轉輪王信仰之際，更用護法概念作為造像、建塔廟之建築內容或模式。因此要瞭解大乘的思想或信仰，我們是不能不談論其護法信仰的內容，尤其是我們在此地要談論佛教的孝觀問題，及要瞭解孝觀的發展背景。

筆者在前面提到，大乘佛教的孝觀發展與貴霜之政治信仰有很大的關係。這種關係的造成原因筆者在上面已經解釋過，故不再重申。大乘佛教的孝觀雖是大乘的倫理信仰，但是此信仰和轉輪王的政治信仰一樣都是屬於大乘世法的說明內容。故大乘孝觀的理論發展及實踐方法也都是在護法信仰體系之下開創出來。要瞭解大乘孝觀的內容及發展，因此無論如何都必須要對大乘的護法信仰做一透徹的瞭解。

初期大乘雖沒有人人皆有佛性的說辭，但是卻堅決的認為，一個人如努力的修行般若波羅蜜法，即行供養、守戒、忍辱、精進、禪定及智慧的六種修行法，他便可以成就「法身」(dharma-kāya)，成佛。初期大乘認為，現象世界的一切，包括我們的身體及意識活動皆是空幻無常不真實。《純真陀羅》說：「一切人無有我，無有我是三昧相，亦不可得身，亦不可得細滑，亦不可得心；其有說我知法、我見法，是皆不可得。」㉛初期大乘雖認為現象世界的一切皆是空幻無實，但是我們應該借助我們肉體的修行去證得佛身或法身。法身並不是一種東西或存在，而是一種了悟我們存在真相的精神狀態；只有大菩薩與成佛的人才能證成及體驗這種精神狀態。初期大乘作品《阿闍世王經》說得很清楚：

> 我知諸法悉空故。所以者何？泥犁亦復已空，上天安亦空。諸法無所可壞敗，是故入法身。法身者亦無天上，亦無人間，亦無泥犁禽獸薜荔。其逆者亦不離法身，其所作逆者悉法身之所；又諸逆之本悉諸法之本，已去當來無去來者。諸法亦無去來。已知是者，亦不入泥犁，亦不上天，亦不泥洹㉜。

因為初期大乘有「肉身」(nirmāṇa-kāya) 及「法身」之說及信仰，初期大乘便將護法的型態分為兩種：用「法身」護法及用「肉身」

㉛ 《純真陀羅》卷上，頁 354c。

㉜ 後漢支婁迦讖譯，《阿闍世王經》卷下，T. 626, vol. 15，頁 402b–c。

護法。初期大乘認為，修行般若波羅蜜可以證得「法身」，由於證得「法身」的經驗是有方法可循的修證體驗，故證得「法身」的菩薩或佛便要用經法或其他的修行方法誘導人見真、入道。「法身」菩薩或佛的這種做法，初期大乘經典或謂之為菩薩的大慈悲行，或謂之為「法施」，菩薩的大慈悲行或「法施」，即是「法身」菩薩或佛用「法身」護法的意思。純真陀羅在發願成佛時說，他希望將來也像其他的菩薩與佛一樣，「成無極之大哀，常當護法，常當教他一切人」㉝。此地所說的「成無極之大哀」，即是行大慈悲行的意思。同經在他處更說，菩薩與佛行「法施」，是其等行護法之最，因為有「法施」，故人人受益。該經說：

> 菩薩以經中四事為人說解中義是故為法施。眾施中之尊，於是為極上之思。法施者是為極上之護，何以故？其法施者，聞聽心垢則除，便得脫。其所有物而施與，但長養於生死，其欲度於生死者，當以法而施與，是為隨佛教法施者，一切人因是中而得德㉞。

《純真》不只認為，「法施」是一種護法的最上行為，而且「法施」也是救護世人出生死煩惱的最重要方法。《純真》很清楚地說，一切眾施或供養 (dāna) 都非根本施，因為用一般物質，如大乘經中所言之衣服、飲食、臥具及醫藥之供養法只能「長養生死」，非究竟解決煩惱的方法。

---

㉝ 《純真陀羅》卷下，頁 364b。

㉞ 同前，卷下，頁 366b。

初期大乘因為非常重視「法施」的護法方法，因此稱行「法施」的人物為「大法師」或「法師」。《道行般若》便稱宣說般若波羅蜜法的曇無竭菩薩為「大法師」，並說要供養「法師」才能聽聞佛法。《道行般若》說：

> 師在深宮，尊貴教敬當敬佛無有異。當用經法故，莫念財利，貪意心念，所有者當施與師，當樂好恭敬於師。作是行不缺者，令得聞般若波羅蜜㉟。

初期大乘雖認為「法施」是根本施，但是也提到要用物質供養法師方能聽聞佛法的事，因此用物質供養「法師」是我們用「肉身」護法或修行的方法。

初期大乘事實上已經明說，行供養佛、法、僧的方法也是一種護法的方法。《法鏡經》說：

> 在家修道，發求遭遇佛而以布施，為自歸於佛。若以擁護正法（護法）而已布施，是為自歸於法；若已其布施為致無上真道，為自歸於僧㊱。

《法鏡經》所言之「布施」即是供養的意思。初期大乘已經用「供養」或「布施」的概念來說明護法的特性或方法。因為有這種看法，大乘涅槃系在整理初期大乘的信仰體系時便明說，「法施」與「財施」

㉟ 《道行般若經》卷 9，頁 472a。

㊱ 後漢安玄譯，《法鏡經》，T.322, vol. 12，頁 16。

是兩種不同的護法方法，「法施」能使經法流布，「財施」能聽聞佛法。《大般涅槃經》說：

> 護法者，所謂愛樂正法，常樂演說，誦讀、書寫、思惟其義，廣宣敷揚令其流布。若見有人書寫、解說、讀誦、讚歎、思惟其義者，為護法故不惜身命是名護法㊲。

初期大乘如果沒有提出護法的信仰及定義，第三世紀半在犍陀越或罽賓崛起的大乘涅槃系在承襲初期大乘的信仰體系時，是不會也將護法定義依初期大乘之說法在《大般涅槃經》中作如此之說明。由此可見護法信仰一直是大乘發展的中心課題。《大般涅槃經》雖沒有引用「法施」及「財施」二詞說明大乘的護法信仰方法，但是大乘涅槃系可能在中亞于闐地區出經的《大方等大集經》卻在承襲初期大乘及大乘涅槃系的信仰之際，用「法身供養」及「生身供養」來解釋「法施」及「財施」的意思。《大方等大集經》說：

> 所有眾生修立塔廟、供養眾僧，求無盡身，無苦惱身，所作供養皆作生身、法身。生身供養者即是塔像，法身供養者，書寫、讀誦十二部經，如是勝以七寶……㊳。

既然「法施」被大乘學者視為「法身供養」，作「法身供養」(dharma-kāya-dāna) 的人物就不能是普通的人，而必須是大菩薩、佛或大法

㊲ 北涼曇無讖譯，《大般涅槃經》，T. 374, vol. 12，頁 549a。

㊳ 北涼曇無讖譯，《大方等大集經》卷 31，T. 397, vol. 13，頁 214。

師，即證得法身之人物。「生身供養」既藉「生身」(nirmāna-kāya-dāna) 做「財施」，這種供養的護法工作自然是每一個俗人，包括轉輪王都應該做的工作。自初期大乘開始，護法的概念便用「供養」的概念或「布施」的概念作為解釋；「供養」的概念因此也就等同護法的意思。初期大乘雖將護法的概念分為「法施」及「財施」兩種，但是就護法信仰的功用而言，此二種「供養」是相輔相成的。換言之，大法師做「法施」時，如果沒有一般俗人做「財施」，供給良好的物質環境作為流通佛法的條件，大乘佛法是無法「廣宣流布」，大法師是無法做「法施」的；相對的，如果一般俗人沒有大法師做「法施」，他們是無法聽聞經法成佛的。因此，兩種供養必須相互配合而為才能達到護持正法的真正目的。故初期大乘的經典《道行般若》及《純真陀羅》皆說，轉輪王邱就卻供養「佛」與大眾，並聽「佛」說法；同時也說曇無竭菩薩以大法師或「佛」的身分，在接受供養之後向轉輪王邱就卻及犍陀越人民說法。這種一佛一轉輪王行供養或護法的模式即是初期大乘作者用來調和出世法及世法最根本的方法。佛與轉輪王所行的護法型態雖不同，即護法的方法雖不同，但是兩者皆作護法工作，皆行供養。本來供養或布施的行法即是行大乘修行法，般若波羅蜜法，最根本的修行法，大乘作者用布施或供養的概念調和大乘出世法及世法的信仰體系，從表面上看來，大乘出世法及世法的修行方法不但一樣，而且意義及目的相同。初期大乘學者這種天才的創作，在教理上不但達成圓滿統合出世法與世法的信仰意義，使二者之信仰不見矛盾，同時在實際的修行上，因為強調分工相輔相成的修行法之故，出世法的修行法與世法的修行法因此被認為都具有同等的價值及意義。初期大乘學者如此調和出世法及世法，世間人在行世法時最重要的活動因此無他，只有行供養。這就是為什麼大乘經典在談論轉輪王的護法形象時，除了說轉輪王有修「十善法」治已及治他的形象之外，轉輪王行供養佛及大眾的形象，就是各大乘經中最常提及的轉輪王護法形象的原因。初期大乘在經中既以一佛一轉輪王作供養的形象來解釋其護法信仰的內容及意義，一佛一轉輪王的護法模式因之成為大乘經典說護法概念的主要模式。大乘涅槃系的作者亦極喜歡用此一佛一轉輪王之護法模式造經，其等所造的《佛說彌勒下生經》及《悲華經》都是用此一佛一轉輪王的護法模式去說明大乘的主要信仰內容㊴。

初期大乘學者如此肯定世法的信仰，他們在處理世法的活動時，一方面將大乘宗教信仰世俗化，一方面將世俗活動宗教化或大乘化，使世法的活動從那一個層面來看，都與大乘信仰有關。初期大乘學者事實上便用這種兩管齊下的方法替邱就卻在貴霜建立了一個史無前例的真正佛教王國。初期大乘學者無論是將世俗活動宗教化或大乘活動世俗化，其世法活動的標準都沒有離開供養的行法及信仰。譬如《道行般若》在談論如何將大乘信仰世俗化時說，世間人應行四種與大乘活動有關的供養，此四種供養即是：⑴供養法師，⑵供養七寶塔，⑶供養佛像，⑷供養大乘經典㊵。

《道行般若經》談論大乘世俗化的方法談論得很多，也很詳細；至於貴霜人民生活大乘化的方法及標準即散見於初期大乘各經之中。譬如《法鏡經》就說，每個人都必須行道德、倫理活動，如果

㊴ 見西晉竺法護譯，《佛說彌勒下生經》，T. 453, vol. 14，頁 421–423；及北涼曇無讖譯，《悲華經》，T. 167, vol. 3，頁 167–233。

㊵ 見《道行般若經》卷 2 及卷 3。

不將道德、倫理活動，甚至生產活動，視為自己的責任，他就不是一個佛弟子。《法鏡經》說：

> 父母知識臣下昆弟親屬為以敬之，奴客待者瞻視調均亦以教化，斯殊法亦受重任，是謂眾生重任也，精進而不懈怠。不受之重任而以不受，謂是弟子各佛之事，成就眾生而不倦❹❶。

初期大乘作品《佛說無量清淨平等覺經》更將「不孝順父母、輕易師長知識、無信難得誠實」的人視為惡人；又將懶惰不肯作善、不念治生、不供養父母妻子，使父母妻子受飢寒及不教養子女的人視為五種惡人❹❷。由此可見初期大乘對世俗生活及道德倫理生活之重視及關懷和其大乘化或宗教化世俗活動的程度。從《法鏡經》及《佛說無量清淨平等覺經》中，我們已經可以看出，大乘學者如何將世俗之道德倫理生活或社會經濟生活視為大乘之宗教生活之一部分，並給予宗教性之價值判斷。事實上大乘學者將世俗之生活宗教化相當徹底，在許多初期大乘經中甚至提到今日世人所遭到斬身斷肢的報應乃是因為在過去，「不信三尊，不孝父母」的結果。譬如《佛說罪業應報教化地獄經》便提到這件事❹❸。

初期大乘作者不但在許多經中都提到要孝順父母的事，而且還製作有《父母恩難報經》說明行孝的重要性。在《父母恩難報經》中，初期大乘作者便明確地告訴我們，父母對子女的恩德是我們「右

---

❹❶ 後漢安玄譯，《法鏡經》，T. 322, vol. 12，頁 16b。

❹❷ 後漢支婁迦讖譯，《無量清淨平等覺經》卷 4，T. 361, vol. 12，頁 296c。

❹❸ 後漢安世高譯，《佛說罪業應報教化地獄經》，T. 724, vol. 17，頁 45a。

肩負父，左肩負母，經歷千年，正使便利背上」，也不能回答父母的事[44]。由此可見初期大乘的學者對世俗之道德倫理的生活不只重視，甚至還特別側重孝行，即報恩之行。

綜觀保留之中譯初期大乘之作品，初期大乘學者雖在許多處明說要「供養父母」，要行孝於父母但是供養父母的孝觀的發展乃遲至第三世紀半左右，大乘涅槃系崛起之時。譬如大乘涅槃系說世法最重要的一部作品《優婆塞戒經》在經中不但將人倫的關係分為六種，即父母、師長、妻子、善知識（朋友）、奴婢及沙門婆羅門（出家修行者），而且要大乘行者供養此六種人不怠[45]。《優婆塞戒經》為了說明我們為什麼要行孝，要供養父母，更以五種理由作為我們為何要行孝、要供養父母的原因。該經說：「父母還以五事報之。一者至心愛念，二者終不欺誑，三者捨財與之，四者為娉上族，五者教以世事。」[46]《優婆塞戒經》如此解釋我們要行孝、要供養父母的原因之外，更說明我們要如何供養父母。該經說：

> 言東方者即是父母。若人有能供養父母衣服、飲食、臥具、湯藥、房舍、財寶，恭敬禮拜讚歎尊重，是人則能供養東方[47]。

《優婆塞戒經》所言供養父母的方法，事實上就是大乘經中所言之「財施」，或奉養父母的意思。初期大乘的經典已經提到奉養父母，

---

[44] 安世高譯，《佛說父母恩難報經》，T. 684, vol. 16，頁 779a。

[45] 北涼曇無讖譯，《優婆塞戒經》卷 3，T. 1488, vol. 24，頁 1047。

[46] 同前。

[47] 同前。

不要使父母受飢寒的事,《優婆塞戒經》在此不過重申初期大乘的倫理道德信仰。初期大乘視「財施」為護法的行逕,以「財施」供養父母,在大乘宗教化倫理道德活動之下,自然也被視為是一種護法行逕。

大乘涅槃系雖然在孝觀上承襲初期大乘的信仰無改,但是大乘涅槃系的作者卻對大乘孝觀的發展非常重視,為此,大乘涅槃系的作者便製出許多前所未有的孝經作為提倡供養父母的孝觀之作品。這些作品,無論是以什麼樣子的故事為背景,都一律在於強調供養父母的孝觀之重要性。這些經典包括《佛說盂蘭盆經》㊽、《菩薩睒子經》㊾等經典及收錄於《雜寶藏經》等經中的《王子以肉濟父母緣》及《鸚鵡子供養盲父母緣》等經典㊿。從這些作品,我們不但可以看出大乘涅槃系非常重視父母生前的供養,而且也非常重視父母死後的供養,更注重對母親之供養。有名的《佛說菩薩睒子經》或《佛說睒子經》就是記述睒子如何取悅其父母及供養其父母的故事。《佛說睒子經》說:

> 睒至孝仁慈,奉行十善不殺、不盜、不婬、不欺誑、不飲酒、不妄語、不嫉妒。信道不疑,晝夜精進,奉侍父母如人侍天,言常含笑不傷人意。行則應法,不妄傾邪,於是父母即大歡悅,無復憂愁㊿¹。

---

㊽ 西晉竺法護譯,《佛說盂蘭盆經》, T. 685, vol. 16, 頁 779。

㊾ 附西晉錄,《菩薩睒子經》, T. 175, vol. 3, 頁 436–448。

㊿ 元魏吉迦夜共曇曜譯,《雜寶藏經》, T. 203, vol. 4, 頁 447–449。

51 西晉沙門聖堅奉詔譯,《佛說睒子經》, T. 175, vol. 3, 頁 438c。

從這段經文的記載，我們很清楚地可以看出，睒子是位行「十善法」的大乘孝子。該經文為了說明供養父母之重要性，甚至將睒子如何隨父母入山修行，如何供養父母及如何被迦夷國王用箭射中，懊惱不能供養父母的故事作了詳細的陳述。該經說，睒子有一日披鹿皮衣，提水瓶到河邊去為父母汲取飲水，迦夷國王適時看到，誤以為鹿而將其殺之。被箭射殺的睒子，並不傷己被殺之痛，一心仍然惦記父母在自己死後無人供養之事，心中非常懊惱，便對迦夷國王說：

> 我不惜身，但念我盲父母耳。年既衰老、兩目復盲，一旦無我，亦當終沒無瞻視者，以是之故而懊惱耳[52]。

《佛說睒子經》所要闡明的是，生時供養父母的重要性，為供養父母，甚至犧牲性命在所不惜。大乘涅槃系所造的《盂蘭盆經》則是說供養父母，甚至在其等死後也要盡一切力量供養的經典。《盂蘭盆經》經文一開始便說，佛弟子目蓮為了供養死後在地獄受苦的母親，他入地獄取飲食供養母親，但卻無法成就其供養之孝行，不能供養母親，目蓮心中感到非常痛苦，於是目蓮前去見佛，希望佛能助其供養母親之行。佛感目蓮之孝行及天下孝子之孝行，便訂每年七月十五這一日為「盂蘭盆節」，即供養現在及死去七世父母的特別節日。《盂蘭盆經》說：

> 十方眾僧於七月十五日僧自恣時，當為七世父母及現在父母厄難中者具飯百味、五果汲灌盆器、香油錠燭、床敷臥具、

[52] 同前，頁 439a。

> 盡世甘美以著盆中，供養十方大德眾僧，……其有供養此等自恣僧者，現在父母、七世父母、六種親屬、得出三途之苦，應時解脫衣食自然。若復有人父母現在者福樂百年，若已亡七世父母，生天自在化生，入天華光，受無量快樂(53)。

由《盂蘭盆經》這段經文的記載，我們可以看出，供養僧人或法師的護法行逕是與供養父母的孝行意義完全相同。換言之，供養父母的孝行，對大乘涅槃系的作者而言，亦是一種行世法的護法方式。因此該經說：只要每年七月十五日這一天，用供養僧人或法師的方法行供養的儀式，俗人便能完成供養父母的心願或目的，或該經所說的，「欲度父母，報乳哺之恩」(54)的目的。由此，我們可以看出，大乘涅槃系的作者，無論以什麼樣的方式說明大乘的孝觀或孝行，其說明的內容都沒有離開其護法信仰，或世法信仰的內容，都以「財施」或「生身供養」作為世人行孝的方法及內容。因此，大乘涅槃系所提出的大乘孝觀或孝行可以說是其宗教化世俗活動的一個重要證據，而其宗教化世俗倫理活動的方法，不外是用護法的信仰內容及方法作為世人行孝的倫理活動標準；如果不合乎這個標準，就如初期大乘經典所說的，不但不能成為佛弟子或大乘人，甚至還要下地獄受苦。

---

(53) 《佛說盂蘭盆經》, T. 685, vol. 16，頁 779b。

(54) 同前，頁 779a。

## 四、大乘孝觀在中國的發展

大乘孝觀的成立及發展既與大乘護法信仰的關係如此密切，印度與中亞諸王在接受大乘信仰之際，尤其是在採用佛教轉輪王觀治國的情況之下，必都非常重視大乘倫理的實踐及孝觀的推行。印度及中亞諸王發展大乘孝觀的實際情況，筆者尚未做過研究，故不能在此作談，但是中國發展大乘孝觀的情形，卻正如筆者所預料的，與歷代中國皇帝之崇信大乘或採轉輪王觀治世有相當的關係。換言之，大乘孝觀在中國的發展，除了與大乘信仰之流行有關之外，也是一種中國政治力量發展的結果。大乘的孝經自後漢譯入中文之後，大乘孝經陸續便傳入中國，尤其是西晉之後，隨著大乘涅槃系的經典傳入中國，大乘涅槃系著作之孝經亦傳入中國[55]。中國歷史上第一位接受佛教轉輪王思想作其治世傳統的是北涼的沮渠蒙遜(368–433)。北涼涼王沮渠蒙遜在河西之涼州（今武威）定都之後，便召中印度僧人曇無讖為其譯經及開窟造像。北涼所譯的大乘經文基本上都是與大乘涅槃系信仰有關的作品，而且這些作品與北涼當時在發展的佛教轉輪王傳統有密切的關係。這些作品如:《大般涅槃經》、《大方等大集經》、《大方等無想經》、《金光明經》、《悲華經》及《彌勒上生經》等經典，實際上不只是用來作瞭解大乘涅槃系及佛教轉輪王觀的作品，而且也是用來做開窟造像之用[56]。北涼涼王

[55] 《佛說睒子經》、《盂蘭盆經》及《雜寶藏經》等經都是西晉之後傳入之大乘涅槃系作品。

[56] 見古正美，〈再談宿白的「涼州模式」〉，一九八七年第一屆國際敦煌石

蒙遜作為一位大乘信徒及佛教轉輪王，便有以孝子之名傳世的記載。蒙遜母親去逝之後，他不但為其母造像，就是在其母死後，他開鑿敦煌石窟的原因也與其念母親恩德之因緣有關57。

北涼亡後，北魏雖經過一場歷史上最大的毀佛事件，但是當高宗文成帝繼位之後 (453)，文成便一面用北涼僧人師賢及曇曜為其發展轉輪王之治國傳統，並繼印度及中亞之轉輪王法之發展法，在雲岡等地開窟造像。雲岡可以說是北魏早期轉輪王發展史的一處歷史記錄。雲岡的開鑿幾乎皆由曇曜一手包辦58。曇曜在為北魏發展轉輪王思想期間，於延興二年 (472) 受詔與吉加夜譯出《雜寶藏經》59。《雜寶藏經》是一部大乘涅槃系說佛教倫理及孝道非常重要的一部著作。曇曜當時以北涼沙門統或國師的身分，譯出《雜寶藏經》的意義為何非常明顯。那就是，北魏在發展轉輪王觀之際，不忘推動大乘孝觀的實踐。由北涼涼王及北魏之例，我們便可以看出，中國皇帝在接受佛教轉輪王治世觀時，亦將大乘信仰世俗化或世俗倫理大乘化。《雜寶藏經》所說的大乘孝道或孝行亦以供養父母的思想為行孝的基礎。北魏接受大乘涅槃系孝行的信仰非常徹底，主要的原因是，北魏一代自文成開始到北魏滅亡八十多年的時間裏，北魏歷代皇帝都採用大乘之轉輪王觀治世，大乘孝行在北魏一代長期的孕

---

窟會議論文，將刊登於近期之《敦煌研究》。

57 見釋道世撰，《法苑珠林》卷 13，T. 2122, vol. 53，頁 387。

58 有關北魏毀佛及雲岡之建造請見古正美，〈北魏初期儒學發展的問題〉，收入《儒學國際學術討論會論文集》(山東：齊魯書社，1989)，頁 917–937 及古正美，〈再談宿白的「涼州模式」〉一文。

59 見宋志磐撰，《佛祖統紀》卷 37，T. 2035, vol. 49。

育及發展之下，不但從此生根，而且開花結果。北魏人士在受大乘涅槃系孝經的影響之下，深信：「不孝父母，逆害師長，叛於夫主，誹謗三尊，將來之世，墮於地獄，刀山劍樹，火車爐炭，陷河沸屎，刀道火道，如是眾苦，無量無邊，不可計數。」[60]北魏人士對大乘孝觀的實踐是否完全依大乘孝經之言所行是另一回事，但是從北魏一代的造像記內容來看，許多造像的人都不忘為父母或亡父母祈福[61]。這種現象的產生，我們不能不承認，與北魏大乘信仰及政治信仰有關。北魏一代在採用大乘轉輪王觀治世時如此宏揚大乘孝道，南朝梁武帝在統治後期採轉輪王觀治世時亦以帝王的身分於大同四年 (538) 幸同泰寺設盂蘭盆齋，提倡大乘孝行[62]。

南北朝一代是中國佛教轉輪王治世傳統取代傳家或中國帝王治世觀最顯明的一代，這從南北朝歷代皇帝開窟造像的情形及歷史文獻之記載便可以作說明。南北朝晚期中國出現所謂中國製作的佛經《父母恩重經》的現象，因此絕不是偶然出現的歷史現象。《父母恩重經》自南北朝末期以降至宋代，在中國流行的程度不是我們可以一言道盡說完的。敦煌遺書中所記《父母恩重經》之俗文學及變文寫經種類就有五十五種之多。宋代以後在中國、朝鮮及日本流行的《大報父母恩重經》，按日本學者道端良秀的學法，就是一部《父母恩重經》的增補版本[63]。由此可見，大乘孝觀在中國的發展如果

[60] 見《雜寶藏經》，T. 203, vol. 4，頁 449c。

[61] 見佐藤智水，〈北朝造像銘考〉，收入《史學雜誌》(Oct. 1977)，vol. 86，頁 6–7 所登錄之造像記，如《仇寄奴造像記》便說：「……仇寄奴為父母造觀世音像，願父母上生天上，直遇諸佛……常與佛會。」之語。

[62] 《佛祖統紀》卷 37，頁 351a。

不是也是政治的原因促成大乘孝觀的宏揚，大乘孝觀不會如此根深蒂固地種植在中國的土地上，甚至在中國開花結果。

《父母恩重經》及《大報父母恩重經》的經文內容，除了側重說明父母教育我們的恩德之外，同時也指出我們必須要供養父母，行大乘孝行。《父母恩重經》或《大報父母恩重經》成經的情形如何，今日已無法追述，但是，從此經文著作的情形或主題來看，《父母恩重經》成書的方式基本上是依北涼所譯之《優婆塞戒經》及其他大乘涅槃系之孝經如《盂蘭盆經》及《佛說睒子經》等經文之著作方式或內容書寫而成的。《優婆塞戒經》在說明孝行的重要性時，一面說明父母對我們之恩典是如何重大，一面則要我們因此供養父母。《父母恩重經》之經文創作結構亦是如此。譬如鄭阿財將《父母恩重經》依各敦煌本校定之後的內容一段如此記錄：

> 佛告阿難，汝諦聽，善思念之，吾當為汝分別解說：父母之恩，昊天罔極。云何。若有孝順慈孝之子，能為父母作福造經，或以七月十五日能造佛盤，各盂蘭盆，獻佛及僧，得果無量，能報父母之恩[64]。

《父母恩重經》之其餘內容不外是作父母養育我們恩重細節的記述及提醒我們要如何因寫經及供養佛、僧的方法報答父母之恩情。

《父母恩重經》基本上是一部側重說明及講述父母恩之重大之經典，至於報答父母重恩或行孝方面的記述，經文雖也提及，但分

[63] 道端良秀，《佛教と儒教倫理》(京都：平樂寺書店，1968)，頁 95–97。

[64] 見鄭阿財，《敦煌寫本父母恩重經研究》，頁 313。

量相對地少。《大報父母恩重經》的出現可能就是要補足《父母恩重經》經文的缺陷，因此在《大報父母恩重經》的經文後半部，便出現有八條報恩方法的經文記述。這些經文內容都是在《父母恩重經》中不見者。這八條經文的內容如下：

> 假使有人左肩擔父，右肩擔母，研皮至骨，骨穿至髓，遶須彌山，經百千匝，猶不能報父母深恩。
>
> 假使有人飢遭饉劫，為於爺孃，盡其己身，臠割碎壞，猶如微塵，經百千劫，猶不能報父母深恩。
>
> 假使有人手執利刀，為於爺孃，剜其眼睛，獻於如來，經百千劫，猶不能報父母深恩。
>
> 假使有人為於爺孃，亦以利刀割其心肝，血流遍地，不辭痛苦，經百千劫，猶不能報父母深恩。
>
> 假使有人為於爺孃，百千刀輪於自身中，左右出入，經百千劫，猶不能報父母深恩。
>
> 假使有人為於爺孃，體掛身燈，供養如來，經百千劫，猶不能報父母深恩。
>
> 假使有人為於爺孃，打骨出髓，百千鋒戟，一時刺身，經百千劫，猶不能報父母深恩。
>
> 假使有人為於爺孃，吞熱鐵丸，經百千劫，遍身焦爛，猶不能報父母深恩[65]。

《大報父母恩重經》所記的行孝方法是，為報父母的恩德，我們甚

[65] 見《大報父母恩重經》（韓國：寶蓮閣出版，1982），頁 13–14。

至要犧牲一切，甚至自己的性命。

大乘涅槃系的作者在談論護法的概念時，便提到，為「護法故，不惜生命」的話。大乘涅槃系的作者非常重視為護法的緣故必須犧牲一切的信仰。這種思想乃來自初期大乘所言的菩薩行。《道行般若》卷 9 中已經記述薩陀波倫菩薩 (Sadāprarudita) 前去犍陀越國求般若波羅蜜法時，為供養曇無竭菩薩而賣身供養「佛」的故事[66]。初期大乘作品《佛說龍施女經》也提到龍施女 (Nagadattā) 以宗教自殺的方式，將自己的身體供養佛、行菩薩行的故事[67]。大乘涅槃系在承傳這種護法信仰的情況之下，更認為，行菩薩行或護法，要不惜一切，如國城、妻子及自己的生命。《優婆塞戒經》因此便說：「為法因緣，不惜生命、妻子、財物。」[68]大乘涅槃系的作者為了強調，為護法的緣故，不惜犧牲自己性命的精神為菩薩的最上修行法，甚至在《正法華》之〈藥王菩薩品〉中提出菩薩行菩薩道之最尊、至上修行法為「焚身」的供養佛的修行法。《正法華・藥王菩薩品》如此記道：

> 眾生憙見菩薩從定意起重自思惟，雖用雜物供養佛，不能暢盡至真之德，以身供養爾乃無上。尋如所念，斷絕五穀等食眾香，眾香華汁而以飲之，日使身中內外皆香，如是服香竟十二年，復和眾香以塗其體，香油潤衣，而立誓願以身為燈，為一切故，即然其身供養諸佛[69]。

---

[66] 《道行般若經》卷 9，頁 472–473。

[67] 吳代支謙譯，《佛說龍施女經》，T. 557, vol. 14，頁 909–910。

[68] 《優婆塞戒經》卷 2，T. 1488，頁 1040a。

大乘涅槃系以身供養佛或護法的思想既是如此被其學者所強調，與供養佛或僧同等意義的孝行自然也被其學者以同樣的態度等視之。故大乘涅槃系作者，即使是在中國，認為供養父母的孝行必須以身供養，以性命供養，才合乎大乘行護法之精神。《大報父母恩重經》所記之八條以身供養父母的信仰內容，即使是後來加譯進入經文，這八條孝行的行法，與大乘涅槃系之護法信仰不但並不衝突，相反地，由此經增補的這八條孝行供養父母法，我們更可以看出，中國自南北朝以降，在學到大乘涅槃系護法信仰的影響之下，也非常重視以性命供養父母的孝行實踐。

《父母恩重經》或《大報父母恩重經》的流傳，在唐代之後便也見其以繪畫表達信仰的方式出現於敦煌莫高窟及其他地區。敦煌莫高窟編號 238 窟東壁窟的南側（中唐）、編號 156 窟前室窟頂北側（晚唐）、449 窟東壁窟門北側（宋代）及 170 窟北壁（宋代）都見有所謂《父母恩重經》之「變相畫」。可見此二經在南北朝之後，一直到宋代流傳不衰。宋代對大乘佛教孝觀的宏揚非常努力，尤其是宋太宗匡義 (fl. 976–998) 更是用力。宋太宗一登位便大肆宏揚大乘佛法，他不只重用門沙贊寧，詔其修《高僧傳》及撰《三教聖賢事跡》，而且更立譯經傳法院等機構召天息災，法天及施護等人主持翻譯大乘經典。在其時代，便曾在一時期普度天下童行一十七萬餘人為僧[70]。太宗如此宏揚大乘，自然對提倡大乘孝行不遺餘力。我們

[69] 西晉竺法護譯，《正法華》卷 9，T. 263, vol. 9，頁 125b。

[70] 有關宋太宗之崇揚大乘事，見嘉興路大中祥符禪寺住持華亭念常集，《佛祖歷代通載》卷 18，T. 2036, vol. 49，頁 656 及《佛祖統紀》卷 43，頁 396–401 等處。

從太宗時代 (977) 所製之「父母恩重經幢」[71]及一幅今日保存於甘肅蘭州省博物館之太宗淳化二年 (991) 所製的巨型「報父母恩重經變畫」的絹畫等實物，我們就可以看出太宗時代大乘孝行被重視的情形，何況文獻上亦記有省才於至道元年 (995) 進「盂蘭盆儀」之事[72]。宋太宗之宏揚大乘是否與其有意採轉輪王觀治世之事有關，筆者不很清楚，但是宋代因為官方提倡大乘信仰的關係，而見「盂蘭盆儀」成為官方之宗教信仰儀式及大乘孝經用各種形式被提倡。由此可見，官方提倡大乘思想與大乘孝行之流行自始至終皆有不可分離的關係。

從宋初淳化二年所製的絹畫及南宋孝宗淳熙年間 (1174–1189) 在四川大足留下的「大報父母恩重經變相」的摩崖彫刻，我們都可以看出，有宋一代大乘孝觀的提倡都用護法的造像內容或方法，即護法模式提倡大乘孝觀。北宋淳化二年所製的「報父母恩重經變畫」製作的內容，基本上是依《佛說父母恩重經》的經文內容製作而成的一幅大型絹畫。此幅絹畫的繪畫內容共分為兩大部分：⑴絹畫頂部之七佛像及七佛像下方的佛塔及兩側的七寶物造像部分；⑵第一部分下方的坐佛對大眾說法圖及「報父母恩重經變畫」部分。由於此絹畫上之佛像、物像及故事像傍皆有文字題款，故我們知道，絹畫第一部分之七佛造像各為：南無釋迦牟尼佛、南無迦葉佛、南無

---

[71] 小川貫弌，〈大報父母恩重經の變文と變相〉，收入《印度學佛教學研究》卷 13 第一號，一九六五，頁 55 記：道端良秀博士在〈山東古物調查表〉中記有，山東陵縣於唐武德元年 (618) 見製有「父母恩重經幢」；又松本文三郎博士在《支那佛教遺物——經幢》也記有，唐開元二十五年 (737) 及宋太平興國二年 (977) 見製有「父母恩重經幢」。

[72] 《佛組統紀》卷 43，頁 401b。

俱那含牟尼佛、南無俱（那提）佛、南無毗舍浮佛、(尸）棄佛及南無毗婆尸佛；七寶各為轉輪王之隨身七寶：兵寶、珠寶、藏寶（大臣寶）在七佛像下佛塔的右側，玉女寶、馬寶及金輪寶在佛塔的左側。按大乘涅槃系之作品《過去莊嚴劫千佛名經》及《現在賢劫千佛名經》的說法，南無毗婆尸佛、南無（尸）棄佛及南無毗舍浮佛為過去千佛中之最後三位佛；而南無俱（那提）佛、南無拘那含牟尼佛、南無迦葉佛及南無釋迦牟尼佛則為現在下生千佛中的最先四位佛[73]。大乘在發展的過程當中，不但相信轉輪王與菩薩會不斷的下生人間救度眾生，而且也相信，過去有千佛下生，現在及未來也有千佛，甚至億萬佛要下生為眾生說法。大乘這種信仰很顯然的是出自其「法身」不滅的信仰。由於有千佛下生的信仰，大乘作者甚至因此而不厭其煩地在其經中數說這些千佛的名字及其下生的因緣。蘭州省博物館所收藏的這幅絹畫所製的七佛像有現在佛像，也有過去佛像，這些佛像所代表的意義，不論是過去或現在，所要說明的就是，佛以「法身供養」的姿態在三世間作護法的工作。中國七佛的造像首見於北涼時代所流行於河西、敦煌及吐魯番一帶的所謂「北涼石塔」的七佛造像。「北涼石塔」建造的內容因為取自《千佛因緣經》之經文，故在該石塔上所見之七佛名稱與蘭州保存之絹畫上所見之七佛名稱完全不同[74]，由此可見，中國七佛造像的內容並不固定。蘭州省博物館所存之絹畫上之七佛像雖與「北涼石塔」之七佛造像取材不同，但是蘭州省博物館所收藏的絹畫上之七佛畫

[73] 闕譯人名，《過去莊嚴劫千佛名經》，T. 446, vol. 14，頁 375c。及闕譯人名，《現在賢劫千佛名經》，T. 447, vol. 14，頁 376a。

[74] 見古正美，〈再談宿白的「涼州模式」〉。

像的出現與「北涼石塔」之七佛造像在石塔上出現的意義完全相同，都是要說明「法身供養」的護法概念。

大乘涅槃系在造經時，已經非常喜歡用一佛一轉輪王的護法模式作為其造經的主題，因此我們便見有《佛說彌勒下生經》及《悲華經》這種大乘涅槃系以一佛一轉輪王行護法為主題的作品。第三世紀半左右之後，大乘涅槃系在罽賓；即犍陀越崛起、造經，也是為了替當時的小月支王迦尼色迦宣揚佛教的轉輪王思想。大乘涅槃系的學者，在步初期大乘學者之後塵之際，除了製作許多如《悲華經》、《彌勒下生經》及《大般涅槃經》之經典之外，甚至更用這些經文作為其造像的題材，說明佛與轉輪王的護法關係及方法。現存於巴基斯坦拉后 (Lahore) 博物館石碑編號 1135 及石碑編號 572 的造像內容即是取自《悲華經》中所記之一佛一轉輪王的護法模式的經文造像內容[75]。從拉后博物館所保存之這兩塊石碑上的造像，我們因此知道，在轉輪王法或傳統發展的過程當中，用實物造像的方法也是一種宣揚轉輪王法的方法。第五世紀初期當北涼的涼王沮渠蒙遜在取用佛教轉輪王傳統時，他除了由曇無讖主持翻譯與轉輪王思想有關的大乘涅槃系經典之外，也用曇無讖為其開窟造像作宣傳。因此在北涼一代的造像中，我們便見有石塔的七佛一轉輪王及「供養」的護法模式，一佛一轉輪王的護法模式及千佛與菩薩行「生身供養」的護法模式流通[76]。這些護法模式無論是以什麼內容為主題，其造像的主要內容都具有代表「法身供養」的佛像及代表「生

---

[75] 可參見 John M. Rosenfield, *The Dynastic Arts of the Kushans* 一書中之圖片部分之二石碑。

[76] 見古正美，〈再談宿白的「涼州模式」〉。

身供養」概念的轉輪王像、菩薩像或甚至供養人像為造像的內容。換言之，無論護法模式的內容出現何種變化，其造像的基本概念，都具有代表「法身供養」的概念及代表「生身供養」的概念為造像的主題或內容。

我們在蘭州省博物館所見到的絹畫，實際上是兩組護法模式所組成的繪畫內容。第一組的護法模式就是絹畫上方第一部分的造像內容，七佛代表「法身供養」的概念，「佛」塔及其兩側的七寶造像則代表「生身供養」的概念。我們在絹畫上雖見不到轉輪王交腳的造像，但是從佛塔兩側散畫轉輪王七寶的繪畫結構或方式，我們乃可以猜測，坐在佛塔中之佛像即是轉輪王像。拉后博物館所保存之兩座《悲華經》一轉輪王一佛的造像石碑，雖說是以一佛一轉輪王為造像之主題，兩座石碑上所見的轉輪王像卻以各種不同的姿態造在石碑上，《悲華經》在說明轉輪王無諍念成佛的過程故事時，不但提到轉輪王與諍念如何供養佛，如何聽佛說法，如何退處宮內靜處思惟成佛之事，而且也提到佛為轉輪王授記成佛的場面[77]。《悲華經》中所記這些轉輪王與佛關係的故事細節，都一一搬上拉后兩座石碑上，成為轉輪王行「生身供養」部分的造像。在拉后兩座石碑上，轉輪王成佛的相貌也被造在轉輪王成佛的故事之中，轉輪王成佛的造像，因此也被造像者視為是「生身供養」的造像。北宋淳化年間所製的絹畫作畫者，對於護法模式的作畫方法一定非常清楚，他在絹畫上雖將轉輪王像畫作成佛的像貌，但是為了說明佛塔中所坐的人物是一位轉輪王，因此便在佛塔的兩側加入了轉輪王七寶的畫像及名稱，說明絹畫上此處的繪畫是作「生身供養」之說明。絹

[77] 北涼曇無讖譯，《悲華經》，T. 167, vol. 3，頁 174–186。

畫上七佛的畫像與轉輪王的坐佛像因此便組成絹畫上第一組的護法模式畫像。

絹畫上第二組的護法模式畫像比較容易辨認。在絹畫第一組護法模式畫的下方便見有一坐佛對大眾說法，為大眾圍繞；坐佛做「法身供養」或「法施」的情形非常顯明。第二組護法模式的「生身供養」畫像即是「報父母恩重經變畫」的內容。大乘認為，供養父母與供養法師、佛塔、佛經及佛像的意義皆相同，都是做「生身供養」的護法方法。「報父母恩重經變相」絹畫的作畫目的既是要闡揚供養父母的思想，這些經變畫像自然可以視為是「生身供養」的畫像。

南宋孝宗淳熙年間在四川大足建造之「父母恩重經變相」之摩崖彫刻，即今寶頂山大佛灣編號 15 號的造像，也是一處依護法模式造像的大乘孝經「變相」像。按《大足石刻研究》的報告，全像約可分為三層：龕之上層為七佛像，中層為「父母恩重經變相」，下層右壁為阿鼻地獄圖[78]。由《大足石刻研究報告》所記，雖然四川大足之「父母恩重經變相」內容之造像與甘肅淳化二年所繪之「報父母恩重經變相」內容不同，但是四川大足寶頂山之摩崖石刻也用七佛之造像作為「法身供養」像，「報父母恩重經變相」作為「生身供養」像。兩組造像因此組成為一護法模式的造像。大足「父母恩重經變相」群雕除了「佛前祈嗣」之造像外，其餘十組造像，即「懷胎守護恩」、「臨產受苦恩」、「生子忘憂恩」、「咽苦吐甘恩」、「推乾就濕恩」、「乳哺養育恩」、「洗濯不淨恩」、「為造惡業恩」、「遠行懷念恩」及「究竟憐憫恩」的造像內容，主要的都是以闡揚父母養育

[78] 劉長久、胡文和及李永翹編著，《大足石刻研究》（四川省社會科學院出版，1985），頁 476。

子女之苦勞為主題，按尤晦的說法：「這些情節和內容基本上與敦煌曲中之『十恩德』、『十種緣』、『孝順樂』，以及《敦煌變文集》裏的《父母恩重經講經文》是一致的，特別是『十恩德』分了十個小題……。」[79]他又說：大足之「父母恩重經變相」的造像內容，與甘肅省博物館所收藏之淳化二年的絹畫記「報父母恩重經變畫」的主題相同，但是情節及布局皆不同，後者「分為十五段，一、二圖是楔子部分；三至十敘述父母養育，含辛茹苦；十一至十五圖為結語，褒揚孝子，批評嬌子不孝」[80]。事實上四川大足的南宋「報父母恩重經變相」的摩崖造像內容，包括阿鼻地獄的造像，基本上都依宋代流傳甚廣的《大報父母恩重經》之經文內容製造的，而甘肅的絹畫，則取材於《父母恩重經》之經文內容作畫。由此我們可以看出，宋代一代，不論是依《父母恩重經》作畫或依《大報父母恩重經》造像，在表達「生身供養」概念的內容不論起了何種變化，但是代表「法身供養」的七佛造像都是固定的。

由宋代一代所製的絹畫及造像，我們可以看出，宋代在提倡大乘孝觀時，基本上都用護法模式作為提倡大乘孝觀的造像模式。宋代的造像者如果不知道大乘孝觀與大乘信仰的關係，這種用護法模式造像或製畫的現象是不會一而再三的出現。因此我們可以說，宋代一代對大乘的信仰還相當深刻，作畫者或造像者完全明白，《父母恩重經》或《大報父母恩重經》的信仰系統是屬於大乘信仰系統，與大乘文化有關，與中國儒家孝觀的發展完全無關。

---

[79] 尤晦，〈大足佛教石刻「父母恩重經變像」跋〉，收入《大足石刻研究》，頁 83。

[80] 同前，頁 88。

## 五、結　論

由上面的分析及解說，我們可以看出，大乘孝觀的發展不但是大乘信仰發展的結果，而且也是歷代佛教政治思想及信仰發展的結果，佛教政治傳統的奠立，一開始便直接的影響了大乘佛教發展的方向，自貴霜第一代王邱就卻之後，大乘佛教的傳播及開展，在中亞，甚至中國都沒有離開政治的力量，使其生根、開花。大乘佛教受到歷代及各地帝王政治力量推動的結果，大乘信仰在歷史上的發展大致都不是單純的宗教信仰之發展而已，在帝王推動之下發展的大乘活動，一定見有造經或譯經的工作，也見有官方開窟、造像及建立寺塔的工作。除此些明顯的官方活動之外，崇信大乘的佛教帝王，甚至都用官方的力量去推動佛教倫理的實踐及孝觀的信仰。由此可見，大乘在歷史上的發展，不論是在印度、中亞或中國，都有其固定的文化發展模式。所謂的大乘文化發展模式就是，大乘信仰的發展主要是依政治力量推動，在政治力量推動之下，大乘的信仰活動課題便包括造經、譯經的展開活動、開窟造像和建塔寺的活動及宣說經法，提倡大乘佛教倫理的活動。中國自北涼涼王沮渠蒙遜採用大乘之轉輪王觀治國以來到宋代，中國歷代的皇帝在採大乘的政治觀治世之時，都沒有離開大乘文化發展模式的課題及內容的發展。因此中國大乘佛教文化的發展並不是所謂「中國式」的，換言之，大乘佛教在中國的發展，所具備的條件及發展的內容，與大乘在印度及中亞或其他地區都一樣。因此，大乘孝觀或孝行在中國的發展，雖然可能是因為中國有特別重視孝行倫理實踐的傳統而得以更茁壯、成長，但是大乘孝觀或孝行之所以會在中國出現及發展絕對不是儒家的原因或中國文化的原因使之步上歷史舞臺；其出現完全是大乘文化發展模式在中國運用的結果。中國南北朝的大乘發展課題及現象與宋代大乘發展之課題與現象會一致或相似便是大乘文化發展模式在中國被運用最好的證據。大乘佛教在中國的發展大體上一直是沒有脫離大乘文化在印度及中亞的發展模式不說，就是大乘文化在中國細節上的發展，一直到宋代也都還因循大乘文化在印度及中亞所奠立的發展模式而發展。譬如在造像上，一直到宋代，即使在說明孝行及孝觀，宋代的畫家及造像者都還沿用大乘在造像上所奠立的護法模式作為說明孝觀及孝行的造像或繪畫模式。由此，我們便可以看出，大乘文化在中國的發展一直到宋代還是中規中矩。

中國有名的政治思想史研究者蕭公權在其《中國政治思想史・緒論》中說：

> 吾國政治思想轉變之直接原因為外力之刺激。佛教東來，開異族文化侵入之端。五胡亂華，露異族入主中國之兆。然二者雖促成政治社會宗教哲學各方面之騷動與進步，而未曾引起政治思想之轉變。蓋佛教為宗教而非政治思想，其消極出世之人生觀又適與老莊思想有相近之處，其不能對政治思想有所貢獻，亦意中事[81]。

蕭公權將在中國發展之大乘佛教視為「消極出世之人生觀」，便犯了

[81] 蕭公權，《中國政治思想史》(臺北：中國文化大學出版，1982)，頁 6。

籠統說明大乘佛教信仰內容及個性的極大毛病，他除了對大乘的信仰發展不清楚之外，對中國發展及接受大乘信仰的原因也不清楚。因此他才會說:「其不能對政治思想有所貢獻，亦意中事。」事實上，大乘在中國的發展不但也和其在印度與中亞的發展一樣，非常入世，而且其在中國的影響程度，甚至影響中國政治思想的發展至中國許多皇帝沒有沿用佛家的帝王觀治世，而用大乘的轉輪王觀治世的程度。中外許多學者對中國大乘佛教的看法與蕭氏相同，這種看法在此必須作一更正。

至於大乘佛教所發展的孝觀，中外學者無論是持大乘佛教的孝觀是中國佛教發展的特色的看法也好，或持佛教孝觀是印度佛教原有的思想的看法也好，或甚至持佛教並不重視孝道的看法也好，這些學者至今都尚無一位能明確地指出，大乘孝觀的發展是貴霜文化發展的特色之一，或大乘佛教運動的產物。大乘佛教的發展既具系統性又有組織性，大乘孝觀的發展絕對不是無中生有而出現的現象。因此，在謀求說明及研究大乘孝觀之際，我們不能不從大乘發展的背景去瞭解大乘孝觀發展的原因及特性，否則我們在談論大乘孝觀之際，只能像盲人摸象一般，摸到那裏，算那裏，無法明確地斷論大乘孝觀在歷史上出現的原因及特色。研究大乘孝觀的課題與研究大乘佛教的課題是無法分開的兩個研究題目，在過去，我們對大乘佛教信仰的研究一直是處於個案處理，非全面性有系統的研究狀態，因此對大乘崛起的原因及信仰的內容都無法提出正確的說明。由於對大乘的發展狀況不清楚的關係，故對與大乘有關的研究題目做出了各種離譜及錯誤的判斷。大乘文化在歷史上的發展是印度、中亞、中國，甚至韓國及日本的歷史文化發展史，是有血有肉的真實歷史。大乘孝觀的發展研究因此不能再用預測的態度去處理這個問題。

## 〔後　記〕

這篇論文是筆者三年多來研究佛教轉輪王信仰發展史正式發表的第三篇論文。一九八七年，筆者在「山東曲阜國際佛學會議」發表了第一篇報告，題目為：〈北魏初期佛學研究的問題〉；同月又在「敦煌第一屆國際石窟會議」發表了第二篇研究報告，名為：〈再談宿白的「涼州模式」〉，在前兩篇論文書寫之際，筆者對大乘佛教轉輪王信仰發展史的研究尚處於初始研究的階段，尤其對印度及中亞的瞭解，還處於摸索的狀態，因此當時一直以為，大乘轉輪王發展史的開展乃始於第三世紀半左右之後崛起的大乘涅槃系運動。三年多來的研究，已經確定當初這種看法是必須更正的，因為大乘轉輪王的信仰在第一世紀中期之時已經由初期大乘學者在建立其信仰體系之際奠立。此篇論文因此也可以說是印度大乘轉輪王發展史研究的更正稿。〈再談宿白的「涼州模式」〉一文在敦煌發表後，北大考古系教授馬世長先生寄給我一份存於甘肅蘭州省博物館的北宋淳化二年之「報父母恩重經變畫」畫稿，由其所臨摹的畫稿中，我才清楚地看到，坐在佛堂中之轉輪王像是呈成道的相貌，而非交腳的轉輪王坐相。在此，筆者不但要謝謝馬教授，而且也要更正〈再談宿白的「涼州模式」〉一文中涉及此題目之誤說。由於此論文是篇研究報告，篇幅有限，故有關文中所提及之諸事件，常不能詳細說明。讀者如果對此題目有興趣，請參見筆者將出版的《佛教政治發展史與大乘佛教——印度、中亞篇》一書之內容。

# 陸　中國佛教對孝道的受容及後果

冉雲華

在漫長的歷史過程中，佛教為了本身的傳布，不得不對其本身的教義及實踐形式，作不斷的修改，以適應新的社會環境及文化壓力。佛教的倫理價值的變更，就是一個最佳的例證。這一種倫理價值的改變，在同一文化圈子裏面，還表現得不太明確；但是當佛教傳入一個新的地區，其原有的倫理價值與位置，就受到當地原有社會文化的壓力。為了佛教的傳播與成長，佛教界的領袖人物，不得不對傳統中的若干教義、實踐方法及其在佛教中所佔的地位等，作合適的修改。中國佛教對孝道的受容與重視，就是一個很好的例子。

中國佛教特別重視孝道，是一件為人所熟知樂道的事。經過幾位名家如陳觀勝、道端良秀等人的討論，學術界幾乎公認注重孝道是中國佛教的特點之一❶。這種看法一直被保留下來，直到近數年來，研究印度佛教的學者，如邵朋、史太朗的研究發表❷，重孝是

---

❶ 參閱 Kenneth K. S. Ch'en 著，*The Chinese Transformation of Buddhism*（新澤西州：普林斯頓大學出版社，1973 年版），頁 14–50；道端著，《佛教と儒教倫理》（京都：平樂寺書店，1978 年版）。

❷ 參閱邵朋 (Greg. Schopen)，"Filial Piety and the Monks in the Practices of Indian Buddhism: A Question of Sincization Viewed from the Otherside",

中國佛教特點的說法，才受到了挑戰。這兩位學者從印度的經典中，徵引證據，特別是地下出土的金石資料，說明印度的佛學徒，早已重視孝道。因此，孝道是中國佛教特點的說法，是偏頗的意見。

自從上引的兩篇論文出版以後，據筆者所知，從事佛學研究的學者，對這個問題再沒有作進一步的討論。在這種情形下，孝道在印度佛教中的地位，是否像在中國一樣的受到重視，抑或有所不同，還是一個值得重新檢討的問題。從整個的問題著眼，作者仍然覺得中村元氏的說法，較為公允：他認為孝道在印度佛教中，只被看作是次要道德行為的一種；不像多數中國佛教領袖，視孝為佛教思想與實踐的「最高的德行」❸。中村氏的評論，重點在於泛論中國人的思想方法，書中的許多結論都沒有詳細討論，只指出其他人的研究成果，作為論點的根據而一筆帶過。因此這一問題，還值得再加檢討。

本文想從下列三個方面，證明孝道雖然在印度佛教中受到注意，但是所處的地位，遠不及在中國佛教中那麼重要崇高。這三個方面是：中國政治、社會、文化對孝道的重視，遠超過在印度的傳統；中國佛教人士所承受的孝道壓力，要比印度的沉重甚多；孝道與中國官僚政治的結合，是印度歷史所沒有的現象。就是在這一倫

---

《通報》卷 70 (1974)，頁 110–126；史太朗 (John Strong)，“Filial Piety and Buddhism: The Indian Antecedents to a Chinese Problem”，收於 P. Slater 等人編輯之 *Traditions in Contacts and Change*（Waterloo, Ont.: Wilfred Laurier 大學出版社，1983)，頁 171–186。

❸ 中村元 (Hajime Nakamura) 著，*Ways of Thinking of Eastern Peoples*（火奴魯魯：東西中心出版社，1964 年版)，頁 269。

理制度之下，佛教徒不但接受了特重孝道的新觀點，並且因此而遭受到經濟上的損失。這些事實也是印度佛教史上所未見的。

研究比較政治史的人士都深知，中國與印度政治結構最重要的差異，就是中國社會常受中央集權政府所控制。中央政府的政治思想及一切規定，在世局穩定的時代，政令大多可以下達，強制各級人民遵守。印度的歷史正好與中國的制度相反，地方的實權通常被控制在數以千計的大小土王 (Raja) 手中。在印度的歷史上，全國在一個有力的帝國政府統治之下的時間，要比中國短小得多。

自從佛教東傳之始，中國的佛教人士馬上就察覺到，由於政治文化的不同，給佛教徒造成很沉重的壓力。政治與宗教的衝突、國家經濟與寺院財產的矛盾、倫理重點的分歧等等，都使中國佛教領袖所面臨的問題，與印度原有的規制，有很大程度上的差別。本文僅就與孝道有關的問題略加探討。佛教入華的確實年代，雖因史料的缺殘與混亂，無法弄得清楚，但其時約在前後漢之間一點，已為學術界所承認。而漢帝國的中央政府，又是以孝為本，以孝治國。為了推廣孝道，漢代政府曾採取了一系列措施：在倫理方面，上自天子，下達百官都將孝道尊為行為上的最高軌範。在教育上，將《孝經》尊為經典、特設博士授經於帝國學府。在法律上，強制尊重孝行、優行者褒獎，違犯者重罰。除了官方重孝之外，民間組織對孝道的重視及對孝行的監督，更鞏固孝道在中國的地位。再加上後代二十四孝一類的故事，使原來的倫理行為，又塗抹上一層超自然的神秘力量❹。

---

❹ 參看唐君毅著，《中國哲學原論・原道篇》卷 2（臺北：學生書局，民國 75 年全集本），頁 129–135。關於孝道在傳統中國社會上的地位，參

漢代中央帝國政府注重孝德一事，有很長而持久的傳統。打開正史如《漢書》或《後漢書》一看，人們不難發現漢代皇帝的謚號，由「孝惠皇帝」起，絕大多數的統治者都在謚號中，以「孝」字開頭。不但以與民休息的文、景兩位，或者平疆拓土、名振史冊的「孝武帝」，享有以「孝」冠號的榮譽；就連那位末代皇帝劉協，也被謚為「孝獻皇帝」。雖然這些謚號只是官樣文章，不必對號中的好聽字眼，認真評論——錯認皇子龍孫個個都是標準的孝子；可是在數以千百字的好聽中文中，偏偏選取「孝」字，作皇帝的稱號，而且一用就延續了四百多年，這絕非一件無意義的遊戲。不但天子如此，百官更是上行下效，身體力行，教育子弟，齊家治國。

解釋孝的倫理及行為軌範的權威，就是《孝經》。這部書的來源，傳為孔子應其弟子曾參而說的。但是這一傳說，早為學者們所懷疑。這本經典雖然有古文與今文的版本分別，但其內容與基本精神，並沒有差異。自從這部書被尊為「經典」以後，就一直受到儒家的重視。後來更有孔子「志在《春秋》、行在《孝經》」的說法，就使得這兩部經書，有淩駕於其他經典之上的狀態。雖然書中的哲學理論，並不高深，甚至還有些地方與古典的儒家理論不大融通❺；但是對孝的實踐方法與倫理基礎，都提出了簡易而有系統的說教，所以很受社會上流人士的推重。例如從南朝的「佛教天子」梁武帝（502–549在位），到清世宗胤禛（1722–1735 在位）為止，皇帝為《孝經》製

閱 Hsiu Yu-wei 著，"Filial Piety and Chinese Society"，收於 C. A. Moore 主編，*The Chinese Mind*（火奴魯魯：東西中心出版社，1968 年版），頁 167–187。

❺ 上引唐君毅書，頁 129。

「御註」的，遠遠超過對其他經典的註釋。

中國歷代政權，不但用褒獎孝行、加強教育等方法，實現以孝治國的思想；並且更採用刑法懲罰的手段，阻嚇不孝的人物。在政府中任職的大小官僚，如違反了孝行標準，輕則受到責斥，重者甚至丟官。庶民可能受到的懲戒更重，有的可以被判為死刑。道端良秀在他的專著中，列舉了許多例子，說明傳統中的刑法如何處罰忤逆不孝的罪犯。在那些案件的事例中，不但有人被斬首、絞殺等重刑，更有活剝人皮等殘酷的處死辦法❻。

與上述的情形相反，帝國政府對孝行傑出的人士，給予很大的榮譽。這些有名氣的孝子，有的生時已經受到表揚，有的以建造牌樓作為褒獎，甚至在官修的「二十四史」裏面，專為孝子列傳，使他們能夠流芳百世，為民楷模——例如《晉書》、《舊唐書》、《金史》、《元史》等，都有〈孝友傳〉部分。《梁書》、《陳書》、《北史》皆有〈孝行〉傳記，其他如《南史》等也有〈孝義傳〉。這種對孝道的多樣宣揚，真是規模宏大，持續千年，在世界其他的文化史上，再找不到類似的例證；自然在印度歷史上，也沒有出現過類似的現象。

不但中國歷代王朝官方提倡孝道，就連中國民間也是同樣的尊重孝德。俗話中「百行孝為先」一語，足以表達這種心態。這裏特別值得注意的，即傳統的中國社會是以農業經濟結構為基礎，其中家庭血緣關係是社會結構的主要環節。在很大的程度上，大家世族都建造他們一族的祠堂。祠堂的功能是對祖先作季節性的祭祀，並對族中的重大事件作自治的決定，其中對子孫們的行為，特別是對孝行的監督，自然是主要的作用之一。祠堂及其功能的出現，保證

❻　前引道端原書，頁 32–35。

孝行實踐的貫徹。這就表示在山高皇帝遠的窮鄉僻壤，政令法律所達不到的地區，孝道在「家法」的保障下，仍然得到有力的監督。

由於官方的提倡、家族的重視、教育的薰陶、民間文學的傳播，再加上刑罰的鎮壓，孝道在中國社會文化中，形成一種龐大的力量。儒家的重孝由孔子、孟子的時代起，早為人知；就連以反對正統的道家，到了道教時代也要將孝道納入教義，才能贏得社會的擁護。孝在中國文化中的勢力，達到了無可阻礙的地步。

佛法傳入中國之初，馬上就感受到中國傳統重孝的壓力。例如早期的道經《太平經》，就曾指責佛教僧人有「四毀」之事，因此不可以作「化首」，也不可以作「法師」。湯用彤氏早就指出，道教指控佛教僧人的「四毀之行」，前兩項皆以不孝為題：「一為不孝，棄其親。二曰捐妻子，不好生、無後世。」❼這種來自孝道的壓力，不但見於道經，也見於佛教資料——例如《牟子理惑論》在討論佛教與中國倫理時，首先討論的就是孝的問題。反對佛教的人士批評說：沙門落髮剃度，違犯了「身體髮膚，受之父母，不敢毀傷」❽。而佛教僧人的出家不娶，更與孝道「無後為大」之訓相違。他們質問說：「福莫踰於繼嗣，不孝莫過於無後；沙門棄妻子、捐財貨，或終身不娶，何其違福孝之行也?」❾不但反對佛教的人士，以《孝經》的規範，批判佛教；就連牟子的回答，也是以《孝經》中的章句，作為為佛教辯護的依據。牟子在討論生死鬼神、神仙道術等問題上，

❼ 引自湯著，《漢魏兩晉南北朝佛教史》上冊（北京：中華書局，1983 年新版），頁 74。

❽ 《大正新修大藏經》卷 52（以下簡稱《大藏》），頁 2c。

❾ 同前，頁 3c。

都是如此。這或者是牟子想用以子之矛、攻子之盾的辦法，以加強他的說服力；但也可能是在當時存在的漢譯佛經中，無法找到更合適的理論作為權威。所以他不得不引用《孝經》的名言，承認孝道是「至德之要道」⑩。

《牟子》書中對佛教與孝道是否相合的大辯論，並沒有結束，孝道對中國佛教徒的壓力不但未見放鬆，反而一波大於一波，洶湧不絕，氣勢浩大。陳觀勝氏分析這一問題時曾經提出，中國佛教界人士在應付這一壓力時，曾在不同的階段提出不同的回應：從翻譯印度佛經中與孝有關的經典，到製造重孝的「偽經」，再到把重孝的觀點，融入佛經的疏著與齋儀之內⑪。

「偽經」中的《父母恩重經》，對父母在育養子女的過程中，所付出的辛勞，特別是母愛的偉大，有著生動具體的描寫。佛教通俗文學故事「目蓮救母」等，都在告訴讀者，表明佛教也非常重視孝道。後來的中國佛教思想家，更以「經疏」、「經鈔」、「修道儀軌」的形式，描繪出他們是如何的重視孝道。例如唐代的佛學思想家宗密 (780–841) 就認為：「始於混沌，塞乎天地，通人神，貫貴賤，儒釋皆宗之，其唯孝道矣。」⑫在宗密的觀念中，孝道不但超越時間與空間，並且也不受社會、宗教等規範的限制。孝不僅是倫理上的中心，並且是宇宙性的真理。對佛教而言，宗密認為：「經詮理智，律詮戒行。戒雖萬行，以孝為宗。」⑬在印度佛教的戒律中，從來莫有

⑩ 同前，頁 2c。

⑪ 參看本文❶所引陳書，頁 18–19。

⑫ 引自《盂蘭經疏》，見《大藏》卷 39，頁 505a。

⑬ 同前，頁 505b。並見拙著《宗密》(臺北：東大圖書出版公司，1988)，

以孝道為戒宗的說法。

如果僅僅是宗密一個人，寫出上面所引用的發言，大家可以把它們看作是極少人士的個人看法，不必太加注意；但是事實證明，宗密所持的立場，也可以在別人的著作裏面，看到同樣的呼聲：僧人如法琳 (562–639)、神清（820 亡）、契嵩 (1006–1071)、袾宏 (1535–1615)；俗家護法的居士如李師政（唐代人）、張商英 (1043–1121) 等，就是最好的代表人士⓮。因為篇幅的關係，我們不必把他們的言論一一列出，也許舉出十三世紀的高僧虛堂和尚（智愚，1185–1269）的言論，就可以代表此種趨勢。他曾經說：「天地之大，以孝為本。」⓯又說：「以孝為本，則感天地、動鬼神。」⓰雖然宗密曾經說過孝可以「通人神」，但是「動」字比「通」字，要更積極、更有力一些。由此可見孝道在中國佛教中的地位，隨著時代的進展，更增加其比重力。

佛教與中國孝道的結合，使中國式的佛教更適合中國社會，這一點早為學人的研究所肯定，也為大家所樂道稱頌。但是不要忘記孝道在中國傳統中，不僅是倫理標準，並且和政治體系與經濟結構，緊密的連結在一起。佛教界人士既然重孝，就不免要受到與孝有關社會制度的影響。那些影響，有助於佛教發展的好影響，也有不利於佛教的壞效果。這種反面的後果，還沒有受到應有的注意；但其對佛教倫理與社會，都有著重要的反思價值。這就是本文所要討論

---

頁 97–98, 241–243。

⓮ 見上引道端書，頁 141–162。

⓯ 《大藏》卷 47 所收《虛堂和尚語錄》，頁 1058b。

⓰ 同前。

的另一個重點。

《佛祖統紀》卷 48 稱，南宋理宗淳佑十年 (1250) 三月，有一位政府的官員上書，要求政府禁止官僚家族指佔有額寺院。這件事涉及了官員家族沒有功德墳寺的制度，這是孝道的伸延；也涉及了有勢力的人士，藉行孝的名義，侵佔了佛教寺院的財產。這份官方文書稱：

> 臣僚上言：國家優禮元勳大臣、近貴戚里，聽陳乞守墳寺額。蓋謂自造屋宇，自置田產，欲以資薦祖父，因與之額。故大觀降旨：不許近臣指射有額寺院，充守墳功德。及《紹興新書》，不許指射有額寺院，著在「令」甲：凡勳臣戚里有功德院，止是賜額、蠲免科敷之類、聽從本家請僧住持；初非以國家有額寺院與之⓱。

從這一段引文，人們可以看出幾點：一、宋代的政府允許某些達官貴人，為他們的祖墳乞額建廟，以盡孝道。二、那些自建的廟宇在求得賜額以後，即享有蠲免科敷之類的權益，也有自聘功德院的自由。從大觀年代 (1107–1110) 起，已見於官方的詔令。

依常情推測，佛教與官僚階層的結合，應該對佛教有利——使那些寺院得到免稅等權利，及高層官僚的保護。但是《佛祖統紀》所記的資料，卻是相反的現象：佛教寺院被官僚家族指佔為功德墳院以後，就受到財產損失：

⓱ 引自《佛祖統紀》卷 48，《大藏》卷 49，頁 431b–c。

> 邇年士夫一登政府，便萠規利：指射名刹、改充功德，侵奪田產，如置一莊。子弟無狀，多受庸僧財賄，用為住持；米鹽薪炭，隨時供納，以一寺而養一家……⑱。

那些官僚家族，就是這麼樣以孝敬祖先的名義，通過向政府的申請，公開的將某些佛教寺院全部佔為私有，變為家族的私產。

除開上述的官方資料以外，《佛祖統紀》還記有一份佛教方面的資料：當時有一位名喚思廉的沙門，上書給杜清獻公稱：

> ……今昧者為之則不然，以祖父玉體之重，不能捐財買山，既已奪僧藍之地以為墳，而又欲影佔數寺，稱為功德，舉寺中所有諸物而有之。今日發米、明日發茶筍、又明日發柴炭、又明日發竹木，甚至於月奉水陸之珍。一有亡僧，則必掩取其物，歸之私帑。嘗聞時貴之言曰：請過功德，一鍼一草，皆我家之物⑲。

這位沙門的信件與上引的「臣僚上言」，同發生於西元一二五〇年。信中所言的杜公是杜範，十三世紀曾任宰輔，頗有政聲，也是一位同情佛教的大官。我頗懷疑「臣僚上言」的起因，就是由沙門思廉致杜公的信所引起的。無論全部事實真象如何，那些官僚家庭侵佔佛教寺產的程序，已從信中看出大概：先請准指射佛寺作為祖墳的功德寺院，撤換主持並向寺院索取各種物資，最後在寺僧去世

---

⑱ 同前，頁 431c。

⑲ 同前。

時，且將其所遺，全部奪取。

按照《佛祖統紀》所記的文獻觀察，這種影射佛寺為官僚家族功德院的事，並非個別案件，而是在佛教界人士的眼光中，實為一種流行的風尚。不然的話，沙門不會上書求救，官僚更不會上言求正。上面所引的官方文獻，也證實這種事實與風氣：

> 況宰執之家，所在為多。若人佔數寺，則國家名剎，所餘無幾。官中如有科需，則必均諸人戶。豈不重為民害⑳？

這一段資料顯示，官僚家族強佔佛教寺院的事件，有擴大的趨勢，因此一些官僚才提出建議，處理這一類的糾紛。如果強佔寺廟為功德的傾向，不能被抑止的話，就會產生雙重後果：失掉名剎大寺，加重普通人民的稅役負擔。在南宋政府財窮勢絀，人民負擔已經沉重的時刻，這無疑是一種很危險的局面。這種局勢日益惡化的勢態，也可以從前面所引的沙門信件裏，得到更進一步的證實：

> 今名勝道場效尤而奪取者，幾遍諸郡。一屬功德則使庸繆之輩以居之。方竭力奉承之不暇，又寧能辦清供以安廣眾乎！以故尋師問道者，翩翩南北，但能嗟時事之不然而已㉑！

從上面所討論的事實裏，本文達到下列數點結論：

一、雖然研究印度佛教的學者，近年指出印度佛教早已含有孝

⑳ 同前。

㉑ 同前，頁 432a。

行；但是孝道在印度佛教中的地位，遠比不上它在中國佛教中所佔的分量。中國佛教重視孝道，有其內在的原因，也有外來的壓力。

二、外來的壓力來自儒家重孝的傳統、皇室的提倡、刑罰的威脅與鎮壓、家族組織的監督，與通俗文化推波助瀾所造成的形勢。所有的這些倫理、政治、法律、社會、及文化的壓力，都是在印度歷史上看不到的。就以政治壓力而論，印度歷史上的統治者，常見的稱號多是摩訶邏闍 (Mahārāja)，或者轉輪王 (Cakravarti-rāja) 等；據作者所知，還沒有一個印度帝王，將「孝」的同義字，加入他的稱號之內。如果把這一情形，與漢代中國皇帝以孝為號，世代如斯長達四百年的事實相比較，中、印兩國政治倫理重點的不同，就已非常明白。而政治倫理對佛教的壓力，自然也有很大的差別。

三、正如「中國佛教」一辭所表明，中國佛教徒也是中國人，生活於中國社會圈內，受了中國文化的薰陶，與中國的思惟方法有不可分裂、血肉相連的關係。雖然信仰佛法的僧眾，以「釋」代姓，表示他們已經出家；但是換姓、落髮、披緇、頌經等新的形象與法事，並莫有也不可能使他們脫離中國社會，與中國傳統一刀兩斷，清楚劃分界限。中國佛教界人士的翻譯、甚至製造「偽經」的事實，正好說明佛教人士的中國問題與情懷。

四、由於社會文化背景的巨大差別，孝道在佛教文獻中所佔的地位，自然不同。就以隋代闍那崛多等人所譯出的《起世經》為例，看一看它對孝道作了怎麼樣的處理。經文說：

> 四大天王，集其眷屬，普告之言：汝等各往，遍觀四方。於世間中，頗亦有人修行孝順，供養父母、恭敬沙婆羅門不？

> 於諸尊長，崇重以不？修行布施，受戒禁不？守攝八關，持六齋不㉒？

「孝順父母」在這部佛經中，只是「世間法」（倫理）的一部分，並不佔有首要或特殊的地位。在「世間法」中，除了供養父母以外，還有恭敬沙門，乃至持行六齋等一連串的義務，孝道只不過是倫理行為的開始而已。中國的學者自然清楚孝道在印度佛教中的地位，是「孝順父母、師敬三寶」㉓。但是印度佛教典籍，從來沒有像中國僧人那樣，認為孝道是「始乎混沌，塞乎天地」，「天地之大，以孝為本」㉔。儘管龍樹山 (Nāgārjunakonda) 出土的碑銘，證實印度佛教中也有孝道行為——這一事實必須承認——但是銘文中並沒有認為孝是天地之本，或「戒雖萬行，以孝為宗」㉕。

五、中國佛教人士，在中華傳統重孝的壓力下，將孝道在佛教中的地位，上昇為「至德之要道」。這種改變曾對佛教在中國的繁榮，產生過良好的作用。不過孝道在中國並不是一個單純的倫理標準，而是與社會經濟及官僚結構等，有著密切的連繫。佛教接納重孝一事，自然會受到這一方面的影響；而這一類影響通常是反面者佔多數。《佛祖統紀》所記的南宋事件——官僚家庭在行孝的名義下，指佔僧寺為功德墳——正好證實了這種惡果。這就說明佛教倫理與社

㉒ 見《大藏》卷 1，頁 347a。並參閱同書所收《起世因本經》卷 8（載於頁 402a）。

㉓ 同前。

㉔ 見⓬、⓯。

㉕ 見⓭。

會結合時，有一定的限度與立場；否則不但與世無益，甚至會使佛教本身受到某些可以避免的損失。

六、僧人是佛法的三寶之一，他們的素質對佛教的前途、倫理與社會等，都有決定成敗的關係。如果僧人的素質優良，在社會上有影響力，那麼佛教倫理對現代社會，一定會產生有益的作用。與此相反，如果寺院是由「庸僧」主持，佛教倫理不但無法適應現代社會的要求，作出必要的修正；反而會與社會的惡劣風習同流合污，乃至失掉佛教原有的倫理教育。

七、本文所引用的材料，與所討論的主要題材，是由漢代到宋代，因此與現代社會的關係不大；而這次學術會議的主題，卻是「佛教倫理與現代社會」。其實這種表面上的不調洽，並不具有嚴重的意義。這是因為從佛教哲學上觀察，世俗現象無論是在過去還是現在，皆是生死輪迴、無我無常、妄虛不實，在本質上實無差別。何況本次大會是在臺北舉行，此地的傳統文化影響力，遠比別處要濃厚得多。就以一本臺灣近年出版的書籍為例，即可說明今日臺灣佛教與傳統之間的密切關係。這本書題名《佛法與孝道》，內刊三部傳統的經典：《盂蘭盆經》、《孝子經》、《父母恩難報經》㉖。現代的資料只有二份：一位法師的講經筆記，與一位的演說而已。內容仍然著重於古代經典的講解與詮釋。由此可見，本文中所討論的問題，並非與今日社會無關。

---

㉖ 此書題為《顯明》，南懷瑾著，臺北十方禪林印行。

# 柒　論中國佛教懺悔倫理的形成及其理念蘊涵

游祥洲

## 一、前　言

佛教的倫理體系，主要體現於其戒律之中。但是，戒律本身有四個極重要的特性，卻是我們探討佛教倫理體系時所不可忽略的。那就是：

㈠隨犯隨制的經驗性。原始的佛教戒律，形成於釋迦牟尼佛所創建的僧團。但最初依佛而共住的大眾，並無組織，也沒有預先設立的規範。為了群體修行的和諧和共同利益，漸次而有戒律。從有關戒律形成的記載上看，原始教團是從大眾所犯的錯誤上，在事後因維持和諧與共同利益之必需而訂定的。這也就是說，戒律既是因為針對某些錯誤而制定，因此，戒律並不是先驗的絕對理念或先天真理。戒律只是人類後天所形成的經驗性的「生活公約」而已。質言之，後天性的戒律，與「有佛無佛，法住法性法位」的「法」（真理）之永恆絕對性，顯然不可相提並論。

㈡因時因地制宜的機宜性。戒律既是後天經驗而非先天絕對，因此，隨著佛教在不同地區、不同時代的弘傳，自有其不同的機宜方便。在佛世，戒律就曾因不同地區的不同反應而有所更改。佛教傳入中國之後，禪宗的百丈禪師制定叢林清規，實際上是佛教戒律在中國地區的一次大修訂。這種機宜方便，是佛法弘傳所不可少的要素。

㈢集眾議定的民主性。原始佛教戒律的形式，都是大眾集會之後商議訂定的。就是教團中要處分一個人，也都是集眾商議的。這的確是一種十分民主的作法。釋迦牟尼佛自己在教團中，是因為他的智慧與修持受到大眾的尊敬，因此發揮了他的修行指導者的影響力，釋迦牟尼佛並不是靠著任何制度化的威權或權謀而在教團中取得領導地位。此一民主特性的最大意義乃是，現代的佛教教團，也應該循著這個集眾議定的民主程序，本著佛教的制戒原則，審慎考量佛教戒律在現代社會中的適用性與機宜性。

㈣以定慧圓滿為究竟的目的性。持守戒律，並不是只在形式上滿足有關的德目便是完成。持戒，在佛教的修持體系中，是引發定慧的一種前方便。持戒本身並非目的，定慧圓滿才是究竟的目的。基於此，不但要順著定慧圓滿的終極目的而確認持戒的正確態度，而且，也要本著定慧圓滿的特性，來消除任何因持戒的困難（或過失）而引起的心理障礙。簡單地說，如犯戒所形成的罪惡感，不合時宜的戒律所引起的實踐性矛盾，以及過度社會化與形式化之後所呈現的虛妄驕慢與自滿等，都應該回歸到定慧圓滿的目的上加以化解。

今天要談佛教倫理與現代社會，唯有充分把握住這四個特色，才能夠真正體現持戒的意義。然而戒律的持守，並非人人輕易地就可以完全；甚而可以說，正因為多數人極易在某些生活倫理上發生偏失，因此而有訂定戒律之必要。也因此，基於上述「以定慧圓滿為究竟的目的性」之觀點，對於某些易於發生偏差的行為，一旦發生觸犯的事實（不管是心理上的或是可觀察的外在行為），如何提供補救之道，便成為佛教倫理學上的一個大課題。對此，佛教的懺悔倫理，便有特別值得加以研討的地方。本文爰就中國大乘佛教傳統所形成的懺悔儀式，探討其有關「懺悔」理念之蘊涵。

## 二、中國大乘佛教懺悔儀式的形成與開展

中國大乘佛教自東晉道安 (312–385) 首先創制《僧尼軌範》，正式規定寺院僧尼應有早晚功課，而且把「懺悔」訂為日課的內容❶，從此，「懺悔」便成為中國多數佛教徒信仰生活的重要項目之一。而到西元後九世紀，一篇題為〈大懺悔文〉的文獻，更為一般早晚功課的懺悔內容，提供了更為扼要而周延的陳述。

道安而後，六世紀的天台智顗 (538–597) 進一步綜合了譯自印度的大乘經典，以「懺悔」為中心，結合禮讚的方式，發展出一套規模龐大、體系完備、條理分明的「懺法儀式」，其代表性著作，便是《法華三昧懺儀》❷。

《法華三昧懺儀》的建立，對於中國大乘佛教後來所形成的各

❶ 參見湯用彤著，《漢魏兩晉南北朝佛教史》（臺北：國史研究室版，1973），頁 213–215。

❷ 智顗，《法華三昧懺儀》，《大正藏》卷 46（臺北：新文豐出版公司），頁 949–955。

式各樣、各宗各派不同的懺悔儀式，具有開山奠基般的重要影響。其主要特色有三：

1. 它確立了明確的懺法程序。包括：⑴嚴淨道場；⑵淨身；⑶三業供養；⑷奉請三寶；⑸讚歎三寶；⑹禮拜十方佛及菩薩；⑺懺悔六根及勸請、隨喜、迴向、發願；⑻行道旋遶；⑼誦《法華經》；⑽坐禪觀行，思惟一實境界。這十個步驟，成為後世懺儀的主要藍本。

2. 以誦經和坐禪助成懺悔，促成懺悔儀式的理性化，充分發揮了「止」、「觀」雙運，「定」、「慧」兼修的效果。

3. 在禮拜十方佛菩薩的儀式中，所強調的，不在於一味的外力崇拜，而在於確立「一切眾生皆可成佛」的自信，這使得禮拜的儀式，成為修行的一種方便，而不同於神道之偶像崇拜。

智顗而後，懺法大行，一直到七、八世紀之間，最發達的，應屬於淨土宗。特別是善導 (613–681) 所創制的《西方淨土法事讚》❸，尤為代表之作。而密宗、法相唯識、華嚴各宗，也莫不有「懺儀」之制訂。「懺儀」從此成為中國大乘佛教的重要創制與特色之一。

筆者綜合各種懺悔法本加以歸納，確認中國大乘佛教的懺悔儀式，至少含有下列八種基本要素：

## 1. 懺儀與修持生活的結合

從懺儀的內容上看，它不是純粹的儀式，因為懺儀的重點，並不在於膜拜、唱誦等肢體或聲音的行為，真正的重點乃在於唱誦與觀想的內容。如上所述，懺儀包括誦讀大乘經典，同時也包括禪坐。

---

❸ 《大正藏》卷 47，頁 424–438。

誦讀大乘經典本身，就是「聞」、「思」、「修」的前二次第；而禪坐，則是起修的方便——這是一種十分具體的修持生活。把懺儀化為修持生活的具體實踐，這是智顗乃至於後世中國大乘佛教諸大師的重要貢獻。

### 2. 以拜佛、念佛、坐禪、放生等方式助成懺悔

拜佛、念佛、坐禪、放生等方式，智顗以下，一直被強調著。原始佛教所述的「念佛」，原著重於觀想佛身莊嚴，或是念想佛之功德莊嚴。專持佛名的修持，是大乘經典的主張，而在中國佛教懺儀中，對此持名念佛的方法，尤為重視。至於坐禪、放生等，也認為有助於成就懺悔的功德。究其理念內涵，應為：

⑴坐禪有助寧靜其心，深入自省，消除怨恨、驕慢或罪惡感等煩惱習氣。

⑵放生是慈悲心的表現；而慈悲為原始佛教對治瞋恨的妙方，亦為大乘佛教菩薩行的根本動力。放生不但可以實現慈悲心，而且可以減輕殺生之業，連帶地可以對於從前所造的殺業煩惱，起一種補償、平衡的作用。

這許多助方便，使得懺悔更活潑、更豐富。

### 3. 與中國本土傳統孝道倫理一致

大乘佛教懺儀之所以能夠在中國大行其道，這與它對於中國本土傳統——儒家——所強調的孝道之尊重有關。懺儀不但是個人懺悔的方法，而且可以迴向給自己所關心的親友——特別是自己的血親；或者也可以透過懺儀而代親友懺悔，甚而可以為已往生的親友

完成懺悔。這當然是基於心靈世界可以相互溝通的前提，只要至誠懇切，你當下一念的誠心，便可以直接溝通已往生親友的心靈（靈魂）活動。此一理念不但成功地化解了佛家倫理與中國本土傳統孝道倫理早先存在的隔閡，而且更充分地滿足了中國人的孝思。因為現世未能滿足的孝思，現在則可以因懺儀而延續到往生之後。懺儀流行至今不衰，與中國孝道倫理的延續，幾乎可說是息息相關。

### 4. 法本統一而明確

中國大乘佛教各種懺儀，「法本」無不統一而明確。每一宗派的修持，都依循本宗所重視的經典而有不同的演繹與安排。如淨土宗特重《阿彌陀經》，此經在《西方淨土法事讚》中便受到特別的強調，而且前後的開示、唱誦，都環繞此一主題而廣為推闡。統一而明確的法本，是懺儀在地大人眾的中國得以流傳廣布的重要助緣。

### 5. 理事兼顧，儀式理性化

中國大乘佛教懺儀，十分重視「理」與「事」的相互涵攝。從唱誦儀式到坐禪、拜佛、放生等「事」的作為，到經義發揮、修定、起觀等「理」的契入，既不偏於「理」，也不滯於「事」。整個儀式的進行，就跟坐禪、聽法一般，是一個理性化的心靈淨化歷程，而不是愚昧催眠的精神麻醉。就宗教儀式的設計而言，是一種經得起理性照明的過程。

### 6. 儀式的多樣性與包容性

如上所述，中國大乘佛教的懺儀，可以適應不同宗派的修持特性而有多元的創制。有時同一宗派，也因為修持目標的差異，而有不同的懺儀；或是有時根本不分宗派，有些懺儀可以各宗通用；也有一種情形，雖然修持的宗派不同，但仍可以援用其他宗派所成立的法本。舉例言之，中國的淨土宗，原是以阿彌陀佛的西方淨土為信仰中心，但是有許多淨土宗道場，有時也援用《梁皇寶懺》❹。這一部號稱成立於西元後四世紀的作品，依筆者之研究，應為隋唐時代以彌勒信仰為中心的懺儀代表作，而一向崇尚彌陀信仰的淨土宗道場也援用之。由此可見，懺儀在中國大乘佛教，確是極為多樣而富於包容性的。

### 7. 顯密融合而兼用

唐宋以後，中國大乘佛教的發展雖廣分為八宗，但是彼此卻有相互吸收融合的趨勢。此一趨勢，明顯地反映在懺儀的結構之中。唐宋之後的懺儀，大多數一邊採取了顯教的經典，同時部分引用密宗的咒語。因此有一部分懺儀，往往在誦經之後，接著就是念咒。此一顯密融合而兼用的傳統，至今仍然保存在多種懺儀法本以及一般佛教寺院與家庭的早晚功課之中。

### 8. 與社會慈善事業相結合

基於慈悲之理念，懺儀的進行，往往連帶地結合了社會慈善事業。這雖不是懺儀法本本身所列舉的程序與項目，但在舉行懺儀前後，卻往往可以連帶推動。此一特性，主要乃是由於懺儀法本本身

❹　《梁皇寶懺》，具云「梁諸大法師集《慈悲道場懺法》」，《大正藏》卷 45，頁 922–967。

普遍強調菩薩道六波羅蜜中「布施波羅蜜」的重要，也因而顯示了懺儀的社會福利性。

以上八者，是中國大乘佛教懺儀的主要要素。如果詳加推敲，有很多細節值得進一步研究並推闡其價值。

## 三、中國大乘佛教懺悔倫理的理念蘊涵

當我們談到中國大乘佛教的時候，所指涉的範域，不但廣泛地包括了天台、華嚴、三論、唯識、禪、淨、律、密八宗，而且涉及了一千六百年以上的中國佛教發展史。對於這麼廣泛的理論範域，要加以簡單的論斷與概括，本非易事；不過，透過以上所述各宗派、各時期所形成的懺悔儀式，我們可以從中發現，中國大乘佛教思想至少顯示了十種比較常見的理念蘊涵。這十種理念蘊涵，未必是各宗派都完全具備的，但至少，有一部分是共通的，而也有一部分是某一宗派或某一儀軌中所特別強調的。茲略述如下：

### 1. 以業報為中心的靈魂觀

原始佛教在「無我」的觀念前導下，對於各種含有神我色彩的靈魂觀，極力破斥，但同時強調業報的觀念。如《雜阿含經》所說：「有業報而無作者。」❺中國大乘佛教在義理傳承上雖然也力倡「無我」之義，但更強調以業報為中心的靈魂觀。從「無我」義上說，任何生命都沒有永恆、獨立、不變的精神實體，但是起業造作、隨業受報的精神當體，假名為「靈魂」，卻不能說它沒有。在多數中國

---

❺ 《雜阿含經》，《第一義空經》，《大正藏》卷 2。

佛教儀式中，所謂「念佛往生」、「超薦度亡」、「善有善報、惡有惡報」，實際上都是以此「以業報為中心的靈魂觀」為其基本預設。

### 2. 唯心因果觀

中國大乘佛教在其懺悔理念上，多數強調唯心因果觀。此處所謂「唯心」，是強調心靈在整個業報的因果序列中的主導性。此一主張不能夠用宇宙發生論的眼光把它解釋為「心為宇宙之起源」或是用宇宙本體論解釋為「心為宇宙之本體」。所謂「罪從心起將心懺」，正是強調心靈在整個行為造作因果過程中的主導性；心靈的主導性是懺悔倫理的重要基礎，也是懺悔之所以可能的前提。

### 3. 業性本空觀

順著《雜阿含經》所說「有業報而無作者」的思維路徑，《維摩詰經》也說：「無我無造無受者，善惡之業亦不亡。」❻業報雖有因果的序列勢用，但卻沒有自己獨立存在或是恆久存在的自體。雖說因果唯心、業報唯心，但是「心」本身也是從緣而起的，因此，對於業報的體性，要從有相的因果序列，直透其當體無自體，當相無自相，究極言之，自相空❼。

懺悔的力量，雖來自心靈的自省與作意，但是懺悔的徹底完成，則有賴於懺悔者本身對於「業性本空」、「業性當體不可得」的觀照與體認。如果不能到達此一境界，則「懺悔」便不徹底。

---

❻　《維摩詰經・佛國品》，《大正藏》卷38。

❼　《大智度論》卷31，《大正藏》卷25。

### 4. 十方佛與多神包容觀

中國大乘佛教所重視的經典與儀軌，普遍地反映出對於十方佛與多神包容的尊重。此一尊重，一方面係承襲了印度所傳來的大乘經典的傳統，另一方面更顯示，中國大乘佛教對於十方佛與多神包容所抱持的一種態度，那就是借助佛力與神力來助成懺悔。此一態度是否涉及「他力崇拜」並不重要，重要的是，在懺悔者禮拜十方佛以及三界諸神時，其心境上的虔誠與謙虛，確有助於懺悔者心靈的自我淨化與提昇。抑有進者，佛教在印度所強調的懺悔方式，原是著重於向大眾，或是向教團中的教授群的發露告白，但在中國，則此對人的告白，已轉為對於佛菩薩或諸神的告白，而懺悔之印證，有時也要借助於佛菩薩與諸神的顯示，諸如託夢或徵兆等。此一理念蘊涵，應為中國佛教懺悔儀式高度發展乃至於多樣化的重要契機之一。

### 5. 一往平等慈悲觀

慈悲的強調，不但在中國大乘佛教的懺悔理念中受到普遍的肯定，而且，這種慈悲是遍在一切眾生，一往平等的。此一慈悲理念的形成，一方面奠基於一切眾生在六道輪迴中的密切關連，另一方面則是來自「菩薩道」理念的引導。由於六道輪迴，因此一切眾生可能或近或遠，都曾與我有過極密切的因緣，也因此而有可能曾經彼此傷害。如果要徹底懺悔，就要虛心地面對一切眾生，懺悔我過去、現在乃至於未來已犯或是可能犯的過失。再者，由於菩薩道的實踐，乃在於利樂一切有情，因此，不但有過失要懺悔，而且，如果對於眾生的慈悲關懷有所欠缺，那也是應該懺悔的過失。從另一個角度說，如果發心利樂一切有情，那麼，一切有情也都將回過頭來對我有所利樂（至少理上如此，不必作意去求），因此，這也將成為助成懺悔的善因緣。

### 6. 迴向增上觀

「迴向」理念為大乘佛教經典所共有，而中國大乘佛教尤強調之。迴向的理念蘊涵，至少有四：⑴迴俗向真，也就是把世俗一切善的作為，迴向於佛道的究竟解脫。⑵迴自向他，也就是從自我關心，擴大到對於一切眾生的關心。⑶迴缺向圓，也就是將一切缺陷過失，透過內心的充分反省與觀照，迴向於圓滿的覺悟。⑷迴小向大，也就是從自度的小乘道，轉向提昇為廣度一切眾生的大乘菩薩道。中國大乘佛教在此「迴向」理念的普遍強調下，從「迴俗向真」方面，重視世俗的善行，認為世俗的善行可以在「迴向」的作用下，上達解脫之道。從「迴自向他」方面，重視利他行為，認為自私是終究不利己的行為，唯有利他，才能真正自利。從「迴缺向圓」方面，重視逆來順受，一切以自省為出發點，甚而一切缺陷傷害，在「迴向」的轉換作用下，只是修持（特別是修持忍辱波羅蜜）的過程，最後將會有圓滿的成果。從「迴小向大」方面，重視入世與大眾，認為唯有遍學一切法門，才能夠實現成佛之道。此一「迴向」理念與懺悔倫理相結合時，便使得懺悔不再只是一種個人面對錯誤過失，而採取的自責行為，而是使得懺悔成為一種自我激勵或自我導引的「善行」。此所以在一般中國佛教徒的「早課」、「晚課」或是一切拜佛乃至於「懺儀」中，懺悔都成為不可缺少的一部分。實行懺悔並非意謂懺悔人在他採取此一儀式時確知已發生了什麼過錯，而是說，懺悔已成為一種必要的自我反省觀照的善行，是修德積福所不可少的德目之一，也是修持佛法的重要法門。

### 7. 多元淨土觀

順著十方佛的理念而來，淨土信仰的多元化，自為合理之開展。中國大乘佛教所強調的淨土，主要為西方極樂世界阿彌陀佛淨土、東方藥師佛淨土、兜率天彌勒內院淨土，也有部分提及到他方世界的淨土❽。多元化的淨土，出現在不同的懺悔儀式中，這使得淨土顯得更富於多樣化與可選擇性。

### 8. 佛性自足觀

對於佛性的本然自足與肯定，是中國大乘佛教普遍強調的特點之一。尤其是深受《楞伽經》影響的中國禪宗，更是對於佛性的本然自足，給予特別的強調❾。因此，在各種中國本土所形成的佛教著作（包括懺悔儀式）中，「明心見性」、「不向外覓」的提示，隨處可見。

### 9. 空有一如觀

中國大乘佛教在佛教的宗派傳承上，雖然對於「空宗」與「有宗」各有所稟承，但是強調「空」與「有」的融合，卻有相當一致的見解。如實而言，這一方面由於佛陀的原始教義，已蘊涵了「空」、

❽ 印順著，《淨土與禪》（臺北：正聞出版社）。

❾ 印順著，《中國禪宗史》（臺北：正聞出版社）。

「有」不相隔閡的中道精神，如《雜阿含經》所提示，「如來離於二邊，說於中道」❿；另一方面則是由於中國的民族文化性格，比較傾向於「中道」與「融合」使然⓫。於是，「真空不礙妙有」、「妙有不礙真空」的方言，便十分常見於中國大乘佛教的懺儀著作之中。

### 10. 無相解脫觀

對於「懺悔」的精神蘊涵，發揮到極致，應該是禪宗的「六祖」慧能。慧能在他的《壇經》講話中，一方面傳授「無相戒」，一方面講說「摩訶般若波羅蜜法」⓬。所謂「無相戒」，乃是慧能稟承達摩以來所建立的中國禪宗傳統，在「戒禪合一」的前提之下，強調「持戒而不著相」。慧能自謂：「無相者，於相而離相。」⓭意謂「無相」乃是即一切相而不著一切相，換言之，這是在《般若經》所謂「不住法住」⓮的精神觀照之下，「隨相」而不「破相」的提示，與後世禪宗末流一味破相的作法，自是天壤之別。慧能不但強調「無相戒」，而且強調「無相懺悔」⓯。也就是說，懺悔之究極，應不執著於「懺悔相」。如果執著了「懺悔相」，那就表示，心中仍有所悔恨，仍有罪惡感，那就變成「後悔」而不是「懺悔」，也是與定慧之圓滿仍未相應的心態，應予克服而超越。佛教懺悔倫理的精義，乃是重「懺

---

❿ 同❻。

⓫ 方東美著，《生生之德》(臺北：黎明公司出版)。

⓬ 慧能講，法海記，《壇經》(臺北：慧炬出版社)。

⓭ 同⓬。

⓮ 鳩摩羅什譯，《大品般若經》，《大正藏》卷 8。

⓯ 同⓬。

悔」(不再重複造作相同的錯誤)而不許「後悔」(念念不忘已發生的錯誤)的。

以上所陳十義，或許不足以概括中國大乘佛教，或者更正確地說，未必是中國大乘佛教各宗派先後不同時期給予一致性強調的主張，但至少可以確定，這些見解是後來逐漸融合而普遍呈現在相當大眾化的懺悔儀式中的見解。

## 四、評 價

整體來看，懺儀在中國自西元後四世紀迄今，已有一千五百餘年的歷史，其內涵無比的豐富，值得我們在探討佛教倫理與現代社會時給予重視與肯定。

從比較文化的觀點來看，中國大乘佛教懺儀至少有幾點是值得在東西方文化交流中特別加以強調的：

1. 反罪惡感的宗教意識。佛教的最大特色，乃是強調對於一切過失，只許「懺悔」，不許「後悔」。「罪惡感」不但不為佛教所重視，而且被認為是禪修與菩薩發心的大障礙⑯。修定的五蓋(五種障礙)，「後悔」居其一。過失可以懺悔，過失可以自己藉修持而從根本上予以化解，這是極值得重視的一種倫理觀。

2. 重自力的道德感。中國懺儀雖有拜佛儀式，但那是從屬的方便，不是主體的修行。主體的修行，在於發露、知罪、發願，最後由觀空而達於罪業的完全懺除。這一切，重在自力、自悟；因而道德感的引發，具有高度的主動性。

---

⑯ 參閱《大智度論》，《大正藏》卷25。

3. 理性化的宗教態度。如上所述，佛教懺儀，排除神秘的色彩，一切都要與理性相應。這不是說理性至尊，而是說，一切宗教活動不應背離理性。此一態度，對於未來的世界宗教發展，極為重要。

然而，放眼中國佛教本身，雖然「懺儀」內容與價值如此受到肯定，但是發展到近代，卻也發生了一些流弊。這些流弊包括：

1. 形式化。主持儀式的人和參加儀式的人都只是在一種宗教形式中「演示」儀式，但是欠缺心靈的相應。

2. 商業化。部分佛教團體，以懺儀為交易，其商業化之程度，已經從根本上背離了懺儀的精神。

3. 教條化。懺儀法本本身的開示，或者由於文言文的語言隔閡，或者由於主持者的不知方便，於是照本宣讀，變成只是複誦教條，與懺悔者沒有發生真正的精神關聯。

4. 迷信化。有些懺儀主持者與參加者，由於愚昧無知，把懺儀的理性面完全漠視了。形式化、教條化與非理性化的混合結果，使得懺儀失去了它的原始面目，甚而影響到佛教的社會形象，而「迷信」與「趕經懺」變成了近代佛教改革運動者痛心疾首的課題。

如實而論，創制中國大乘佛教懺儀的歷代宗師，對於中國佛教的貢獻極大，這個貢獻，照理說，今天還要把它介紹到世界各國去；但因為它自己在中國本身已發生了問題，因此，我們必須先就中國大乘佛教懺儀本身應做的改革下一番功夫，才能夠進一步發展出更適合於現代社會的懺悔儀式來，其主要發展方向有四：

1. 回歸原始，從根本上確立以參加者本身的修持為重心的懺儀。

2. 消弭商業色彩，一切懺儀之舉行，應以提倡修持為主，不宜巧立名目，造成佛教錯誤形象。

3. 重視前行與觀行，「前行」指懺儀舉行前的清淨三業等預備工夫；「觀行」乃是以坐禪為方便，確實觀照罪性本空，如此才能夠發揮佛教懺悔倫理的真正功用。

4. 提供更多適應現代人的方便，因為社會變遷迅速，「懺儀」本身其實可以做一些改變，譬如過去重視唱誦，此固有助於道場莊嚴氣氛的醞釀，但並非絕對必要，而對現代人而言，有時不妨直接誦讀即可；又如道場布置以及主持人的身分等，也都可以有更大的彈性。

要之，傳統大乘佛教的經懺，如果能做適度的調整與充實，對於現代人的佛教實踐與體驗，將能發揮正面的功能。佛法中有真諦，也有俗諦；重理，但也重事，兩者是應該兼顧並重的。

# 捌　戒殺與放生——中國佛教對於生態問題的貢獻

于君方

生活在二十世紀最後十年代開始的今天，人們比過去更能明確地認識到現代化帶來的一些嚴重的問題。犯罪、貧窮、侵犯人權，以及其他人對人的殘暴不是新的問題。同樣的，人類對大自然生態環境的不愛惜以及摧殘也不是始自今天。只是，由於交通及傳播的發達，整個地球已經變成一個息息相關的大社團。所以在一個地區產生的問題，很快地也會影響到世界其他的地區。在人類必須面臨的二十一世紀的重大課題中，無可否認地，生態環保是最重要的項目之一。臺灣政府民間都非常重視這個問題。電視、報紙，以及其他媒介，也經常討論到這個問題。如何達到環保，減低生態危機，當然需要社會上公私多方面的努力。政策、立法及教育都是不可或缺的工作。在推動教育，提高民眾道德意識的工作中，傳統的宗教倫理是一個非常重要的精神資源。聖嚴法師召開的這一次國際學術會議以「佛教倫理與現代社會」作為主題，實在是用意深長。因為這代表佛教是能夠勇敢地接受現代化的嚴重挑戰，佛教倫理不但是個人修持的重要一環，同時對社會能有積極的貢獻。

環境污染、稀有動物面臨滅種、臭氧層受破壞而形成的溫室效應，都是二十世紀下半才被人們所注意的問題，在二千五百年前的印度自然沒有人提到。不過雖然佛教沒有針對這個問題有所發揮，這並不代表佛教不能幫助我們在尋求解決這個問題的答案時有所啟示。因為佛教倫理不是一部死板僵化的教條及律令，隨著佛教在全世界的展開，在不同的時代及不同的地域，佛教都曾做過及正在做適當的演變。正如佛法所強調的一切事物都是苦、無常及無我。當作一種社會制度，佛教本身也不例外，在長遠的時間及廣大的空間以內，佛教發展出上座、大乘、密，以及歐美的不同系統。這些系統當然都保持佛教的核心思想及精神，但是在戒律及制度上已有了相當大的分別。我今天想以中國佛教的倫理作為代表，談一談佛教倫理是不是及能不能在生態環保這個課題上對我們有所啟示。

佛教的基本教義可以四諦、八正道、緣起、業報作為起點，因為這是所有的佛教宗派都共同信仰的；同樣地，所有的佛教徒也都皈依三寶、受五戒。五戒以不殺生為首。不但不殺人，也不殺所有眾生。不但在行動上遵守此戒，而且在思想上也不能存殺害眾生的意念。因為身、口、意三方面都是在佛教徒修持所必須注意的。不殺的出發點是慈悲，實行的結果是把一切有生靈的事物視為有神聖不可侵犯的尊嚴。在這一點，佛教的慈悲跟儒家的「仁」，道家的「慈」，基督的「愛」是有共同點的。也就因為這個緣故，中國佛教大師的智顗、宗密、契嵩等往往把佛教的五戒跟儒家的五常並比。不過跟其他宗教及倫理哲學相較，佛教的慈悲包括的對象及範圍廣泛得多，佛教對動物也持有更積極、平等及尊重的態度，中國佛教徒根據慈悲不殺的精神，發展出很具特色的素食及放生的生活及修持方式。如眾所周知，佛說自己並不是素食者（他最後的晚餐可能是豬肉），上座部的戒律中只說比丘不應該吃為他而殺的動物的肉，也不應該在親眼看到被殺的動物以後吃牠的肉。除此以外，出家人在乞食時不能有所選擇，施主給他什麼，他就應該吃什麼。佛在制定這條戒律時，主要的用意是要比丘不擇食，而不是強調素食所代表的慈悲精神。在大乘佛教的傳統中，雖然《楞伽經》、《楞嚴經》提倡素食（因為基於輪迴的信仰，天道眾生都是一家人），但是也不是所有的大乘佛教信徒都採取素食的生活方式。比如西藏佛教徒就是一個例子。中國佛教徒廣泛地把素食、戒殺與放生看作佛教強調的慈悲精神的具體表現，於是在中國的佛教傳統中，典型的佛教徒一定吃素、戒殺和放生。淨土尤其提倡這種生活方式，所以戒殺、吃齋、念佛就跟信仰佛教成為不可分的實踐程式。

雖然佛教普遍地提倡慈悲，對中國佛教徒實行戒殺和放生的一個最重要的經典就是《梵網經菩薩戒本》。《梵網經》把慈悲心與孝順心結為一體。戒殺與放生是孝順的表現，因為《梵網經菩薩戒本》把孝當作戒，說：「孝順父母師僧三寶，孝順至道之法。」《梵網經》對中國佛教有很大的影響。裏面提出的十重四十八輕戒是菩薩戒的根本，戒殺是十重的第一戒，食肉戒是四十八輕戒的第三戒，而放生則是四十八輕戒中的第二十戒。我想《梵網經》之所以在中國佛教傳統中受到如此重視是因為受戒的對象不限於出家人，而是在家居士、甚至所有的眾生，都有受戒的資格。因為一切眾生，皆有佛性，而佛來到娑婆世界，就是「為是中一切眾生，明開心地法門」，「為此地上一切眾生，凡夫痴暗之人說我本蘆舍那佛心地中，初發心中常所誦一戒光明金剛寶戒，是一切佛本源，一切菩薩本源，佛性種子」。受戒的對象不但是所有各社會階層的男女，甚至非人，也在被包括的範圍之內。國王、王子、百官、宰相、比丘、比丘尼、十八梵天、六欲天子、庶民黃門、婬男、婬女、奴婢、八部鬼神、金剛神、畜生，乃至變化人，但解法師語，盡受得戒，皆名第一清淨者。大乘佛教的平等精神，在此得到充分的發揮。

現在讓我們看看《梵網經》在戒殺、戒食肉及放生的理論根據。第一殺戒：「佛言：若佛子、若自殺、教人殺、方便殺、讚歎殺，見作隨喜，乃至咒殺。殺因、殺緣、殺法、殺業乃至一切有命者，不得故殺。是菩薩應起常住慈悲心、孝順心，方便救護一切眾生。」在此，我們可以看到《梵網經》把持戒跟慈悲心及孝順心連合為一。中國傳統及佛教傳統都注重孝道，不過如冉雲華教授的論文中所提到的，中國佛教尤其強調孝道，其強調的程度比印度為甚，也就因為如此，中國佛教徒寫了一些提倡孝道的「偽經」。有些學者以為《梵網經》也是「偽經」，我個人不同意繼續有這個充滿了價值評價的名詞，因為什麼是「真」，什麼是「偽」的標準呢？難道只有梵文、巴利文才能代表真正的佛陀的開示嗎？也許用「在中國編撰的佛經」是比「偽經」更妥當的名稱。無論如何，《梵網經》以此強調孝道是該經在中國受到重視的另一個原因。四十八輕戒的第三食肉戒：「若佛子，故食肉，一切眾生肉不得食，夫食肉者斷大慈悲佛性種子，一切眾生見而捨去。是故一切菩薩，不得食一切眾生肉。」最後第二十戒是中國佛教強調放生的理論基礎：「若佛子，以慈心故，行放生業，一切男子是我父，一切女人是我母，我生生無不從之受生，故六道眾生，皆是我父母。而殺而食者，即殺我父母，亦殺我故身，一切地水是我先身，一切火風是我本體，故常行放生。」根據前兩戒，眾生得到廣泛的保護。可對目前大眾所關心的稀有動物面臨絕滅危機的這一問題提供答案。最後的放生倫理根據，不但是因為六道眾生，都是我們的父母，同時地水火風四大也是與我同體，因此通過這個瞭解，大自然環境也可以被包括在解放救護的範圍內。

這次會議英文組的 Padmasiri 和 Sivaraksa 兩位先生也曾就上座部的佛教倫理與環境保護的關係提出他們的看法。他們覺得因為佛教只談到眾生，而沒有提到植物及非生物（即水土山石等），在談到如何以佛教慈悲精神處理環保的問題上可能有些隔閡。不過如果⑴我們認清佛教的基本出發點是要消除人們的貪嗔痴，而環境污染及破壞資源的原因是來自人類的貪。⑵佛教強調正念，無論做什麼事，我們都應該全心全意、集中精神，並且對自己的行為負責任。⑶佛教「業」的觀念告訴我們因果有必然的關係。這三個觀念都會使我們提高警惕，增加對環境的負責及愛護。

中國佛教自然會同意以上的看法，同時因為在「真如」、「中道」、「法界」、「一心」等觀念的影響下中國佛教發展出來了更積極及入世的立場，眾生與大自然之間的隔閡似乎沒有像上座部那麼大，也就是對環保更容易有所貢獻。天台的草木皆能成佛，華嚴的理事無礙、事事無礙，都在理論上建立了自然環境值得我們尊重、愛護、頂禮的基礎。作為中國佛教形而上學及認識論的《大乘起信論》明確地宣布真如與生滅是一心的不可區分的兩性。心的本體是空、是本覺、是真諦，而心的用是生滅、是不覺、是俗諦。不過這是一心的兩面，卻不能認做兩個互不相關的實際境界。用普通言語來表達這個思想的話，就是說從中國佛教的立場看，淨土並不跟這個世界分開，正如龍樹大師在《中論》所說：涅槃不異生死，生死不異涅槃。也像中國提倡禪論雙修的大師們如永明延壽 (904–975)、中峰明

本 (1238–1295) 及雲棲袾宏 (1535–1615) 所說，「唯心淨土，自性彌陀」，淨土不一定在西方，阿彌陀佛也不一定在極樂世界。相反地，通過上述的角度，淨土與穢土，彌陀與念佛的人，其實是不一不二的。我們生活所在的這個世界實在跟所謂的淨土沒有分別。因為「心淨則土淨」。關鍵在於每一個修行的人們。人們可以淨化世界，美化人間，把娑婆世界轉化成淨土。「入世」、「人間」佛教，應該是中國佛教的基本精神。在這一點，佛教應該對環保的問題能提供更積極的理論觀點。因為儒家的「仁」可以提供我們不任意摧殘動物及自然資源，宋明理學在中國佛教（特別是華嚴及禪宗）思想的影響之下，更把「仁」擴充到一個形而上學的境界，所以如張載在他的〈西銘〉那篇短文中，說天地宇宙萬物都是以氣形成的，所以人與萬物同體，天是父，地是母，萬物與我是一家人，這跟《梵網經》第二十輕戒所說的，很相似。道家無為的思想也可以推廣到不侵害、不干擾生態環境。但是儒家及道家對眾生及自然似乎都到此為止，沒有再進一步，提倡對眾生的拯救及對自然的解放。而後者唯有在中國佛教的放生及戒殺思想上得到充分的發展。

我想在最後提一下實際的行為方面，佛教在理論上有足夠的對動物保護愛護，及對大自然生態尊重頂禮的根據。但是我們如何把這些寶貴的價值觀念在日常生活上實行？在此，我想提出兩點意見：第一，政府除了應該制定積極的環保法律之外，更重要的，人們需要一些具體的象徵性的公開及公共行動，強調對生態環保的關懷。在此，讓我以幾個歷史上的例子作為代表。隋唐以來，政府在提倡放生戒殺方面就曾扮演了上行下效帶頭的作用。比方說，五八三年隋朝政府制定法令，每年一月、五月、九月以及每個月的「六齋日」

（即初八、十四、十五、二十四、二十九、三十）不允許任何人殺生（所以選擇這幾個月以及六齋日，是根據《梵網經》的規定，於此可見此經影響之大）。同樣地，在唐朝，六一九年皇帝下詔禁止在一月、五月、九月屠宰及漁獵，這個法令在八四五年會昌法難開始時為止，似乎一直有效。至於設立放生池，政府也曾擔任領導地位，比如有關放生最早的記載，是梁元帝 (552–555) 的時代，他設立了一個放生亭用來放生。唐肅宗在七五九年設立了八十一個放生池，有名的書法家顏真卿曾寫了碑文紀念此舉。根據碑文這八十一個放生池設在山西、湖北、湖南、四川、雲南、貴州、廣東、廣西，以及江蘇、浙江。除了皇帝通過詔令加以提倡以外，佛教大師更起了重大的作用。這是我要說的第二點放生運動的廣泛展開，是在宋朝以後，永明延壽、慈雲遵式 (963–1032) 是兩個顯著的例子，前者在出家以前擔任吳越王的稅吏，他用政府的錢買魚蝦放生；後者經常向漁夫說法，勸他們改業，他也建議宋真宗在一〇一七年下詔沿著淮河、浙河以及湖南、湖北建立放生池，並禁止漁人打魚。一〇一九年遵式上書要求把西湖設為放生池，以此慶皇帝的生日。從那以後，每年四月初八佛誕日，放生會在西湖開會，杭州士女趨之若鶩。但是蘇東坡在一〇九〇年上奏要求恢復，可見到後來有些式微。另外一位晚明大師雲棲袾宏在戒殺放生方面也起了很大的作用，他寫的〈戒殺放生文〉在社會上廣泛流傳，他用通俗的方式，通過靈驗的故事，以及具體的例子，告訴社會人士戒殺放生的重要及實際奉行方法。比如，他建議在自己生日、生子、祭祖、婚嫁、宴客，這些場合都應該以蔬菜水果代替雞鴨魚肉，在袾宏的影響之下，很多「放生會」都根據「念佛會」的規格模式建立，會友們每月聚會，舉行放生儀式，同時吃齋念佛，十幾年前我曾寫過袾宏與居士佛教的關係，特別以他提倡戒殺放生為主題，所以不再多說。

生態危機及環境保護是我們在目前所面臨的嚴重挑戰及迫切工作。我想中國佛教倫理對這個問題的貢獻，應不是局部的，或個別的、具體的一些答案，而是根據佛教的基本慈悲精神，以及佛教倫理在中國社會上曾發生過的重要影響的歷史經驗，向現代人有所啟示，使現代人對這個新的問題，能有新的看法，及新的處理，我們應該用新的方法表現佛教的戒殺放生傳統。佛教徒們也許可以根據過去「念佛會」、「放生會」的模式，組織起「環保會」，定期的做環保工作，也許政府可以訂出某些特別日子，作為象徵性的環保節日。這當然不能馬上解決這個問題，但是可以提高大眾的警覺，尤其是設法使人們把環保作為日常生活的一部分。佛教一向重視「權」、「方便」，所以雖然佛經上沒有對環保直接的提到，我們可以根據佛教對眾生的態度，推延出去。如果放生戒殺是行孝順心，那麼對生態環境的愛護、尊重、珍惜及關注是不是可以看作「行大孝」呢？這就是把中國人傳統對父母應行的孝，廣泛地推廣到對所有眾生及生態環境行大孝。這樣，在做環保工作時，佛教徒們就是在行孝，也就是在修持。如吃素、戒殺、放生一樣，也許有一天環保工作也是佛教徒的生活方式，這在中國佛教傳統的立場來看，是一點也不奇怪的，一千多年以前，禪宗的龐居士不是已經說過「挑水砍柴不礙菩提道」嗎？既然如此，環保更應該是如此了。

# 玖　明末中國的戒律復興

釋聖嚴

## 一、前　言

戒律在印度，從佛陀時代到部派佛教時代，並不是獨立的宗派，只是僧伽共同生活的規範。後來部派分張，各部都有他們所傳承的律，二十個部派應該就有二十種律❶。那是由於傳承的不同，不在於基本的內容上有出入。現在翻譯成漢文而收於藏經中的，有四律五論❷，但是中國弘揚的是《四分律》，在唐朝時代就有三個系統❸，其中只有道宣律師 (596–667) 的系統被傳承了下來。因為他是根據大乘唯識思想解釋戒體❹，特別受到喜歡大乘思想的中國人所歡迎。他的弟子很多，傳承的時間也很長；到了北宋嘉祐年間（第十

---

❶ 小乘佛教，相傳有二十個部派，有律本譯成漢文的，僅六部派、四種律。參考拙著《戒律學綱要》第一篇第二章第二節。

❷ 四律五論，參見拙著《戒律學綱要》，同上註。

❸ 《四分律》的三系是指：南山道宣依《唯識論》，相部法勵依《成實論》，東塔懷素依《俱舍論》。

❹ 無作戒體是無表色法，既是色法，故可代代相傳。此是唯識學的立場。

一世紀中葉）先後有錢塘的允堪及靈芝元照❺，四分律宗一度復興，自此以後直到十六世紀，戒律的傳承在中國幾乎已中斷。幸好此時的中國佛教，各家人才輩出，弘揚戒律的有二大系統，一是雲棲袾宏 (1535–1615)，二是古心如馨 (1541–1615)，他們二人都有很多弟子，影響深遠。

然在明末的戒律思想已和唐宋的有所不同。在唐宋諸家，是站在《四分律》的立場，以律釋律。到了明末的時代，有四種特色：⑴菩薩戒及小乘律的並重。⑵用華嚴宗、天台宗和禪宗的觀點來解釋戒律思想。⑶可以用大小乘經論、祖師的著作，乃至世間的典籍來作為解釋戒律的輔助資料。⑷引用密咒作為日常生活的修持。由此可見，明末的戒律，有了禪、教、律一致，顯、密圓融的趨勢。

## 二、明末戒律的著作

根據《卍續藏經》所收中國人的戒律著述，律釋類除外，從六朝陳的慧思 (515–577) 開始到明末為止，約一千年間，一共是二十九種，四十八卷，二十一位作者。可是在明末清初的一百五十年之間，竟然有十三位作者留下了二十六種，四十四卷，並且從《新續高僧傳四集》❻等所見，尚有二十一種未被收入《卍續藏經》，不過從這

❺ 1. 北宋嘉祐年間的錢塘允堪，撰有《四分律含注戒本疏發揮記》（僅存卷 3）、《四分律比丘尼鈔科》一卷、《四分律隨機羯磨疏正源記》八卷。

2. 靈芝元照，撰有《四分律含注戒本疏科》八卷、《行宗記》二十一卷、《四分律刪補隨機羯磨疏科》四卷、《濟緣起》二十二卷、《四分刪定比丘尼戒本》一卷。

些著作來看，多半是為了配合日常生活以及傳戒的儀式而編成。他們之中，僅少數人能深入律藏而真正討論戒律問題❼。也可以說，那是一個重視實用的時代，為了配合當時環境的需要，提倡戒律的重要性。

在明末的戒律學者，有二個值得重視的現象，一是對於《梵網菩薩戒經》的弘揚，二是對於沙彌戒或在家戒的重視。因為當時的佛教思想，在修持上不是重於淨土，就是重於禪；在教義的研究上不是學的華嚴，就是學的天台。而天台的智顗大師 (538–597) 為《梵網菩薩戒經》寫有《戒本疏》六卷。並且，《梵網菩薩戒經》的思想，屬於華嚴部，因此不論是華嚴宗或天台宗的學者，都喜歡弘揚《梵網菩薩戒經》。事實上，在漢文的菩薩戒本，除了《梵網菩薩戒經》之外，尚有出於《瑜伽師地論》及《菩薩優婆塞戒經》的戒本。

又由於傳自印度的比丘、比丘尼律，在中國的文化背景及社會環境中，很難照著實行，因此而使中國的佛教徒對於觀念，形成二種狀態：一類是僅僅從資料或學問的研究而介紹戒律，這類人都希望能夠繼承由印度傳來的戒律生活，那就是歷代諸大律師的態度。另一類只求不違背佛教的基本精神，也不拘泥於戒律所規定的細則。例如禪宗的「百丈清規」就是因此而形成。由於唐末之後禪宗漸漸的成為中國佛教的主流，結果「貶學律為小乘，忽持戒為執相」的風氣也極普遍。到了明末時代，佛教的諸大師們不得不呼籲僧眾

❻ 《新續高僧傳四集》共五十六卷，喻昧菴編成於民國癸亥年 (1923)，時寓於北京法源寺。

❼ 真正對於律藏做過深入研究的明末清初學者，僅是智旭、讀體、弘贊三人。其餘諸人，是心戒律，然不專精。

嚴持淨戒，重視身儀，所以實用性的戒律著作就陸續的出現，那是重視於沙彌十戒的實踐。既然無法如律遵行比丘的二百五十戒、比丘尼的三百四十八戒❽，能夠把十戒守住，就能算是清淨的出家人了。其實縱然是十戒也無法持得完整，例如雲棲袾宏在他《沙彌律儀要略》中解釋沙彌戒的第十條「不捉持生像金銀寶物」時，要說：「今人不能俱行乞食，或入叢林、或住庵院、或出遠方，亦未免有金銀之費，必也知違佛制，生大慚愧。」❾

正因為中國的環境，無法比照佛陀時代的印度比丘來遵行戒律，所以明末的諸師，在思想上接受了天台、華嚴以及禪的觀念；在持戒行儀上模仿成儒家的禮儀❿。從明末的戒律著作中，可以發現到《華嚴經》、《涅槃經》、《楞嚴經》的經文，和許多真言密咒。如《毘尼日用錄》和《沙門日用》等，就是如此混合而成的著作。而且像見月讀體 (1601–1679) 就用華嚴宗的教判寫《毘尼止持會集》，蕅益智旭 (1599–1655) 凡有註解都用天台家的模式。於是一方面把理念升高，將現實的運作看做無上的法門；另一方面由於現實環境的所限和所需，也不得不捨棄大部分印度傳來的繁複戒律，而採用了禪、密、天台、華嚴及淨土等的修行法門及觀念，以彌補戒

❽ 比丘戒及比丘尼戒，通常都說比丘二百五十戒，比丘尼五百戒。但在各部律中，略有出入，請參考拙著《戒律學綱要》第六篇第二章第二節。

❾ 《卍續藏經》冊 106（臺北：新文豐出版公司印行），頁 297 下。以下凡引《卍續藏經》，均據此同一版本。

❿ 書玉的《沙彌律儀要略述義》稱歎雲棲袾宏有云：「大師以《春秋》之才而解戒相，用《禮記》之法而輯威儀。若非窮究經律，博通傳史者，則不能識其源委也。」《卍續藏經》冊 106，頁 353 上。

律生活之不足。無怪乎當時即有永覺元賢 (1578–1657) 對某一種律學著作做了如此的批評：「大都目不見律，而襲取他書。」⓫

## 三、明末的在家戒

我們知道居士佛教到明末的時代已相當盛行⓬。而在此之前，在家的戒律附屬於比丘戒律，雖有若干部單獨的經典專講三皈、五戒、八戒、十善，但是特為在家戒律而集成一書的現象卻從來沒有發生過。到了明末蕅益智旭，特別從藏經裏頭把幾種有關於在家戒的經典加以解釋，合成一冊，名為《在家律要》。到了一八二四年，又有比丘儀潤及優婆塞陳熙願，另外增加六種有關三皈五戒的經律，與智旭所集者合為《在家律要廣集》，共三卷。其內容包括三皈、五戒、八戒、《優婆塞戒經》的六條重戒二十八條輕戒，又有十種善業和優婆塞應守的威儀，還包括了《梵網菩薩戒經》，以及《梵網菩薩戒經》懺悔的方法等。

當時由於重視在家居士的受戒和持戒的問題，還有在犙弘贊 (1611–1681?) 編寫了《歸戒要集》、《八關齋法》，以佛教的五戒配合儒家的五常，認為如果不持五戒，連人天的道德都不完美。如能受了三皈並持五戒，便能夠「破無明殼，破長夜夢」⓭。又說受持八戒能滿一切願，可以升天，乃至成佛⓮。

⓫ 元賢的《律學發軔・自序》，《卍續藏經》冊 106，頁 922 上。

⓬ 參見拙著《明末佛教研究》第四篇〈明末的居士佛教〉。

⓭ 《卍續藏經》冊 107，頁 125 上。

⓮ 《卍續藏經》冊 107，頁 164 下。

見月讀體也有一卷《傳授三皈五戒八戒正範》，專為在家居士舉行授戒儀式之用。此書雖然未入藏經，但是仍為佛教界流傳迄今。而在另一部在𢘾弘贊的《沙門日用》的序文，也說到他的這本書雖是為出家人而寫，也是所有在家的「清信士女，有受皈戒、菩薩法者，咸須行之」⓯。

從以上資料所見，在家戒之被明末佛教界所重視，已是相當普遍的事實。也可以說，佛教的重心，在此之前乃在出家僧團，雖有在家戒律的傳授，但是未能做突出和專注的弘揚。到了明末之際，活躍的居士佛教，幾乎要與出家佛教並駕齊驅的現象，便促成了佛教界對三皈五戒的傳授或受持的重視。但這並不等於承認在家居士的地位與出家的僧眾平等，其實是在強調佛教的制度是以三寶為中心，住持三寶則以僧寶為重心。由僧團傳授三皈、五戒給在家居士，居士當親近僧團，以對僧團的恭敬供養為護持三寶的重點。也就是說，既然信仰佛教的人士越來越多，水準愈來愈高，如果不受三皈五戒，第一，居士會跟僧團對立，而成立在家的教團，使得佛教失去傳統的尊嚴；第二，如果居士不受三皈五戒，便不能成為正信的佛教徒，容易流為民間信仰或附佛法的外道。

再有八戒，就是沙彌十戒的前九條⓰，能夠讓在家居士也可有嘗試出家生活的機會與經驗，漸漸地也可以達到離欲的目的。所以鼓勵在家的信士信女們，於每一個月之中的六天，來受持八戒。八戒的推行，既能使得在家信眾嚮往出家的生活，也能夠讓居士們有

⓯ 《卍續藏經》冊 106，頁 239 上。

⓰ 八戒的第六條，即是沙彌戒的第六、第七兩條合併，故名雖八條，實具沙彌戒的前九條，唯不受第十條銀錢戒。

更多的時間親近寺院的僧團，因此受持八戒的齋日，最好是住於寺院。

## 四、明末的出家戒

從明末的諸大師，如袾宏、智旭等的著作中，可以知道當時的出家僧眾不守戒律，不重威儀，是普遍的現象。那也正是佛教沒落、受人歧視的原因。因此當時有兩位非常重要的比丘出現：

第一位是雲棲袾宏。他在三十歲那年出家，便在中國歷史上有名的昭慶律寺受戒⑰。北宋時代，允堪律師就曾擔任過此寺的住持，所以袾宏特別重視戒律。

憨山德清 (1546–1623) 對袾宏的戒律觀念和貢獻的介紹，有如下的一段話：「佛設三學以化群生，戒為基本，基不立，定慧何依。思行利導，必固根本。第國制南北戒壇，久禁不行。予即願振頹綱，亦何敢違憲令。因合眾半月半月誦《梵網戒經》，及比丘諸戒品。繇是遠近皆歸。」⑱

由於袾宏舉辦傳戒法會和弘揚戒律，而有其弟子及再傳弟子對戒律的繼續弘揚。蕅益智旭就是最具代表性的一位⑲。而智旭對戒

---

⑰ 昭慶律寺位於浙江杭州的錢塘門外，初建於後晉天福元年 (936)，北宋太平興國三年 (978) 築方善戒壇，每年三月開戒會，七年，敕賜「大昭慶律寺」額。

⑱ 德清撰，〈蓮池大師塔銘〉，收於《蓮池大師全集》冊 4 (臺北：中華佛教文化館出版)。

⑲ 智旭出家時，袾宏已寂，仍舊在袾宏的像前受了比丘戒。見於《重治毘尼事義集要・序》，《卍續藏經》冊 63，頁 327 上。

學的貢獻遠超過袾宏。也可以說袾宏雖有弘揚戒律的熱誠，但是對戒律的態度不是站在律師的立場，而是站在中國禪師及法師的立場。因此智旭就說袾宏對於「開遮輕重，懺悔之法，尚未申明」⑳，所以引發了智旭對於戒律的弘揚，是站在正統的諸部大律的觀點，撰寫了更多有關大小乘戒律的著作。

另外一位是古心如馨律師，他的年代幾乎和袾宏同時。也可以說他是近代中國出家戒另一個新源頭的開始。他出家後先受沙彌十戒，然後未受比丘戒就到五台山朝拜文殊菩薩的聖蹟。因為他已知道，若要求得比丘戒，須從十位清淨大比丘舉行的授戒儀式中接受。這在當時的環境而言，乃是相當困難的事。後來他讀《華嚴經》，知道文殊菩薩所在的地方是常住的清涼地，因此他相信朝禮文殊的道場五台山，一定可見文殊菩薩為他授戒。他就從江蘇地方出發，經過三年的跋涉，到了五台山，忽然見到一個形枯髮白的老婆婆，捧著一件舊袈裟，從樹林中出來，並且問他：「你來做什麼?」他答：「求見文殊。」老婆婆就說：「此衣亡兒所遺，你來求戒，便應贈你。」言訖即不見，只聽到有人喊他：「比丘！比丘！文殊在此。」使得如馨如夢初醒。自此便覺得大小乘的戒律規則，猶如從他自己心中自然流注而出。因此回到南方，中興戒法。他曾主持三十餘所寺院，得戒的徒眾上萬㉑。他所流傳的戒律著作，雖僅《經律戒相布薩儀軌》一卷，已可窺知其戒律思想的大概。他雖以弘揚戒律為名，也的確是以戒律為主，但其對於禪、淨土、華嚴、密等諸宗的概念，大小乘顯密諸經之行法也納入其中。在此以前的中國戒律著作，都

⑳ 《卍續藏經》冊106，頁683下。

㉑ 《新續高僧傳四集》卷28，頁911。

不會有如此的包容性[22]。

由古心如馨處得戒而又弘揚戒律的弟子、再傳、三傳、四傳也很多。從《新續高僧傳四集》卷 19,28–31 所見者，共有三十二位，出於如馨一系。其中有六位撰有關於戒律的著作[23]，特別是見月讀體，也是一位中興戒律的重要人物；他的著作，知其名者共有十三種[24]；而他的弟子及再傳弟子，都有相當多的人數，也留下了不少戒律著作，特別是書玉 (1645–1721) 及德基 (1634–1700)，每人都有四種以上的著作。事實上到現在為止的中國戒律的傳承，多是從這個系統發展延伸出來。

因為這一系統從初開始就帶有濃厚的密教色彩，也極重視梵唄的唱誦和顯密合摻的儀規。例如《瑜伽焰口施食》及《蒙山施食》，也都是出於這一系統。也可以說，佛教到了明末清初，雖然有不少比丘弘揚戒律，究其實質乃是諸宗融通、顯密混合的局面，所以未能真正上溯唐宋四分律宗的家風。

## 五、明末的受戒法

依據《四分律》卷 33 所述，具足戒的受戒法，稱為「白四羯磨」，

---

[22] 《卍續藏經》冊 107，頁 353–390。

[23] 此六位的名字是：1. 三峰法藏，2. 三昧寂光，3. 茂林性祇，4. 見月讀體，5. 宜潔書玉，6. 定菴德基。

[24] 讀體的著作有：1.《毘尼日用切要》，2.《沙彌尼律要略》，3.《傳戒正範》，4.《剃度正範》，5.《傳授三皈五戒八戒正範》，6.《教誡尼正範》，7.《幽冥戒正範》，8.《僧行軌則》，9.《黑白布薩》，10.《毘尼止持會集》，11.《毘尼作止續釋》，12.《大乘玄義》，13.《藥師懺法》。

也就是在十人僧中，弟子作四番請求受戒的宣告，禮請十人僧中的一人做和尚，推出一人做羯磨師，再由羯磨師向十人僧做一番宣告，並三番徵詢同意，若無人有異議，受戒者便成得戒比丘㉕。

到了《曇無德律部雜羯磨》受戒法，便增加了問遮難。示四根本戒（淫、殺、盜、妄）、授四依法（著壞色衣、乞食、樹下坐、腐爛藥）㉖。

再到了唐道宣所集的《四分律刪補隨機羯磨》，將授戒法分做三皈、五戒、八戒、出家授戒法、比丘授戒法、尼眾授戒法等六類。第五類的比丘授戒法又分做正授戒體前的八法、正授戒體及其後的授四依、請依止㉗。比起《曇無德律部雜羯磨》又增加了許多說明。

到了撰成於明末清初時代的僧尼授戒法，現存者至少尚有七種，其內容繁簡不等，為各寺傳戒會所採用者，乃係繁本，其中最流行的，是寶華山讀體所撰的《傳戒正範》，行文均用四六對仗的駢體，讀來相當優美，以開導、唱誦、問答的方式進行。除了請十師（一位和尚，九位阿闍梨），尚有十四項目的儀節。而且是將沙彌、比丘、菩薩的三個層次的戒法，在為期一個月或更長的時間之內，次第完成，合稱為三壇大戒的戒期法會。求戒者在戒期中，學習生活禮儀及受戒儀式，稱為「演禮」。對於一落髮就受戒的人，的確有此僧儀養成教育的必要，受戒法會期間太短，反而會造成比丘戒行的墮落，故在《傳戒正範》的序文中，也對一般戒會的情況，「倉皇七日，便畢三壇」加以評擊㉘。

㉕ 《大正藏》卷 22，頁 799 下。

㉖ 《大正藏》卷 22，頁 1042 中—1042 下。

㉗ 《大正藏》卷 40，頁 495 下—501 中。

可是，在智旭寫的《授戒法》中，又對繁文縟節的授戒儀式及許多人同時受戒的法會，有所評議，同時也主張，不用定期傳戒，隨時都可入道：

> 而後代師匠，多事美觀。……時久遲延則厭倦必起。……文繁則違佛本規。……隨時皆可入道，何須臘八及四月初八。難緣方許三人，豈容多眾至百千眾㉙。

也就是說，智旭所見當時的傳戒法會，所用的授戒儀式，為求美觀，所以採用繁複的文字，拖延很長的時間，集合了許多人，同時授受比丘戒法，看來莊嚴隆重，其實不合佛世的芳規。依據《五分律》卷 16，傳授比丘戒法，是平常的行事，凡在每半月的誦戒之時，每年的夏安居圓滿日大眾僧集合時，以及大眾僧自行集會時㉚，只要具足十人僧，便可接受請求授比丘戒。

可是中國佛教的環境，異於佛世的印度，不是所有的寺院，平常都能集合十人僧的，故也不能隨處隨時請求授戒，唯有明律的律師有資格擔任授戒師，也唯有律師住持的道場或聘請到了律師的道場，才能舉行傳戒法會，因此，凡傳戒，必定隆重，而且是眾人聚集，同時受戒。這種現象，在智旭之前，早已如此，智旭之後，還是如此。讀體也是飽讀律典的人，何嘗不知佛世授戒的規式，為了適應環境，也就只好「不違古本，別出新型」㉛了。

---

㉘ 《卍續藏經》冊 107，頁 22 上。

㉙ 《卍續藏經》冊 63，頁 514 上及下。

㉚ 《大正藏》卷 22，頁 111 下。

## 六、明末的戒律環境

明末清初之際，雖是中國佛教史上的豐收時期，然從當時留下的戒律著述的文獻之中，發現那也是個很不正常的時代。今舉三個例子如下：

1. 古心如馨，他在四十一歲出家受了沙彌十戒之後，因為難得十位清淨比丘僧為他做授戒羯磨的儀式，不得已而朝禮五台山的文殊菩薩，結果以宗教經驗感得文殊為他證明，呼他「比丘，比丘」。此猶佛世釋尊親度的比丘，都是由佛口喚「善來，比丘」，便是不用任何儀式的。佛滅之後以及佛的弟子們度人出家，必須以「白四羯磨」，完成比丘身分。唯有《瓔珞經》卷下所說的菩薩戒，可有三種受法：一者諸佛菩薩現前受，為上品；二者禮請先受菩薩戒者授予，為中品；三者於諸佛菩薩像前自誓受，為下品㉜。可是經過三年的長途跋涉與虔誠禮拜之後，所得的宗教經驗，使得如馨絕對相信，他已由文殊菩薩為他親自授戒，乃是上品戒。這一堅定的信心，促使他全力以赴地弘揚戒律，因此也中興了中國的律宗。

2. 蕅益智旭為我們留下了關於戒律的著述有四種六卷，戒律的註釋八種三十二卷，是明末佛教提倡戒律極有貢獻的大師。可是他的受戒方式及其受戒過程，也是相當的奇特。據他於《重治毘尼事義集要》的序文中自稱，他於二十四歲時出家，二十五歲的十二月初八日，即在雲棲袾宏的遺像之前受比丘戒，二十六歲那年，又在

---

㉛ 《卍續藏經》冊 107，頁 22 上。

㉜ 《大正藏》卷 24，頁 1020 下。

袾宏的像前受菩薩戒㉝。當他讀了律藏之後，知道他的比丘身分不合佛制，而且慨歎中國戒法的衰微，遂起而呼籲號召「五比丘如法同住」㉞，以邊地授戒法的五人僧，承續比丘戒的法統。另一方面也用禮懺方式求取戒體；到了他四十六歲那年，他勤禮千佛萬佛，及修持《占察善惡業報經行法》，始得清淨比丘戒㉟。這也是大乘經的觀點和做法。

3. 在犙弘贊的戒律著作及註釋，被收於《卍續藏經》中的，計有十一種七十二卷，可是根據他的自述，在明末之際，已無人學習毗尼。他三十歲時，曾計劃西渡天竺，求請梵僧數人回國，再傳戒法，俾使戒燈熄而更著。結果由於時局動亂，未能如願㊱。因為他在受了比丘戒之後，以數年的時間閱讀律藏，而又無法獲得明律者的指點，既然無人明瞭毘尼，何以還能有人夠資格為人授戒？所以他不得不說：「至明末時，律之一宗掃地矣！」又不得不說：「比見諸方叢席，與人授戒，不依佛制。」㊲了。因此他懷疑當時各寺院傳授戒法的合法性，而要興起到印度請幾位明律的清淨比丘來再傳戒法的念頭了。

由以上所舉三個例子，可見明末的佛教環境，對於戒律而言，是非常惡劣的，在幾位大師的努力之下，竟然又一度造成了中興的機運。尤其是如馨、寂光、讀體、德基一系，枝繁葉茂，傳遍全國。

㉝ 《卍續藏經》冊 63，頁 327 上。

㉞ 智旭的《靈峰宗論》六之一卷，頁 7。

㉟ 拙著《明末中國佛教の研究》，頁 121 及 222。

㊱ 弘贊的《比丘受戒錄》，《卍續藏經》冊 107，頁 175 上。

㊲ 同前。

至第五代，已到清朝的雍正及乾隆之世 (1723–1795)，學律知律弘律的人才，又漸漸地進入了漫長的冬眠期。實際上在讀體的弟子書玉及德基之後，便已不再見有關戒律文獻的產生。一直要到清末民初，始有另一位弘揚戒律的大師出現，那便是演音弘一 (1880–1942)。

# 拾　明末的菩薩戒

釋聖嚴

## 一、梵網菩薩戒的源流

菩薩戒是屬於大乘佛法，在中國的佛教史上，對菩薩戒的弘通與律宗戒律思想的傳承是兩個不同的系統；被稱為中國律宗的是屬於以小乘律為主的南山道宣的系統。直到宋朝為止，凡傳承南山系的律學大師，均會涉及菩薩戒的問題；然而到了明末，凡是戒律必定大小並重，而且側重於菩薩戒和比丘、比丘尼律的會通。

相傳《梵網菩薩戒經》共有一一二卷六十一品，但被譯成漢文的僅有〈心地品〉一品上下兩卷，由姚秦時代的鳩摩羅什所譯。到了隋朝，天台大師智顗 (538–597) 說有《菩薩戒經義疏》兩卷。到了唐朝，又有明曠就天台的疏而做刪補，總成三卷（宋朝的與咸為天台的《義疏》做註八卷）。另外，唐朝的法藏 (643–712) 撰有《梵網經菩薩戒本疏》六卷。新羅的義寂、太賢等也都撰有關於《梵網經》的註疏。然而，由於唐末的會昌法難，佛教的文物多遭毀滅；到了明末，凡是研究梵網菩薩戒的諸師，僅能見到天台智顗的《義疏》，對古人的見地未能充分參考。

## 二、雲棲袾宏的菩薩戒

明末的菩薩戒之弘揚者，共有五人，其中以雲棲袾宏(1535–1615)為重鎮。我們知道袾宏的精神屬於禪，思想屬於華嚴，修行的法門則屬於淨土。而梵網菩薩戒在思想方面跟華嚴同源，因此在他的《梵網菩薩戒疏發隱》一書的自序中說，將一切佛法「溯流及源，全歸此戒」，也就是以梵網菩薩戒作為一切佛法的源流。它還是大小乘自利利他的一切佛法。所以要說：

> 故知欲入如來乘，必應先受菩薩戒，由此戒而發舒萬行，則菩薩願王，由此戒而廓徹孤明，則文殊智母，諸佛所同揚之標幟，千賢所共履之康莊。大哉菩薩戒也，其一切戒之宗歟。……惜乎雖具全經，未彰妙疏，緬惟智者，始創微言，咱我愚夫，重披隱義。……拂古鏡以維新，遞互承繩，續先燈而廣照，各各悟惟心之佛而恆以戒攝心，人人了是佛之生而竟以生成佛。若僧若俗，是人是神，不簡惡道幽途，無論異形殊類，但知聞法，齊登梵網法門❶。

從雲棲袾宏的自序內容可知，他所見到的梵網菩薩戒是所有學佛者所應共同遵行的法門。可惜該經沒有全部傳來中土，僅有的上下兩卷也是文義晦澀、深奧難測；雖有天台智顗為之寫過《義疏》，還是微言大義，因此從一個普通人的立場來看，必須重新對其中的

❶ 《卍續》冊 59，頁 647 下。

隱密奧義做淺顯的披露。書中有「古鏡」、「先燈」這些名詞，都是出於《楞嚴經》和禪宗的觀點；不論僧俗人鬼，乃至於惡道和冥界的眾生，都能由於受梵網菩薩戒而同登盧舍那佛的蓮華藏世界。這和一切眾生都有佛性的「涅槃」、「華嚴」思想都是共通的。

可是從他的另一本《義疏發隱問辯》中，可以看到袾宏的思想雖立足於佛教，卻不屬一宗一派，而是涵蓋面相當廣的；舉凡經咒、戒律、禪定，無不引用，並承認他們具有相等的地位，而且也採用儒道的著作和觀點來做菩薩戒的註腳❷。

袾宏對於中國的禮俗沒有像廬山慧遠大師那樣主張「沙門不敬王者論」，因為明末的環境不允許佛教徒提出那樣的論點。他說：「時以佛法為重，優容我等曰勿拜（君父），則遵內教可也。時以人倫為重，定為成式曰當拜（君父），則遵王制可也。此何所據？薩婆多論云：『比丘違王制者得罪。』」這也可以說，佛教既傳入中國這個君主體制且重視君君、臣臣、父父、子子的倫理社會中，應該入方隨俗，否則的話，只有被視為化外之民，以不敬之罪不能被中國社會所接受。可是〈梵網菩薩心地戒品〉明明說：「出家人法，不向國王禮拜，不向父母禮拜，六親不敬，鬼神不禮。」❸此在中國君主時代的環境下，是無法遵守的。

袾宏對於本經在佛法中的地位的判屬，認為古來一向把《梵網經》和《華嚴經》看成同類❹，但又把禪宗和《梵網經》拉在一起，而說本經有三宗。⑴本宗，那就是直屬禪宗，因為本經稱為心地法

❷ 《卍續》冊59，頁846下。

❸ 《大正藏》卷24，頁1008下。

❹ 《卍續》冊59，頁853下。

門，心的意思就是禪宗的宗，此在《壇經》就有「說通與心通」之句，因此袾宏認為「心者群經之祖，萬法之源」。禪宗既稱為心宗，所以本經應屬於禪宗。⑵兼宗，它兼容並包大小乘各宗乃至外道偏門，所以應該為各宗共同的歸屬。⑶無宗，《壇經》說以無念為宗，無相為體，無住為本，既然一切皆無，當然是無宗。所以袾宏說：「覓心體相，不可得故，常為心宗，不宗心故。」也就是說，心既無本體，也無定相，但它為一切心念的本源，而不等於一切心念的自體，這實在是禪宗的觀點❺。因此有人問他禪宗以什麼為宗，他用華嚴的教判把《梵網經》及禪宗，同判為頓教，而且是圓頓，不是但頓。它們是一切乘所不能收，一切教所不能攝，所以不僅超過頓教的位置，也不能給它們一個圓的名字，乃是把《梵網經》的地位置於最高層次❻。

又因為袾宏是以念佛的彌陀淨土為歸宿的，因此他在註釋《梵網經》「孝名為戒」四個字的時候，便引用《觀無量壽經》所舉的三個往西方極樂世界的條件，稱為修三種福業。其第一便是孝養父母、奉事師長、慈心不殺、修十善業❼。因此袾宏說：「戒不離孝。」《梵網經》既然以孝為戒，所以也是屬於淨土法門，而且又說「念佛修淨土者，不順父母，不名念佛」❽。從以上的介紹我們知道，袾宏的菩薩戒思想實際上是以戒為基礎而要溝通，包容全體佛法，乃至於世法在內，無不容攝。這不僅是禪宗的思想，其實是華嚴的架構。

---

❺ 《卍續》冊 59，頁 855 上。

❻ 《卍續》冊 59，頁 855 上和下。

❼ 《大正藏》卷 12，頁 341 下。

❽ 《卍續》冊 59，頁 705 下。

## 三、蕅益智旭的菩薩戒

蕅益智旭 (1599–1655) 關於菩薩戒的著作共有五種，計十一卷❾。從他的《梵網經合註》的緣起文可知，他所提及的僅有天台智顗的《菩薩戒義疏》和雲棲袾宏的《義疏發隱》，而且都有批評。他說天台智顗的時代，人的根器還很利，同時智顗已經有了教觀法門的宣揚，所以僅僅對菩薩戒的下卷作疏。因為他精通律藏，「文約義廣，點示當時之明律者則易，開悟今時昧律者則難」。也就是說，天台智顗的《義疏》太深奧，現在的人不易看懂，老早把它當成秘典藏諸高閣，無人問津。他又對雲棲袾宏的《發隱》有所不滿，而說「此其救時苦心，誠為不可思議，特以專弘淨土，律學稍疏，仍多厥疑之處」❿，這也就是認為袾宏不是學律的人。以曾把全部律藏看過三遍的智旭來看《發隱》這本書，發現它不是純粹律學的著作，甚至可說，袾宏並不真正懂得律學；作為一般人的參考有用，可是疑點非常多⓫。因此促成智旭撰寫一系列有關菩薩戒的著作和註解。

從智旭的五種有關菩薩戒的著述之中，可以看到其中最重要的是《玄義》和《合註》；從架構上看，是模仿天台智顗的《義疏》。

---

❾ 1.《梵網經玄義》一卷，2.《梵網經合註》七卷，3.《菩薩戒本箋要》一卷，4.《菩薩戒羯磨文釋》一卷，5.《梵網經懺悔行法》一卷。

❿ 《卍續》冊 60，頁 619 上。

⓫ 《梵網經合註》的〈凡例〉有云：「《發隱》一書，其中缺略雖多，紕繆則少，縱有一二出入，亦不復辨別是非長短。」《卍續》冊 60，頁 620 下。

智顗以釋名、出體、料簡等三重玄義說明他對於《梵網經》在佛教中的地位和作用的看法，同時以簡明扼要的方式疏解其下卷菩薩戒的部分。雲棲袾宏的《發隱》雖然增加了很多經論，甚至有與戒律不相干的資料，還是遵循著天台智顗的模式和範圍。到了蕅益智旭，由於他對前人的著述不滿足，尤其沒有《梵網經》上卷的著述流通⑫，所以發心撰寫了《玄義》和《合註》。《玄義》的方式是根據天台家的釋名、顯體、明宗、辨用、教相之「五重玄義」的模式而撰成。《合註》是打破以往兩書的慣例，而從《梵網經》的第一卷起頭下註。此外，智旭註解《梵網經》的方式和古人也有所不同，那就是只有大科，沒有細目，只有段落的分條，沒有重重的分科；非但不支離破碎，而且一氣呵成，他雖也引用經律，可是讀來仍有行雲流水之感。據他自己在緣起文中提起，當他撰寫《玄義》和《合註》時，文思非常敏捷，有若發悟：

> 如是昉公遠從閩地攜杖來尋，為其令師肖滿全公，請講此經，以資冥福。復有二三同志歡喜樂聞，予由是力疾敷演，不覺心華開發，義泉沸湧，急秉筆而隨記之。共成《玄義》一卷《合註》七卷⑬。

由此可知，智旭詮釋《梵網經》，不僅有經律的依據，也是出於他心地的開發。可惜在他當代而稍後的幾位《梵網經》的註釋家均未提到這兩本書。也可以說，在明末清初，智旭闡揚菩薩戒的著作沒有

⑫ 《梵網經合註・凡例》有云：「此經上卷雖有一二家解，不足流通。」

⑬ 《卍續》冊 60，頁 619 下。

受到佛教界的重視，原因何在？可能是因為智旭門下未見有傑出的法將。

智旭的「五重玄義」和天台智者的「三重玄義」最大的不同之處，是對於體的處理。天台智者用「出體」來說明無作戒體，所謂無作戒體，就是無漏色法，非本心本有，而是由師師相承傳授而得。未受戒者無戒體，已受戒者有戒體，「受之則得，不受則無，持之則堅，毀之則失」⓮，所以不是理體而是事用。然而智旭的《玄義》之中，「顯體」項下，是以諸佛的本源心地為體，也等於是諸大乘以實相印為體，而且把此本源心地的理體解釋成許多名稱，如法住、法位，一切種智、一實境界、中道第一義諦等⓯。這也是因為他重視《梵網經》的「心地」二字的涵義，而且雖然沒有明言跟禪宗的關係，其實暗與禪宗的觀念相應。

他在寫完《玄義》和《合註》十五年後，又寫了一卷《菩薩戒箋要》，其原因是他的《合註》文義太廣，不是每個人所能閱讀的，因此有人要求他再寫一本比較淺顯而精簡的菩薩戒註解，使得每半個月讀誦菩薩戒本的人略知其大意⓰，這也是非常有趣的事。最初由於智顗的《義疏》太深奧，而有藕益智旭的《玄義》和《合註》，結果還在他住世的時代，就有人認為《合註》不是末世鈍根所能遍閱而要求他再編一本簡要的註解⓱，這種工作可能是永遠做不完的。《箋要》既然是《合註》的精簡本，所以沒有特點可資介紹。

⓮ 《卍續》冊 60，頁 616 下。

⓯ 《卍續》冊 60，頁 615 下—616 上。

⓰ 見《菩薩戒箋要・自跋》，《卍續》冊 61，頁 389 下。

⓱ 同前註。

另外他也從《瑜伽師地論》本地分把菩薩地的戒品分科分段加以詮釋，寫成一卷《菩薩戒羯磨文釋》，也就是根據《瑜伽師地論》的菩薩戒受戒法加以解釋和說明。一共分為三大段，第一受戒羯磨、第二懺罪羯磨、第三得捨差利。受戒羯磨又分為從師受和在如來像前受，主要是禮請有智有力的同法菩薩為戒師而授與菩薩戒。所謂同法菩薩就是已經受了菩薩戒、已發無上菩提心的人；所謂有智有力，是自知用菩薩戒法，又能以菩薩戒法加被於人的人。如果無法求得有智有力的同法菩薩為戒師，才用如來像前受戒的辦法，這不是菩薩戒的通途，所以智旭又說：

> 審訪不得，方許像前自受，若遇明師而不從受，非痴即慢矣。梵網制令求見好相，此中但貴發菩提心，今人設欲自誓受戒，夫須自斟酌也⓲。

## 四、其他三位菩薩戒學者

明末清初對菩薩戒關心研究而留下著作的尚有三位，即三昧寂光 (1580–1645)、在犙弘贊 (1611–1681) 和德玉 (年代不詳)。這三位大德法師同樣都尊重和參考天台智顗的《義疏》及雲棲袾宏的《發

⓲ 《卍續》冊 61，頁 398 下。
依據《梵網經菩薩戒本》的原文說：「佛滅度後，欲以好心受菩薩戒時，於佛菩薩形像前自誓受戒，當七日佛前懺悔，得見好相，便得戒，若不得好相，應二七三七乃至一年要得好相，得好相已，便得佛菩薩形像前受戒。若不得好相，雖佛像前受戒，不得戒。」

隱》。例如：

1. 三昧的《梵網經直解》卷末自云：「直解義，唯備自觀，若大智者，應閱雲棲大師《戒疏發隱》。」⓳

2. 在犙弘贊的《梵網經菩薩戒略疏》，孫廷鐸撰序有云：「昔天台智顗著《義疏》，以明其宗趣，標其大綱，雲棲大師復註《發隱》，以發天台之所未發，今鼎湖在和尚總理略疏，又補《發隱》之未盡者。」⓴

由上面兩段引文已使我們知道，寂光的態度非常謙虛，他雖不是雲棲袾宏的弟子，但對於雲棲的《發隱》推崇備至，而且在《直解》裏也引用智顗的《義疏》，可見他把這兩人的菩薩戒思想等量齊觀。而弘贊本人也不是出於雲棲袾宏的一系，可是他的戒弟子孫廷鐸還是把袾宏的《發隱》跟智顗的《義疏》並列同舉。由此可見，《發隱》一書是受到明末清初普遍重視和流傳的好書。為什麼《發隱》有如此的效果和功能，而且影響深遠㉑？據資料的考察，第一，雲棲大師是恢宏大量的人，主張萬流歸宗，乃至於「水陸佛事」的提倡和真言密咒的應用，而且是推動禪淨雙修的重鎮，所以寶華山的第二代祖師三昧寂光會推崇他，因其第一代古心如馨就是一位和雲棲袾宏年代相同、聲氣相投的人㉒。又由於當時的佛教界有一個

⓳ 《卍續》冊 61，頁 206 下。

⓴ 《卍續》冊 60，頁 773 上。

㉑ 《發隱・自序》寫於一五八七年，《直解》著於一六三八年，《略疏》的〈序〉撰於一六七九年，而《合註》撰成於一六三七年，跟《直解》的年代相當，卻未被《略疏》的〈序〉提及其名，唯其《發隱》被其他三家共同提起。

共同的趨勢和主張，就是禪、教、律並重，例如「經是佛語，律是佛行，禪是佛心」的觀念，幾乎於諸家共同的認識；可能除了當時的臨濟宗之外，像《發隱》這樣的態度，會受到普遍而永久的歡迎。

我們看三昧寂光的《梵網經直解》，它產生的年代幾乎和蕅益智旭的《合註》相同，只差一年㉓；而且有類似之處，都是從上卷開始下註。在四卷的《直解》之後，又附一卷《事義》，類似雲棲袾宏的《發隱》之後也有《事義》。所謂《事義》是解釋《直解》所用的特別名詞、名相和名數。我們發現他引用了《大乘起信論》的「三細六麤」及天台宗所說的見惑、思惑與塵沙惑，《文殊說般若經》的「一行三昧」；《華嚴經》的內容用得更多，比如十金剛、十忍等；也引用到禪宗的臨濟發悟及昌黎發悟。從這些可見他的思想義趣的大概。

德玉的《梵網經順硃》撰於一六八一年，從他的自署「蜀渝華巖季而關，聖可德玉」知道，他是四川華巖寺的開山㉔。此外由其〈自序〉可知，德玉受戒於一六五六年，先學禪，末學律；後來到南京寶華山知道律儀的可貴，頗為嚮往，所以主張禪律並行。然後閉關三載，每天以《華嚴》、《楞伽》、《梵網》等經為日課，但對《梵網經》上卷還是不得要領。最後讀到三昧寂光的《直解》，花了一年多的時間，總算有了進益。但他對於四卷的《直解》有如下看法：

㉒ 從他的《經律戒相布薩軌儀》的內容可以看到，收於《卍續》冊 107。

㉓ 參考㉑。

㉔ 《卍續》冊 61，頁 230 上及頁 229 上的〈自序〉有云：「以華巖新剏，清規未整。」可知華巖寺是由他開創的。

文理浩瀚，引證攸長，膚學者實難趣入，非悟戒體廣學多聞，細心于經論律部者，亦不識三昧和尚之深心也㉕。

他雖從《直解》得到很大的利益，但已花了他一年多的時間，可見《直解》不是一般人都能輕易理解的；若非真修實悟且深入三藏教典，就不容易瞭解《直解》的深義何在。因此他從《直解》中選出部分，再加上自己另外所找到的材料，完成了上下兩卷的《順硃》。從他自稱到寶華山學戒，又稱三昧寂光為和尚來看，德玉是寂光的受戒弟子，和見月讀體應該是平輩。

《順硃》的內容也是從《梵網經》卷上開始，因為卷上的內容是說明介紹菩薩發心到成佛為止的四十個位置，亦即十發趣心、十長養心、十金剛心、十地心。《梵網經》之所以稱為心地法門，就是從這四十個法門而得，這是盧舍那佛的心地，也是諸佛菩薩的心地，一切眾生的心地。如果瞭解了這上卷的精義，就會知道為什麼要把菩薩戒稱為心地法門。

㉕ 《卍續》冊 61，頁 229 上。

# 拾壹　戒律與僧制之間——弘一律師的兩難之局

曹仕邦

留心中國近代佛教的學人們都注意到弘一（演音，1880–1942）律師不特到處宣講《四分律》以圖振興久已消沉的律學，更在生活上謹守戒規以作身教。因此僧俗皆尊崇他老人家為近代最高潔的一位佛家持律宗師。尤其律師出家前是一位既演戲又作曲復演奏樂器更繪畫的活躍底花花公子❶。

陳慧劍教授在所著《弘一大師傳》（以下簡稱《弘一傳》）❷說大師皈依佛門之後「痛心佛門不整，僧格掃地」❸，故更「發為戒律上的苦行」❹。換言之，他是以自身為榜樣以圖影響僧眾。然則弘一律師應該篤守《四分律》（《大正藏》編號 1428）所載的僧伽生活指示和《四分僧戒本》（《大正藏》編號 1430）所載的全部比丘戒規了。然而當仕邦飽覽有關弘一律師出家生活的文獻——主要是上引陳慧劍教授書和林子青先生《弘一大師年譜》（以下簡稱《年

❶ 《年譜》，頁 16–42。《弘一傳》，頁 51–150。

❷ 臺北：東大圖書公司再增訂四版，民國七十八年。

❸ 《弘一傳》，頁 411。

❹ 同前註引書，頁 412。

譜》）❺所附的史料——之後，卻發現這位可敬的律師固然對律典所載的部分戒規忠誠謹守，但另一方面，他卻背離了別的戒規。現在先談談律師所遵守的戒規如下：

### 1. 不淫邪與不飲酒

「淫」乃四波羅夷之首，犯者永遠被逐出佛門。據《四分僧戒本》依先後所列的順數第 1 戒、第 18 至 19 戒、第 23 至 27 戒、第 36 戒、第 53 戒、第 70 至 77 戒、第 79 戒、第 94 戒、第 108 戒、第 117 至 119 戒和第 140 戒都指出僧人不許跟女性，包括比丘尼有涉及淫邪的關係，連說一句「綺語」都不許❻。而「飲酒」則排列在順數第 100 戒，僧人犯者「得波夜提罪」，若不集眾悔過，死後墮燒煮地獄❼。據《年譜》，弘一律師於民國三十一年臨終前致書龔天發居士，鼓勵後者堅持已受的「不邪淫」與「不飲酒」兩條居士戒❽，顯見律師本身也能持守比丘戒中同樣的兩條戒規。

### 2. 不偷盜

「盜」是四波羅夷的第二條不可恕的戒規❾，而律典本身也有相當的篇幅來討論盜竊的問題❿。據《年譜》，弘一律師曾向門徒開

---

❺ 臺北：天華出版事業股份有限公司出版，民國七十八年二版。

❻ 見《四分僧戒本》，頁 1023 下，1024 下，1025 下，1026 上，1026 中—下，和 1027 上。除了第 1 戒，其他都可通過集眾悔過而免罪。

❼ 同前註引書，頁 1027 上。

❽ 《年譜》，頁 183。

❾ 《四分僧戒本》，頁 1023 下。

示，即使「一草一本，寸紙尺線」，未得物主允許而取，即犯盜戒，而瞞稅與欺騙郵局也犯上相同的重罪⓫。此外，據曉暉所撰〈弘一大師在廈門〉一文⓬所述，在民國二十三年五、六月間，廈門兜率院的幾株桃樹結滿桃子，看管水池的淨人說要揀幾粒大的採下來供養弘一律師，律師連忙制止，說私下採常住之物是犯戒⓭。這故事也反映律師本身篤守「不盜」之戒。

### 3. 不殺

「殺」是四波羅夷的第三條戒規，《四分僧戒本》順數第 2、第 66、第 68 和第 111 戒都指示僧徒不許殺生，即使是蟲蟻與草木也不許殺害⓮。據《年譜》，弘一律師在民國三十一年臨終前，囑弟子妙蓮法師在他的遺體入龕前用四個小碗承住龕的四腳，然後在碗中注水，用以阻住螞蟻在遺體入龕後「嗅味走上，致焚化時損害螞蟻生命」⓯。這也反映律師對「殺戒」的遵守至如何細心的程度。

### 4. 不別眾食

根據戒律，同一寺院中的僧眾要享用同樣的飯菜，除非生病，

⓾ 《四分律》，頁 572 中—575 下，633 中，975 上—978 中，979 中—下，980 中和 1005 中。

⓫ 《年譜》，頁 81。

⓬ 《香港佛教》第二六九期（香港，民國 71 年）。

⓭ 見前註引刊物，頁 10 下—11 上。

⓮ 《四分僧戒本》，頁 1023 下，1026 下和 1027 下。除了第 2 戒之外，觸犯其他有關戒規都可通過集眾悔過而解。

⓯ 《年譜》，頁 109。

不得吃有別於大眾所吃的為了補充營養而特備的好飲食⑯，此謂之「不別眾食」。據天台宗四十四祖倓虛（隆銜）大師 (1875–1963) 的自傳《影塵回憶錄》⑰所述，弘一律師應倓虛大師邀請，於民國二十六年前往後者住持的青島湛山寺弘律。抵達之後，寺方在午饍時送四道素菜到律師的齋房，但當收拾碗筷時，他們發現律師一點未動過那些菜（而僅吃白飯）。第二次送上次一點的菜，律師還是未動。第三次送上僅兩道菜，依然不吃。最後盛一碗大眾菜送去，律師問知寺中大眾也吃這些，方纔接受⑱。可見律師對戒規的堅持。

## 5. 持午

戒律指示沙門要在中午之前進餐⑲，謂之「持午」。據義淨三藏 (635–713) 所撰《南海寄歸內法傳》（以下簡稱《內法傳》，《大正藏》編號 2125）所載，在印度和東南亞諸佛教國度，倘使僧徒被發現在午後仍進食，便會被寺院擯逐⑳。而《年譜》與《弘一傳》都記載弘一律師持午甚嚴㉑，當他老人家在民國八年到玉泉寺弘法時，寺方特別將午飯從中午十二時正提前為上午十一時正開動，以方便律師的持午習慣㉒。

---

⑯ 《四分律》，頁 657 下。

⑰ 香港：華南佛學院出版，一九六四。

⑱ 《影塵回憶錄》下冊，頁 211。

⑲ 《四分律》，頁 654 下—655 上，662 下和 962 下。《四分僧戒本》順數第 86 戒，頁 1027 上。

⑳ 《內法傳》，頁 266 下。

㉑ 《年譜》，頁 180，184–185。《弘一傳》，頁 217，228，262，289，310 和 409。

## 6. 實行夏坐

印度夏天蟲蟻滋繁，沙門若出外遊方，或會踏死牠們而不自覺。又時為雨季，多水潦之害，遊方或遇不測，不若在寺院閉戶靜修，反獲進益。這種夏季閉戶進修的方式稱為「夏坐」或「夏安居」，律典頗費點篇幅來論述夏坐的好處㉓。設若沙門不在夏季的三個月內實行夏安居，則會失去一年僧臘㉔。據《年譜》與《弘一傳》，弘一律師對夏坐持守甚篤，而且安居期間每餐僅用一道菜㉕。

## 7. 不執持金銀寶物

根據律典，沙彌所守的「十戒」之中就有「盡形壽不得執持像生金銀寶物」一戒㉖。據《年譜》及《弘一傳》所載，大約民國二十年左右，弘一律師的俗家摯友夏丏尊贈他美國製真白金水晶眼鏡一架，約計時值五百餘元高價。律師以「太漂亮」而不戴，轉送開元寺為齋糧，後該寺公開拍賣得款供常住生活費㉗。像這樣名貴的眼鏡是屬於值錢的「寶物」，而律師不戴，可知是謹守此一戒規。

---

㉒ 《弘一傳》，頁 228。按，若在十二時正開始進餐，則進餐之際已進入午後，故非提前在十一時正，以便律師有一個小時的時間來進餐不可。

㉓ 《四分律》，頁 830 中，831 上—中，832 上，832 下—833 上，833 中—下、834 和 835。

㉔ 同書，頁 835 上。

㉕ 《年譜》，頁 52，83 和 109。《弘一傳》，頁 409 和 501。

㉖ 《四分律》，頁 810 中。

㉗ 《年譜》，頁 177。《弘一傳》，頁 409 和 501。

### 8. 尊敬釋門長輩

律典強調輩分——不論年齡或僧臘——的重要㉘。據《內法傳》，西天沙門見面時彼此詢問對方出家的時日，即使同一天出家，也詢問出家的一剎那陽光投射於日晷上所造成陰影的長短。倘使甲僧出家時的日影較之乙出家時短一指之寬，甲便算是高一輩的僧人㉙。《年譜》稱某次弘一律師與一位居士趕赴照相館，突然律師放緩腳步，並告知這位居士前面緩緩而行的老僧不論年齡和僧臘都比弘一自己高，因此，他不能超越這位老法師之前㉚。足見律師能篤守佛門講究輩分的傳統。

然而，弘一律師在另一方面，卻未能謹守如下戒規：

### 1. 行乞為生

根據戒律，行乞討取食物是僧侶唯一的生存之道㉛。雖然《年譜》和《弘一傳》都說弘一律師曾對夏丏尊說「乞食是出家人的本分」㉜，然而仕邦未能找到這位可敬的律師曾真個行乞求食的記載。

### 2. 行一食法

前面談到弘一律師持午甚嚴㉝，然而根據戒律，僧徒在正午之

㉘ 《四分律》，頁 940。

㉙ 《內法傳》，頁 225 上。

㉚ 《年譜》，頁 161。

㉛ 《四分律》，頁 659 下，660 下，789，932 下—933 下和 1000 上。

㉜ 《年譜》，頁 78。《弘一傳》，頁 293。

前是只許吃一頓飯的，稱為「一食法」㉞。倘使在午前吃了一餐又再吃另一餐，便算犯戒㉟。而《年譜》稱在民國二十四年時曾享受早餐和午餐㊱，然則律師即使能夠持午，也乖離了持午傳統中的「一食法」了。

### 3. 不手捉金銀

《四分僧戒本》順數第 37 戒指示僧徒「若比丘自手取金銀若錢，若教人（代自己）取，若口可受者」則犯了「尼薩耆波夜提」罪㊲，犯者除非集眾悔過，方可除罪。律典對這「不手捉金錢」之戒也頗費點篇幅來討論㊳。換言之，僧侶原本是不得接觸金錢的。然而《弘一傳》弘一律師曾住旅店，離開時不特親付房租，而且出手大方地賞給店小二一筆可觀的小帳㊴。這故事豈非律師身上帶錢而且親自處理費用的支付嗎?從戒律的觀點看，這位可敬的律師是背離戒規了。

### 4. 不從事金錢上的貿易

《四分僧戒本》順數第 38 戒指示「比丘種種賣買金銀寶物者」則犯上尼薩耆波夜提罪㊵。又第 39 戒稱「若比丘種種販賣者」亦犯

---

㉝ 參㉑和㉒。

㉞ 《四分律》，頁 654 下—655 上和 660 上。

㉟ 同前註引書，頁 662 上和 662 下。

㊱ 《年譜》，頁 128。

㊲ 《四分僧戒本》，頁 1025 下。

㊳ 《四分律》，頁 618 下—619 上，619 中—下和 850 上。

㊴ 《弘一傳》，頁 289。

㊵ 《四分僧戒本》，頁 1025 下。

同樣的罪㊶。當仕邦執教新加坡共和國的南洋大學之日，已故許雲樵教授 (1905–1981) 曾言及泰國僧人遵守上述兩戒甚嚴。他們既絕不手捉金錢，而且當一位法師需要採辦一些供應品之時，他帶一位供役的寺童外出。到了市場，法師囑寺童代購供應品、議價和付款。由於寺童是俗家居士身分，故這法師在這次賣買之中並未破戒。而《年譜》稱弘一律師曾親赴店中購置一雙膠鞋並付鞋價七角㊷，然則律師是犯了上述金錢方面的貿易之戒了。

據上面所述，人們會訝於何以一位獻身律學的大師竟然會背叛自己的神聖鵠的而觸犯上述戒規？要解答這一奇特的現象，非得追溯戒律傳來中夏的歷史和帝國時代僧團所推行的矛盾政策不可。

原來大約曹魏齊王芳熹平三年 (251) 左右，天竺僧人曇柯迦羅來到洛陽並譯出《僧祇戒心》——《僧祇律》的戒本（今已佚），中國沙門才第一次接觸到西天傳來的律藏聖典㊸。而在此以前，中國早已有人出家，這早期出家眾的存在可追溯至東漢桓帝延熹八年 (165) 左右㊹。為了規範出家人的生活，早期此土僧團的先驅者便發展出一套合適中國生活的戒規。這套戒規後來被稱為「僧制」㊺。由於時移世易，僧制的內容早已蕩然無存。仕邦從各種歷史文獻中僅能找到其中五項規條：

---

㊶ 同前註。

㊷ 《年譜》，頁 145。

㊸ 參拙作未發表的博士論文 *The Transformation of Buddhist Vinaya in China*（以下簡稱 *Vinaya in China*），頁 4–5。

㊹ 參拙作 *Vinaya in China*，頁 6。

㊺ 參拙作 *Vinaya in China*，頁 6–13。

⑴杖責犯禁沙門——在中國，一位出家人倘使犯規，會被寺院當局或師尊施以木杖或荊枝責打㊻。而根據戒律，比丘是不許毆打另一比丘的㊼，尼亦然。

⑵寺院設廚供饍——在中國，寺院設立廚房，開饍供應寺僧飲食㊽。而根據戒律，比丘要每日出外行乞求食㊾。

⑶沙彌耕種寺田——在中國，沙彌要替寺院耕種寺田㊿。而根據戒律，寺院是不許畜耕具的51。

⑷七日展哀——在中國，當一位沙門的師父圓寂之時，可以哀悼其師七天。這一制度是慧遠大師(334–416)所創制的52。而根據印度佛教傳統，沙門的喪事（包括荼毘）只許在一天內完成53。

⑸僧徒許蓄私財——在中國，不獨僧徒能夠手捉金銀，而且允許擁有私人財產，因此有「富僧」的出現54。而根據戒律，比丘是不許手提金銀的55。

由於這五項規條跟戒律的內容有別，故知是僧制的遺規。緣於僧制由此土環境發展出來，故不免受到華夏風俗的影響了。

---

㊻ 參拙作 *Vinaya in China*，頁 8–9。

㊼ 《四分僧戒本》，頁 1208，順數第 127–128 戒。

㊽ 參拙作 *Vinaya in China*，頁 9–10，227–228。

㊾ 參㉛。

㊿ 參拙作 *Vinaya in China*，頁 10。

51 《四分律》，頁 954 下。

52 參拙作 *Vinaya in China*，頁 10–11。

53 《內法傳》，頁 216 下。

54 參拙作 *Vinaya in China*，頁 11–12。

55 參㊲和㊳。

再者,《僧祇戒心》在二五一年左右譯出之前,僧制早已施行了近八十六年,即使僧團今後實踐《僧祇戒心》所載的西竺戒條,也很難棄置僧制於不用了[56]。

更有進者,在西元四〇四至四二四的二十年間,《四分律》、《十誦律》、《僧祇律》和《五分律》這四種重要律典即相繼譯出[57],而它們的戒本或同時由西僧翻譯,或由華僧從律典中輯出單行[58]。緣於有了完整的律典,華夏沙門更清楚瞭解每一戒規訂立的緣由。由於亟欲遵從正統戒律,不同的律典與戒本被不同地區的寺院所採用[59]。

然而在第一部律典的《四分律》在後秦弘始十四年 (412) 譯出[60]之前,僧制更早已實行了最低限度二百五十六年左右[61],如今僧團想擺脫它,更感到不易了。無可奈何之下,僧團只好兼採「戒律」與「僧制」作為軌範僧尼的準則 (後者的作用近於俗世法律中的「習慣法」),而顧不到兩套寺院守則之中有若干地方彼此衝突了[62]。因此在帝國時代,中土律師們早已長久陷入兩難之局;不甘心又無可奈何地遵守兩套互相矛盾的戒規了。

[56] 參拙作 *Vinaya in China*,頁 7–14。

[57] 參拙作 *Vinaya in China*,頁 18–450。

[58] 同前註。

[59] 同前註。按,《十誦律》被長江流域的寺院普遍採用,《四分律》為黃河流域中下游的寺院採用,而《僧祇律》與《五分律》則實行於黃河上游的關中地區。

[60] 參拙作 *Vinaya in China*,頁 30。

[61] 前註引書,頁 7。

[62] 同前註。又參前註引書,頁 13。

何以中土僧團施行上述的矛盾政策而華夏沙門又願意依循本土發展出來的不合律制的規條呢？仕邦認為這涉及中印文化衝突的大問題了。因為戒律是從印度的文化背景與生活環境發展出來的，它的大部分戒條並不合適施行於傳統文化強烈的中國環境之中[63]。

舉個例說，印度社會視修行的聖人上門乞食是光榮的事，而佛教沙門被視為聖人之一[64]。尤其當佛僧獲得食物布施後講幾句祝福的話，施主感到很受用[65]，故僧徒樂於行乞。然而中國傳統則賤視乞丐[66]，雖然華人接受了「飯僧得福田」的概念，唯是一位施主總不願見到自己所崇敬的法師天天像叫化子似地登門乞食，因此他便改為布施金錢或耕地給予個別沙門或一家寺院，使他們有生活之資而不必行乞[67]。

僧團不好拒絕這種印度所無的布施方式，不然便會失去信眾，因此，個別沙門即漸積存個人的私有財（其原始動機是存錢以備救

---

[63] 參拙作 *Vinaya in China*，頁 139–141。

[64] 參 Leon Hurvitz 撰，"Render unto Ceasar in Early Chinese Buddhism—Hui-yüan's Treatise on Exemption of Buddhist Clergy from Requirement of Civil Etiquette"，刊於 *Sino-Indian Studies, Liebenthal Festchrift*，五卷三、四合期 (Santiniketan, 1957)，頁 80。

[65] 《四分律》，頁 935 下和 960 中。《內法傳》，頁 211 中。

[66] 參拙作 *Vinaya in China*，頁 199–200。又參拙作〈從宗教與文化背景論寺院經濟與僧尼私有財產在華發展的原因〉（以下簡稱〈寺院經濟在華發展〉），頁 162–163，刊於《華崗佛學學報》第八期，臺北，民國七十四年。

[67] 參拙作 *Vinaya in China*，頁 200。又參拙作〈寺院經濟在華發展〉，頁 163–166。

助貧苦)，而寺院也漸從事經濟發展，甚或進行商業活動了(68)。也由於中土的施主們不願見到僧侶沿門托缽乞食，故寺院也設立廚房和供饍制度(69)，是以此土僧尼很少保持西竺的乞食傳統，連律宗九祖（其實是真正創始人）道宣律師(596–667)，也畢生未嘗行乞。

更有進者，印度佛門傳統不特「持午」，而且厲行「一食法」，前引義淨三藏《內法傳》已知西方僧徒在午後進食會被擯逐(70)。印度是熱帶地區，人們每天僅吃一餐已取得足夠熱量維生，故持午與一食法可行。然而中國位於北溫帶，此土沙門，尤其居於黃河流域的二眾，實行起來便有點問題了(71)。舉個例說，北魏酈道元（卒於527）的《水經注》(72)記載了黃河流域的鮑丘水所逕的觀雞寺（在今河北省遷安縣一帶）的特殊結構底大殿——這可容千人坐禪的大殿，其地基之下有「枝經脈散」的管道。這些管道的出口處均設計成灶口，燒火之後，熱氣困在管道內到處流竄，使得大殿「一室盡溫」。原來觀雞寺位於深山，這山區在冬季特別寒冷，而寺僧又因每天僅吃一頓素食而體質不強，是以此寺的施主們便擴大了華北「燒坑」的方式；提供這樣一項暖氣設備為僧眾禦寒(73)。這故事反映了黃河流域的出家人需要更多的保暖，也需要更多的熱量來維生。

---

(68) 參拙作 *Vinaya in China*，頁 217–232。又參拙作〈寺院經濟在華發展〉，頁 170–174，178–183。

(69) 參拙作 *Vinaya in China*，頁 200。又參拙作〈寺院經濟在華發展〉，頁 176–177。

(70) 參⑳。

(71) 參拙作 *Vinaya in China*，頁 197。

(72) 北平：商務印書館出版，一九五八。

(73) 《水經注》冊 3，卷 14，頁 35。

此外，道宣律師在所撰《四分律刪繁補闕行事鈔》(《大正藏》編號 1084) 中也言及他那個時代（唐初）的僧徒們利用午後可飲果汁的戒規；在下午感到飢餓之時將杏子或乾棗搗爛煮成濃湯來吃，或飲連滓的果汁來充飢[74]。這也反映了每天僅吃一餐蔬食，在中國環境是不好受的。

以是懷海禪師 (720–814) 創立了「百丈清規」[75]，而「清規」訂定了「齋粥隨宜，二時均遍（即中午吃飯而晚上吃粥)」的新規約[76]之後，中夏二眾方能自午後忍飢的苦況之下解救出來。如今不僅禪門，其他宗派也是吃兩頓的了。例如真華法師在他的自傳《參學瑣談》[77]中言及自稱「律宗第一山」的寶華山（在南京附近）隆昌寺也是每日供應兩餐的，而寺中律僧們有點不好意思地稱晚餐為「吃白開水」[78]。此外，真華法師也提及他老人家在汐止彌勒院掌廚政之時，每天要替常住準備三餐[79]。

從上面的討論，大家也許能瞭解弘一律師何以會背離若干戒規了。這是由於受到中土佛門傳統的影響，弘一律師步入他的律宗先

---

[74] 《南山鈔》，頁 119 上。又參拙作〈中國僧史所載持午的實踐和面對的難題〉，頁 340，刊於《華崗佛學學報》第六期，臺北，民國七十二年。

[75] 據日本木村靜雄氏〈古清規考〉(刊於《禪學研究》第三十一期，京都，1939) 頁 36–46 所考，《景德傳燈錄》(《大正藏》編號 2067) 卷 6〈南嶽第二世百丈懷海禪師傳〉中所附的〈禪門規式〉（在頁 251 上）是現存最早的「百丈清規」底原型。

[76] 見《景德傳燈錄》，頁 251 上。參前註。

[77] 高雄：覺世旬刊社出版，民國五十四年。

[78] 《參學瑣談》，頁 101。

[79] 同前註引書，頁 341–342。

世大德底命運，面對同樣的兩難之局。因此，當人們看到弘一律師某些行為是背離戒律之時，其實律師在實踐僧制中的某些行事。

# 拾貳　佛教諸種道德之現代詮釋

鄭學禮

## 一

當人們談及佛教倫理學時，傾向於認定佛教倫理學有一確定而普遍的倫理；事實上，在佛教發展的歷史中擁有許多的倫理教義與實踐。倫理問題是複雜的，不同的佛教宗派於不同的時代與地區呈顯著不同的形上學及認識論的觀點；同樣地，佛教內的道德爭論牽涉到誰是佛陀、涅槃（nirvāna 或 nibbāna）是什麼，以及流轉 (saṁsāra) 如何關連涅槃等之論辯問題。倫理主張上的不同也出自對於像真理是什麼以及一位佛教徒能認知多少，能利益他人多少之類的問題之不同看法及答案。

本論文之目的在於探討佛教倫理學之多樣性；且去瞭解到底有多少佛教的德目已被發展；並認知在何種方式下，不同的倫理訊息能相互補足。

傳統的佛教徒及許多的學者均假定上座部 (Theravāda) 佛教比大乘 (Mahāyana) 佛教更重視道德，甚至一知名學者鈴木大拙 (D. T. Suzuki) 亦曾說過：「禪對於道德是無所作為的，且聖者的生活在本

質上是非道德的 (amoral)。」事實上，在某一特定意義下，道德在大乘佛教遠比在上座部佛教裏佔有更重要的地位，東亞較東南亞更為繁榮與進步的事實，就是部分得自於大乘的倫理學。

此論文將首先檢驗上座部倫理學，並展現佛教徒的五戒、十惡及對於導致罪惡與痛苦之根源的佛教式分析。其後，本文將顯示在何種意義下，傳統的業論如何受到大乘之父——龍樹的質問；也將討論上座部與大乘在道德心理學與形上學的主要差異。禪與淨土是最盛行於中國、日本及韓國的二個大乘宗派，本文亦將涉及它們的倫理學觀念與這些觀念如何興起。我所要展現的是道德在大乘的生活方式上扮演著重要的角色，並提出禪的工作倫理在今日東亞的經濟成就上有所貢獻。

## 二

在上座部佛教裏，趣向涅槃的過程中，道德扮演著關鍵性的角色，解脫係基於個人的努力而非神的介入或他人所促成。佛教中此一訊息被簡潔的敘述為：

諸惡莫作，眾善奉行，自淨其意，是諸佛教❶。

為了悟道，一個人必須道德地生活。對上座部佛教徒而言，一個有德之人將恪守基本的五戒：⑴不殺生，⑵不偷盜，⑶不邪淫，⑷不妄語，⑸不飲酒。

❶ 《法厤經》，183 頌。

此五戒被視為德性之寶，對一個平常的佛教徒去遵循而言，它們是最基本的要求；且此五戒之完滿奉持被理解為「道德上的成就」❷。在上座部佛教的理解上，他們的實踐並非沒有功利上的利益。首先，有德性的人由於他的勤勉而可得到財富；其次，由其行為所獲致的聲望將廣為流布；第三，無論他進入何種社會，總是引入自信與沉著；第四，在面臨死亡時沒有焦慮；最後，他在死後將生於天界。總之，對於一個踐履德性的有德之人，有上述五個層次的利益存在。

除了五戒外，在上座部佛教中有著更多的戒條要遵守，它們被設立都是為了促使佛教徒更接近於理想的宗教生活。比丘必須守二二七條戒，一般而言，這些戒的目標在於造就簡樸的生活。過著簡單的生活，一個人將不為世間瑣事所困惱，且更能全然地投注其自身於精神上的訓練。平常人則被鼓勵去守以下的戒而活得更像出家僧侶，這些戒是：(1)不殺生，(2)不與取，(3)不淫，(4)不妄語，(5)不飲酒，(6)不非時食，(7)不歌舞伎樂及往觀，(8)不著華鬘、使用香水與坐高廣座。在家的佛教徒應終身奉持五戒，而在特定的日子或許奉持此八戒。陰曆每半月之初八、十四、十五被視為聖日，在這些神聖的日子裏，在家佛教徒應齋戒或過午不食，並嚴禁歌舞觀聽，及避免使用裝飾品、香水與坐高廣座；這些舉止被相信為將令在家眾一如出家眾般潔淨與神聖❸。

---

❷ 對此的詳細討論，請參閱 S. Tachibana, *The Ethics of Buddhism* (London: Curzon Press, 1981), pp. 58–63. 另見 Winston L. King, *In the Hope of Nibbāna: An Essay on Theravāda Buddhist Ethics* (LaSalle, Illinois: Open Court, 1964), p. 140.

上座部佛教的道德行為依於心，依於動機一如依於行為自身。佛教的道德法則係為了關照整個人而設計的。許多戒與談吐有關，而一些則關聯於態度，例如：(1)不妄語，(2)不惡口，(3)不咒罵，(4)不愚論，(5)不亂求布施，(6)不得具惡意，(7)不持懷疑論的或隱含錯誤的觀念。是以，一個有德之人將避開惡言、冷酷的言語、無聊的閒談、貪求布施、惡意與錯誤。

上座部佛教徒將人類的許多罪惡歸集成三大類，即：語四惡（妄語、兩舌、惡口、綺語），身三惡（殺生、偷盜、邪淫），以及意三惡（貪、瞋、癡）。在所有的惡中，貪被認為最為重大，它被稱為所有惡中的惡，且是造成痛苦的主因。一部早期的佛教典籍如是說❹：

> 從欲貪生苦惱；從欲貪生恐懼；對全然從欲貪脫離的人而言，沒有苦惱，更無恐懼。

此惡的除去，即是消除了所有其他的惡；從欲貪獲得自在的人即是佛，且貪之止息即是涅槃的異稱。對上座部佛教言，執著乃錯誤行為的來源，不執著及止息欲望與貪求將導致善。

## 三

由於欲望與貪求為惡的主因，所以感受或情感在倫理學上就佔

❸ 見 H. Saddhatissa, *Buddhist Ethics: Essence of Buddhism* (New York: George Braziller, 1970), pp. 87–112.

❹ P. L. Narasu, *The Essence of Buddhism*, p. 73.

有重要地位。然而對於佛教徒而言，道德並非僅止於只是感受；在上座部倫理學中，心理學與認識論內在地相互關聯著，一個人如何行為依於他如何認知與所知為何，一如其感受為何。道德判斷不僅僅是情緒的表顯，而是擁有認知上的因素，倫理學與認知的內在關係是這樣的：

> 從道德獲致智慧，且從智慧引生道德……有如此一隻手洗另一隻手……所以是道德為智慧所洗濯，且智慧為道德所洗濯❺。

依據佛陀的八正道，一個正直的或善的人先擁有正見及正思惟。俗世的人們由於相信感官上的愉快是有價值的而或許採取快樂主義的生活形態，他們不知道越是追求他們的欲貪，他們將經驗更多的痛苦。由是，他們乃成為其激情與欲望的奴隸。

另一方面，傳統的印度人過著苦行禁欲的生活，無法理解世上的萬物並非全然沒有價值。在佛陀而言，理想的宗教生活應該是儘可能的簡單，此卻不應與嚴格的苦行主義劃為等同。善與捨棄個人的物質財富並不相同，人應該認知且珍惜人類生命與幸福的價值。對早期的佛教徒，所謂的善 (kusala) 是指那些健康卻對於人類、幸福、財富與自由有助益且有所貢獻者。

體認生命與幸福的價值，佛陀被說及在道德行為上曾經提出一套中道的方式，以避免極端的自我陷溺與自我折磨。對佛陀而言，有些行為是善的且應被奉行，是因為它們可以導致無著與產生幸

❺ 長部，I，頁 124。

福、安寧及自由；相反地，其他的行為之不應作且是惡的，是由於它們將導致執著且助長痛苦與不健康。

據上座部佛教，佛教徒的中道生活形態係基於對於人並非僅是物質的色身或精神的實體 (ātman) 之瞭解上。對佛陀言，「何者應被作」此一倫理問題確實關聯於對於人是什麼或我是誰等問題之認識上的醒悟。在尋求理想的生活方式上，佛陀獻出其自身以掌握存在的本質。在佛陀而言，大部分宗教徒最通常的錯誤觀點在於相信有一持續且永恆的靈魂，其在物理改變下依然留存不變，在生前死後仍舊存在，且從一生命歷程轉到另一歷程時仍持續著。在傳統的印度宗教裏，此一精神體被視為大我 (ātman)，人們深信其可獨立存在於我人的身體感官之外，且是人的真正本質。傳統印度宗教生活的終極目的就在於尋求與照料此一永恆的靈魂，真正真實與有價值者即是精神，且解脫意味著使靈魂從物質世界的束縛中得到自由。在佛陀看來，苦行無非是此一錯誤觀點的結果。

佛陀被述及曾經主張沒有一物有自我，即大我之阿特曼 (ātman) 只是幻覺，人不應為了一幻覺的靈魂而愚癡的生活著。當被問及靈魂是否與身體同一，以及聖者在死後是否存在時，佛陀默而不答。依據佛陀，這些問題是無意義的，它們之為無意義一如發問燃料用盡後火往何方去？東方或西方、南方或北方？這個問題之所以無意義就在於它假定了火是一可分離的實體，而能在無燃料時仍自存。事實上，不能只有火而無燃料。相似於此，探討靈魂是否與身體等同以及聖者是否在死後仍繼續存在等問題是不智的，這些問題不合理的假定了靈魂是一可分離的實體。

佛陀主張捨離立基於不死靈魂信念上之通俗宗教的觀念。他的倫理學既不與神之信仰有關，亦不與不死之靈魂有關；而企圖在實際與切要的生命之痛苦問題上啟發人們。他所主張的道德係在何者是惡的且導致痛苦與何者是善的且導致苦之止息此意義上關聯於痛苦。

據上座部佛教，道德判斷不僅是情緒的表現，道德來自於對人之本性與自然本質的正確掌握。在上座部佛教而言，倫理的語詞與概念是可認知的且可定義的；在道德的決定上是有判準的。早期的佛教文獻曾給予如是的定義：

> 身、語或意的任何行為，導致一己或他人或自他二者之痛苦，則此行為是惡的；身、語或意的任何行為，不導致一己或他人或二者之痛苦，此行為則為善的❻。

以此作為一普遍的倫理法則，佛教徒在決定做一行為時，將自問他們的行為是否符合於此一標準。例如，人們由於對傳統苦行思想所引生於自己的痛苦相當於自我折磨的認識而了知其為錯誤的，所以應被否定。藉由奪走他們的生命，殺生使他有情產生痛苦，是以不應殺生。沉溺於欲望與感官快樂，最後會傷及自身且或許亦造成他人的痛苦，因此，立足於快樂論的倫理學將被捨棄。

❻ 中部，I。對此的詳細討論，請參閱 David Kalupahana, *Buddhist Philosophy* (Honolulu: University of Hawaii Press, 1976), pp. 56–90.

## 四

對上座部佛教而言，智慧、道德與心靈的訓練相結合，以引導人們趣向涅槃。佛教徒相信，一個體的現時存在係其以前之結果，且其未來將是現在的結果，而接受了業 (kamma) 的普遍性及有效性。在此傳統的觀點下，所有的存有物全受業力的驅使而一再地以不同的生命形態出生。道德上地，任何好的行為必然有所酬報，而惡的行為自有其懲罰；人將為其所作所為負責，且將收成其所播下的。並非信仰或奉獻在主宰人類的命運，而是道德的培育。

龍樹 (Nāgārjuna, c. 113–213) 則質問上座部的倫理學。對他而言，傳統的佛教徒以及非佛教徒已錯誤地接受因果律為物理定律及道德法則。他主張因果律既不是理性地可證成亦不是經驗地可檢證❼。在好的行為及其酬報與惡的行為及其懲罰間的必然聯結無法被理性的建立，此類聯結只是心靈的主觀投射❽。站在俗諦的觀點，有善惡及對錯；但真諦上，善惡對錯均是空。龍樹宣稱：

> 諸煩惱及業，作者及果報，皆如幻如夢，如焰亦如響❾。

---

❼ 見拙著 *Nāgārjuna's Twelve Gate Treatise* (Boston: D. Reidel Publishing Company, 1982), pp. 53–71 and 92.

❽ 對此的詳細討論，見拙著 *Empty Logic: Mādhyamika Buddhism from Chinese Sources* (New York: Philosophical Library, 1984), pp. 83–88.

❾ 《中論》，17: 33。

在中國、韓國與日本，龍樹經常被推崇為第二位佛陀以及大乘佛教之父。他的哲學在其後大乘教義與實踐之創新及發展上有著巨大的影響，它啟發了禪佛教徒教示一個人必須超越善與惡；它亦促成淨土佛教徒放棄了經由全然的道德訓練可得解脫之想法。

隨順著龍樹的哲學，禪師對於上座部的倫理教義採取了批判的角度❿。此已導致某些當代學者認為禪在道德上是無所作為的，且禪的聖者過著非道德的生活。最著名的禪學家鈴木大拙說：

> 道德絕不會是純樸的，自然自發的無我的且神聖地或極惡地超乎所有俗世關懷……因此，聖者自道德的人之中該被區別出來。聖者或許無法全然地均是道德的或嚴格地正確無誤的，然而只要道德的人依舊停留在道德的層次——相對的層次上，即不可能是聖的⓫。

事實上，禪佛教徒的生活本質上並不是非道德的；道德在禪佛教佔有重要的地位。當上座部佛教徒刻板地甚至形式地遵守傳統佛教的戒條時，禪佛教徒卻經由禪定以及在禪定中守著相同的戒。禪並非反對道德，禪師所不喜歡的是道德德行上之人為的與陳舊的實踐：沒有其他的佛教宗派一如禪宗之重視禪定的價值與美德，此部分係由於在禪定的活動裏，罪惡的主因——欲貪將被制服，且十惡不現起的

---

❿ 關於龍樹哲學對禪佛教之影響的討論，見拙著 *Empty Logic*, pp. 55–69.

⓫ D. T. Suzuki, "Ethics and Zen Buddhism", *Moral Principles of Action*, ed. by Ruth Nanda Anshen (New York: Harper and Brothers, 1952), pp. 606–607.

事實所致。禪定，禪佛教的中心，其自身即是最好的守戒方式，且能加以擴展而超越刻板的遵奉戒律。妄語、飲酒、說粗惡語或貪婪等的罪惡，相反於禪定在個人修證發展上所呈現的景象⓬。

對禪師而言，一般的佛教徒以及非佛教徒傾向於將道德與外顯的行為或刻板的遵守道德法則視為等同，道德價值因而經常錯誤地在行為的功利效果中被判定；但是，在最真實的意義下，道德既與僧院的戒律無關，亦與有德的行為無關，而是內在於心靈。此一倫理的教示在著名的梁武帝 (502–549) 與禪佛教於中國之第一位祖師——菩提達摩的對話中被充分的說明著。武帝問達摩：「朕即位已來，造寺寫經度僧不可勝紀，有何功德?」菩提達摩答曰：「並無功德!」對於此對話的註釋，惠能在《壇經》中說：「武帝心邪，不知正法。造寺供養布施設齋名為求福，不可將福便為功德。功德在法身中，不在修福。」⓭

據惠能，禪定既不能被等同於靜坐盤腿之外在形象，亦不等於任何物理性的動作；它的本質無寧是在於個人內心之顯現，並與生活的任一層面均相互關聯。惠能如此教示⓮：

> 一行三昧者，於一切處行住坐臥……常行一直心，是稱一行三昧。

⓬ 對此的詳細討論，見拙著 “Zen Morality within this World”, *Analecta Husserlianna*, vol. 22, 1987, pp. 245–258.

⓭ 《壇經》，第二品。《大正》，頁 351 下—352 上。

⓮ Wm. Theodore de Bary ed., *Buddhist Tradition in India,China and Japan* (New York: Modern Library, 1969), pp. 218–219.

## 五

區分佛教為上座部或小乘以及大乘，部分係源出於以下諸論點的看法不同，此即：道德行為的功德是否可以迴向給其他人；理想上的道德之人可以達何種境地；及道德的生活如何究極地關聯於精神生活。一般而論，保守的上座部佛教徒認為一個人只能培植與累積自己的功德；任何道德行為的功德均不能迴向他人，縱使是經由道德方式去愛或慈悲他人。上座部堅持一個人獨自承受業的回報，無論是善業或惡業。不論其努力須多麼的熾烈，每一個人必須依其自身以獲致悟道及涅槃。在此種看法下，從外而來的同情與慈悲，其利益是有限的。因此，一個道德的人應該愛他人，但卻仍無法幫他們得到解脫。對上座部佛教徒而言，僅有一位歷史的佛陀，即佛教的創始人，且每一個人皆應追隨及倣效佛陀的所作所為。而一個道德的人所能到達的理想即阿羅漢 (arahant)——佛陀的好弟子，依自己之努力使自身獲致解脫——的生活。

據上座部佛教，流轉——我們所認識的這個世界，與涅槃有著本體上的差異。流轉是具有種種相對關係的世界，涅槃的世界則為絕對超越的價值；佛教徒生命的主要目標並非執著此流轉的世界，而在於趣入涅槃——永恆的善。從流轉趣向涅槃的過程中人需要道德，人應該不作惡，奉持善及淨化心靈，漸漸地其將能達成慈悲喜捨等德性。而一旦有「捨」，對於道德意向的關懷就開始消失；進入涅槃後，就超越了道德、輔助的戒律。涅槃被視為寂靜、幸福及不死的狀態，它被描述成不生、無始、不作及不受限定，而它僅在那些已經超越了存在與非存在之區分的人中才能被實現⓯。

追求涅槃，每一個人均必須為了自己而步上那起自於平白道德的實踐，終於超越善惡之現世狀態外的道路。藉由自身的努力，真正地精神的人獲致涅槃的生活，這種人被視為到達了不具倫理上、美學上、邏輯上區別意識的心靈狀況，善惡、美醜、有效無效等俗世的觀念已不再是他的思想與行為之部分。所以，在上座部佛教徒而言，神聖的生活在本質上幾乎是非道德的⓰。

其後，自由的大乘佛教徒宣稱，並非只有一位佛陀而是有許多位。本體上地說，人人皆有佛性，是以原則上每個人均可成佛；諸佛一致的特點即在於慈悲。其理想不僅在於成為一位阿羅漢，而是去成為對此世生死眾生具大慈悲，在自己獲致解脫後也幫助他人得解脫的菩薩——未來佛。

在大乘佛教中，慈悲 (karuṇā) 並非僅意味著應該仁慈地對待其他眾生，亦應犧牲自己以幫助他人趣入悟道及涅槃。與阿羅漢不同的是，菩薩並不讓自己進入涅槃的至福狀態；相反地，他仍留在此充滿痛苦的世界以協助有情脫離無明與痛苦的束縛。因為他知道善行的功德可以迴向他人，且希望以其自身善業的布施來減輕此世的惡與苦之故。

在菩薩的生命中，重要的是其為佛或佛性的例證。此處的「佛」經常被理解為佛心或菩提心 (bodhicitta)。倫理學上地說，此即慈悲的或無私的心，依於這種心，菩薩可以為了有情眾生而犧牲自己。

---

⓯ 參閱 Winston L. King, *op. cit.*, pp. 83–85. 另見 Mahathera Nyanatiloka, *Buddhist Dictionary* (Colombo, Sri Lanka: Frewin & Co., 1956), p. 99.

⓰ Winston L. King, *ibid*., p. 29, and S. Tachinana, *op. cit.*, p. 55.

形上學地說，慈悲被認為可以從人的內心自然而然地生起。道德的生活則顯現或推動此內在人性之活動，因而菩薩的自我犧牲對其自身並無傷害，反倒滿足了其人性。認識論上地說，慈悲是無執著地洞見萬有相互依存故無自性之般若 (prajñā) 的結果，它是若全體利益被維護則個人利益亦將被維護，若增進一己之善是對的則增進他人之善亦是對的，這種智慧的實踐。當般若協助人們體現一己之空性，人類的利己動機將被空掉，且將相互親愛；所以慈悲實為般若的實踐面，而般若是慈悲的認知要素，一位菩薩應該具備這二種德行。

不似上座部佛教徒，大乘佛教徒在流轉與涅槃間並不做成尖銳的區分，他們的道德訓練之主要目的並不在於脫離流轉的世界以進入另一種世界狀態。大乘倫理學是位於全然的流轉生命與全然的涅槃生命之互動間的中道方式，對大乘佛教徒而言，視流轉為唯一的世界是一極端；視涅槃為唯一的真實亦是一極端。據大乘，流轉即涅槃，反之亦然，精神的人就生活在這兩世界中。真正的佛教僧侶將不會忘卻實踐他在此世日常事態上的例行責任，且於悟道後，此一精神人仍屬於這個世界。在禪佛教中，即「平常心是道」與「日日是好日」。一位禪師說⓱：

> 喝茶、吃飯，我度過我的時光，一如其所自來；俯觀清溪，仰視高山，我真實感受的是多麼地安然與閒適！我們眼中所見，何者是平常？它並不使人害怕；但其總是持續著，一如

⓱ 張宗源，*Original Teachings of Ch'an Buddhism* (New York: Vintage Books, 1971), p. 141.

冷窗上之月光；甚至在中夜猶照茅屋上。

大乘法師有時候主張人應超越善惡，但他們並不是拋棄道德，他們所否定的是道德德性之抽象概念化與形式化遵循；這些教義的目的在於使人從理智上與情感上對某些事物的執著中得到自由，包括俗世的道德價值在內。百丈 (749–814)，這位偉大的禪師教示「不執著、無所求」⓲。他說：「當你忘卻善與非善，俗世生活與宗教生活、及其他種種的法，並聽任思想不與它們相關或促使它們生起，且當你不死守肉體與心靈時，當下即是全然的自在。」⓳據百丈禪師，這種自由自在引生自然自發的與創生的道德實踐。

一位悟道者不會忽視俗世的事情，他將重視其日常工作的價值，包括勞動工作。百丈自己為此立了一個楷模，並以簡單的與動態的「一日不作，一日不食」原則生活著。他曾被述及直到其老邁之年仍持續在農地工作，當他的門徒基於對其齒德的尊重與對其利益的考量而將他的工具藏起來時，他就直到能再工作為止都不進食。

是以，禪強調一種工作的倫理。在一定意義下，道德在禪佛教比在上座部佛教扮演著更重要的角色，然而，禪的道德在本質上並不是功利主義的目的論的，是故不在主張若一行為或行為規則能產生俗世意義下的個人滿足或利益即是道德地善。諷刺地是，此種非功利主義的倫理學似乎是東亞經濟成功的主要理由之一。

由於禪佛教徒並非為了利益而道德，反而使禪的工作倫理產生

---

⓲ Heinrich Dumoulin, *A History of Zen Buddhism* (Boston: Beacon Press, 1963), p. 104.

⓳ 同前。

了實質的利益。所以，目的論的解釋是與禪的精神相違背的。

無論如何，社會經濟的成功有賴於非經濟的因素，除了外在條件，主要因素是工人的信念。在商業與專門產業的成功上，工作倫理是一重要的要素。西方新教道德中包含著工作倫理，如同使徒保羅所教：「若有人不肯作工，就不可吃飯。……要安靜作工，吃自己的飯。」[20]這種倫理學擴大衍申後，已經幫助西方資本主義在西方社會中創造了繁榮。在東亞，禪以及其相關的哲學已經育成了與工作相關聯的德性，諸如勤勉、節儉、負責、進取，且主導著所有中國、日本及韓國的人民；所以，東亞在最近十年內已經成為全球經濟成長最高的地區，實是不足為奇的。

## 六

大部分的上座部與大乘部派強調道德訓練的重要，且對於我人經由工作可以獲致解脫賦予相當的信心。然而事實上，許多有情都是道德薄弱的，縱使他們也許決心做好事且如此企求著，他們仍經常失敗。有多少人是完美的呢？若佛心即是慈悲心，難道沒有更簡單、更好的方式以讓平凡的有情得到涅槃嗎？淨土佛教——從第六世紀成立於中國的一支大乘宗派——質問傳統上座部與大乘的倫理學與理想。淨土佛教徒相信，傳統的上座部以及某些大乘宗派對於人類太過於樂觀，而無法認清人心的弱點。

智與悲無疑是善的及偉大的德行，然而人們中有多少人是足夠聰明與足夠慈悲去堅忍的呢？或許佛教已成為一種聖者或菁英的宗

[20] 《帖撒羅尼迦後書》，3: 10 and 12。

教呢？可確定的是，大乘佛教認為純粹生命的功德是可以迴向的，但他們的智慧到底有多少可以迴向給所有的有情呢？再說，若道德的生活就是為善去惡的生活，則一個人將無時不擔憂其一己之行為是善或惡、對或錯，此可能造成精神生活的緊張，甚或自暴自棄。

淨土佛教宣稱，慈悲的佛陀在恪遵道德戒律之外，另闢了一條通往涅槃之路。對他們而言，所有的佛教教義可以被區分為難行道與易行道；難行道即是藉由道德訓練以獲致涅槃，易行道則是經由信仰與奉獻以趣入涅槃。已被推崇為淨土佛教創始者的龍樹，被說成已發掘出了佛陀在信仰之途上的原始教義。

龍樹，這位大乘佛教中觀學派的創始者，是否宣揚信仰之道，是可以爭辯的；然而一如所示，他確實問難過傳統的業律、因果，他論證所有事物皆是空性，包括善惡、對錯。龍樹的性空哲學駁斥任何有系統的論說，此在淨土佛教徒而言，似乎即在提議我們的理性與努力無法被用來認知此世界的奧秘或發現真正的智慧與獲致涅槃。究極地說，企圖為善去惡不僅僅可能是錯誤的，也可能是無意義的。雖然龍樹不是淨土運動的直接根源，他的批評進向卻為曇鸞 (476–524) 這位偉大的中國淨土大師提供了哲學基礎。曇鸞批評自力解脫的觀念，且對傳統佛教的德性之意義加以重新的評估。

對曇鸞及其追隨者而言，自我純化此一難行道之實行者在日常生活上似乎是道德的，但對於真實情境以及那些經常無法遵循道德的普通人之需求來說，卻是毫無感受的。進而言之，一些精神的實踐者或許變得有信心而對其宗教生活引以為傲，造成貢高我慢。雖然如此的實行者也許聲稱他們已消除了我執，實際上卻反倒形成了他們自己的自我。在此意義下，他們的倫理學將變為不道德的。

對曇鸞來說，佛陀的法教示縱使那些造了極惡重罪之人亦能被救。在此宗派，依於遵守道德戒律以求解脫，不如仰仗稱念阿彌陀佛名號。淨土佛教徒宣稱，甚至道德薄弱的人亦可藉由稱念阿彌陀佛名號而得以自罪惡之煩惱中獲得解脫。所以，稱念阿彌陀佛名號之念佛已然成為淨土佛教倫理學中最重要的行為。此一簡單的動作貯藏且扮演著同情、懺悔、溫文與慈悲等德性。對善導 (613–681) 這一位傑出的中國淨土大師而言，佛教徒並非勤勉地遵守道德戒律的聖人，而是真誠地相信他們是有罪的、下根的、經常犯錯且被遮止於解脫的人。

淨土佛教的倫理學不僅普及於中國，在經過改變後更從十二世紀以來已經在日本成為一主要的運動。親鸞 (1173–1262)——日本淨土真宗的創始者——主張不可視念佛為一種道德的實踐行為或解脫的一種方法，它更可說是解脫的結果。據親鸞，人類在外顯行為上似乎很有理智的與德行的，然而卻內在地被欲貪、瞋恚與無明所迷惑。他寫道㉑：

> 甚至當我在淨土真宗的保護下，仍很難擁有一顆真理的心，我是錯誤與不真實的，心中連些微的純淨也沒有。我們在外顯的形態上，扮演著智慧、美善與純淨；由於貪、瞋、邪惡與欺騙實在頻仍，我們為空無的諂媚所填滿。我們的邪惡本性難以征服，我們的心像蛇蠍；當德行的實踐被滲以毒藥，我們稱其為錯誤的、虛榮的實踐。

㉑ Aflred Bloom, *Shinran's Gospel of Pure Grace* (Tucson, Arizona: The University of Arizona Press, 1977), pp. 28–29.

親鸞極力主張人性實在無法從錯中區分出對，且雖有對於愛與慈悲等小小行為的要求，這或許主要是為了名與利的一種爭鬥罷了。由於無法克服此不良本性，任何嚴格的宗教訓練因之而為徒勞的；唯有經由阿彌陀佛的威神力與加持，個體才能趣入涅槃。解脫是阿彌陀佛的恩賜，念佛正代表了我們對於阿彌陀佛之大慈大悲的感恩。

在最真實的意義上，佛教徒的宗教生活並不僅是眾善奉行、諸惡莫作與自淨其意而已，它更意味著坦承自己的無知與欲貪，感激他人的仁慈，並展現感恩。一個佛教徒並非在道德優越的背後持續掙扎著，且佛教的倫理學並不強迫人們去完成那不可能的道德完美。佛法主張雖然流轉本就有痛苦，在此世界中依舊有希望、慈悲、仁慈與涅槃。所以，一個佛教徒的德性特徵在於謙遜、寬恕、慈愛、信任、忍辱與喜悅。

# 拾叁　佛教倫理與時代潮流

釋慧嚴

可能有許多人認為在經、律、論三藏中，最能具體顯示佛教倫理所在的，是律藏吧！這個見解如果是針對出家眾的話，是正確的，但是如果把組成教團的成員定義在七眾弟子的話，則有待商榷，因為律藏僅規範了出家教團的緣故❶。不過我們可以在經論中看到在家信眾的生活準則，這些準則就是所謂的三皈、五戒、八關齋戒乃至十戒等，不用說，我們可以把這些準則視之為佛教倫理的德目。

在展閱經論時，我們發現各經論對這些倫理德目的持守標準，解釋有著分歧的地方。比如說，受三皈時，是否該同時受五戒呢？受五戒時，是否五戒都該同時領受呢？對此，《阿毘達磨俱舍論》卷14所言如下：

> 但受三歸，即成近事（指優婆塞、優婆夷而言），外國諸師說，唯此即成。迦濕彌羅國諸論師言：離近事律儀（即五戒），則

❶ 平川彰氏，〈戒律と道德〉，《日本佛教學會年報》二十七號（昭和37年3月25日），頁237。
土橋秀高氏，〈敦煌の律藏〉，《敦煌と中國佛教》（大東出版社，昭和59年12月24日），頁257。

> 非近事。若爾，應與此經相違。此不相違，已發戒故❷。

但是，《阿毘達磨大毘婆沙論》卷 124 中則言：

> 健陀羅國諸論師言：唯受三歸，及律儀缺減，悉成近事❸。迦濕彌羅國諸論師言：無有唯受三歸及缺減律儀名為近事❹。

由此可知，《俱舍論》中所言的外國論師，是指健（犍）陀羅國的論師而言。兩國雖然同位於北印度，同是貴霜王朝的領地，但是犍陀羅這個地方早在紀元前三世紀時，希臘文明就移植於此，這從犍陀羅佛教美術來看就可以明白。或許因為如此，犍陀羅國的論師們比迦濕彌羅國的思想較為先進。他們主張成為優婆塞或優婆夷，只要接受三皈依即可。而關於五戒的領受問題，主張量力而為，不需要五條戒都一起領受。他們所持的理論根據如下：

> 論曰：若諸近事，皆具律儀，何緣世尊言有四種。一、能學一分，二、能學少分，三、能學多分，四、能學滿分，謂約能持，故作是說❺。

---

❷ 《大正藏》卷 29，頁 75c。

❸ 《大正藏》卷 27，頁 645c。

❹ 同前，頁 646c。

❺ 《俱舍論》卷 14，《大正藏》卷 29，頁 76a。

在此姑且不論兩者的是非，我只是借此作個引題，讓我們瞭解隨著歲月的移轉，傳播區域的擴大，在民族文化不同的情況下，教理的詮譯，持戒的準則，換句話說，佛教倫理的實踐也就多少有著差異。能夠瞭解這點，再來放眼看看各國的佛教，我們也就能欣賞他國的佛教，同時也能肯定自己國家的佛教了。這也就是說我們在談佛教倫理時，不可忽略了它的時代性、地域性的要素。

佛教在紀元前後傳入中國之後，已將近有二千年的歲月，高度的儒家文化，各地的民俗融入其中，改變了它的形貌，是個無法避免的事實，也是時勢所趨。只是我們必須要有面對事實的勇氣，以客觀的立場來分析它，並且認真地思考，承繼了中國江南佛教系統的臺灣佛教，有關佛教倫理的實踐，在今日的社會裏是否需要興革？在此我想以八關齋戒為例，來作透視與檢討。

八關齋戒在《增一阿含經》中，稱之為賢聖八關齋法或八關齋法❻，在《中阿含經》中，則稱之為聖八支齋❼。有關戒的內容，前者是講：不殺生、不偷盜、不淫泆、不妄語、不飲酒、不非時食、不坐高廣床、不香華脂粉塗身❽。而後者則講：不殺生、不偷盜、斷非梵行、不妄語、不飲酒、不坐高廣大床、離華鬘瓔珞塗香脂粉歌舞倡伎及往觀聽、離非時食❾。持守這八關齋戒的日子，是各半月的八日、十四日、十五日，也就是在六齋日中❿，以一日一夜的

❻ 《增一阿含經》卷 38，《大正藏》卷 2，頁 756c。卷 16，頁 624b。

❼ 《中阿含經》卷 55，《大正藏》卷 1，頁 770a。

❽ 《大正藏》卷 2，頁 625b–c。

❾ 《大正藏》卷 1，頁 770b–771a。

❿ 爾時世尊告諸比丘，十五日中有三齋法。云何為三？八日、十四日、十

時限，來持守上述的戒條。雖然這兩部經所敘述的內容稍有差異，但是在六齋日中，實踐這八條倫理德目則是一致的，它絕對不是我們今日一般說的，六齋日吃素食這麼簡易的事。也同我們今日所傳的八關齋戒有所不同，所謂不同者，就是我們把不非時食列於八戒之外，且把過午不食解釋作齋⓫。然而如此的解釋，是臺灣佛教獨有的嗎?

> 論曰：八中前四是尸羅支，謂離殺生至虛誑語，由此四種離性罪故。次有一種是不放逸支，謂離飲諸酒生放逸處。雖受尸羅，若飲諸酒，則心放逸，犯尸羅故。後有三種是禁約支，謂離塗飾香鬘乃至食非時食，以能隨順厭離心故。……有餘師說：離非時食名為齋體，餘有八種說名齋支。塗飾香鬘、舞歌觀聽分為二段。若作此執，便違契經。經中說：離非時食已，便作是說，此第八支我今隨聖阿羅漢學，隨行隨作。若爾有何別齋體而說此八名齋支⓬。

以上是《俱舍論》卷 14 中，有關八關齋戒的敘述。又《大毘婆沙論》卷 124 中云：

> 如契經說：近住律儀具足八支，何等為八？謂離害生命，離

五日（《增一阿含經》卷 16，《大正藏》卷 2，頁 624b）。

⓫ 我以此支於阿羅訶（漢）等同無異，是故說齋（《中阿含經》卷 55，《大正藏》卷 1，頁 770b–c）。由此可知，齋的原本含義，有齊的意思。

⓬ 《大正藏》卷 29，頁 75b–c。

> 不與取，離非梵行，離虛誑語，離飲諸酒諸放逸處，離歌舞倡伎、離塗飾香鬘、離高廣床、離非時食。問此有九支？何以言八？答：二合為一，故說八支，謂離塗飾香鬘與離歌舞倡伎，同於莊嚴處轉，故合立一支⓭。

由以上所述，我們可以明白地看出，《俱舍論》與《大毘婆沙論》同是將離非時食列於八關齋法之內。然而依《俱舍論》的內容來看，在紀元五世紀時，已經出現了將第七支分成二支，再把離非時食視為齋體的學派。由此可以顯明今天臺灣佛教界所傳的八關齋戒，即是繼承了這個學派的說法。

在臺灣一般人把斷肉食稱之為吃齋，且在六齋日或十齋日斷肉食，說之為持齋。說起來這是很奇怪的現象。因為「齋」是譯自uposadha，是清淨的意義，是懺罪的意思，是等同無異的意思⓮，原本它跟飲食是無關的語辭的緣故。可是臺灣的佛教，不，應該說是自從宋朝以後中國江南的佛教⓯，為何產生了這種現象呢？在此我們來看看與臺灣佛教有密切的淵源關係的明末清初江南地域的宗教信仰。

顧炎武在他的《日知錄》卷13〈士大夫晚年之學〉中，曾就當

---

⓭ 《大正藏》卷27，頁647b。

⓮ 同⓫。

⓯ 或曰：世之預修者頗多，立志持齋者不一。或持三年者，或持一年者，或持正五九者，或持正七十者，或持佛誕日者，或持十齋日，或持六齋日者，或持朔望三八日者（《歸元直指》下，《卍續藏經》冊108，頁335下，336上）。

時士大夫的宗教信仰，作了「南方士大夫晚年多好學佛，北方士大夫晚年多好學僊」的分析。由此可以窺視出明末清初江南士大夫的宗教信仰，大體比較傾向於佛教。特別是出身於浙江餘姚的王陽明(1472–1528)，樹立了陽明學之後，它影響了江南一帶士大夫的思潮，也連帶掀起了士大夫學佛的風潮，加上明末三大師的活躍，佛教在明末的士大夫思想界遂占有一席之地⓰。

《漢學師承記》八卷及《宋學淵源記》三卷的作者江藩子屏(1761–1831)曾言：

> 自象山之學興，慈湖之言近於禪矣。姚江之學繼起，折而入於佛者，不可更僕數矣⓱。

這是說，由於陸象山(1139–1192)、楊慈湖(1141–1225)、王陽明的相繼而起，士大夫信佛者難以數計。主張性靈至上的袁枚(1716–1797)在他的《小倉山房尺牘》卷7〈答項金門〉中，有「札尾又云：今士大夫靡不奉佛」之語。由此我們可以瞭解明末清初江南士大夫的宗教信仰。

在那個時代裏，蘇州出現了一位名叫彭際清的居士(1740–1796)。他出生於長洲(蘇州)名門望族的彭家，是乾隆二十六年的進士，曾被選任縣令，但他並沒有踏入官僚的世界。他名叫紹升，字叫允初或尺木，又號二林居士或知歸子。三十四歲時，依

⓰ 荒木見悟氏，《佛教と陽明學》(第三文明社，1979年8月31日)。《陽明學の開展と佛教》(研文出版，1984年7月15日)。

⓱ 《宋學淵源記》附記之案語。

真諦寺的香山老人聞學實定和尚 (1712–1778) 受在家菩薩戒，法名叫際清⓲。他影響了清末今文學家，即公羊學常州學派的龔自珍 (1792–1841) 及魏源 (1794–1857) 的佛教信仰，並遠及楊仁山等，開啟了居士佛教（信仰佛教的士大夫們為對象）支撐近代中國佛教命脈的局面⓳。因此我想以彭際清的佛教信仰型態，來解答我上面提出的，有關在六齋日該持八關齋戒，卻只重視齋日吃素的問題。

「志在西方，行在梵網」是彭際清在三十四歲受菩薩戒之後的宗教生活準則與人生的目標。有關他的淨土修持與致力於宏揚淨土一事，請參閱⓲個人的拙文，在此我只就其「行在梵網」之事來述說。「行在梵網」者，即表示他的倫理行為全以《梵網經》為依歸。因此，他斷肉食、築流水禪居（放生池）行放生會、置潤族田救濟族人，開設近取堂致力於社會福利事業⓴。由此我們可以知道他充

⓲ 參考拙文〈無量壽經粿合本の一研究(二)——彭際清の《無量壽經起信論》について〉，《鷹陵史學》第十五號（佛教大學歷史研究所，1989 年 9 月 30 日）。

⓳ Chan Sin-wai, *Buddhism in Late Ch'ing Political Thought* (The Chinese University of Hong Kong, 1985), p. 22.
牧田諦亮氏，《中國近世佛教史研究》（平樂寺書店，昭和 54 年 3 月 5 日），頁 23。

⓴ 參考⓲的拙文。
近取堂在長元學（長洲學宮）東文星閣，清乾隆間里人彭紹升創設，以周恤孤寡（《民國江蘇省吳縣志》卷 30，公署三、十八右）。
予開近取堂，其規制大約與東林同善會等，亦間有殊焉者。彼則事止于方內，此則兼通乎方外也；彼則誼篤于同倫，此則旁該乎異類也（《二林居集》卷 6〈近取堂公產錄敘〉）。

分地發揮了大乘菩薩戒經裏所說的：攝律儀戒、攝善法戒、饒益有情戒的精神。在律儀戒方面，他實踐了傳統的佛教倫理行為，也就是《梵網經》特有的倫理德目：實踐孝道戒殺、放生、斷肉食。可是他的致力於社會福利事業，更是發揮了攝善法戒，饒益有情戒的精神，才是不容我們忽視的。甚至於我認為後者才是他能發揮影響力的主因。其理由如下：一、潤族田，也就是一般所說的義莊，它團結了彭氏家族的力量。直到道光年間為止，彭氏一族世世代代科舉人材輩出，他們相繼活躍於官僚世界。二、近取堂所經營的社會福利事業，有施棺局、放生會、恤嫠會等。其中恤嫠會所影響的地域廣㉑，是值得我們重視的地方。

彭際清所依循的《梵網經》，具名為《梵網經盧舍那佛說菩薩心地戒品第十》，有上下二卷，收於《大正藏》卷 24 中，署名是鳩摩羅什所譯。但是據日本學者的研究，《梵網經》是紀元五世紀末葉中國人所撰述的，不是印度人的著作，而且在六世紀末葉，即隋唐之後，就逐漸流傳於中國、日本㉒。又依《敦煌劫餘錄》第九帙來看

---

彭氏之有潤族田也，于今二十年矣。自先尚書公捐田十畝以倡，族父兄弟繼捐金百五十兩，買田十餘畝，遂再舉千金之會，收其歲息，還諸族人，而以其餘置田，十餘年間積至二百畝。尚書公既即世，紹升集數年所得之息，復增置田一百餘畝，請于有司造冊立案；……其不名義田者何也。蓋嘗權夫予受之分矣，彼群而矜之，曰義者，事必適乎常格，情必溢乎常分，其施者往往出於獨力之所成，其受者又往往出於願望所不及。若其在家庭骨肉間，同心並力，有無相通，習而安焉，不名曰義者，謂適如其分云爾（同前書卷 1，〈彭氏潤族田記〉）。

㉑ 詳見夫馬進氏，〈善會、善堂の出發〉，《明清時代の政治と社會》（京都大學人文科學研究所，昭和 58 年 3 月）。

的話，敦煌抄本裏有九十二本的《梵網經》，可見其流傳於中國之廣。從它與其他大乘菩薩戒經的相異處，即它特別強調孝順等㉓的倫理德目來推斷，我們可以認同大野氏、望月氏的研究結果吧！不過我認為撰述這部《梵網經》的地點，可能是在江南。有關這個推論，我們可以從四十八輕戒中第二十條找到推論的根據。

> 若佛子以慈心故行放生業，一切男子是我父，一切女人是我母，我生生無不從之受生，故六道眾生皆是我父母，而殺而食者即殺我父母，亦殺我故身。一切地水是我先身，一切火風是我本體，故常行放生，生生受生，常住之法，教人放生。若見世人殺畜生時，應方便救護解其苦難，常教化講說菩薩戒救度眾生㉔。

顯然地這條戒的內容包括了孝順、戒殺、放生、斷肉食的倫理行為。在隋唐兩代時有朝廷下：於三齋月、六齋日戒殺斷屠的詔令；但是值得我們注意的是，它是仿效南朝梁陳的風俗而來的㉕。又有

---

㉒ 詳見望月信亨氏，〈梵網經〉，《淨土教の起源及發達》（山善房佛書林，昭和 47 年 9 月 30 日），頁 155–184。
大野法道氏，〈諸系統を受くる梵網經，大乘本生心地觀經〉，《大乘戒經の研究》（山喜房佛書林，昭和 38 年 7 月 8 日），頁 252–287。

㉓ 「孝順至道之法，孝名為戒」（《大正藏》卷 24，頁 1004a）。
若父母兄弟死亡之日，應請法師講菩薩戒經，福資亡者，得見諸佛生人天上（同前，頁 1006b）。

㉔ 《大正藏》卷 24，頁 1006b。

㉕ 會昌四年 (844) 四月。

關放生戒，我想它是根據北涼曇無讖所譯的《金光明經》第十六〈流水長者子品〉而來的吧！因為放生戒在所有大乘戒經裏是沒有的緣故。又從教史的角度來看，有關放生的宗教活動，幾乎都是在江南舉行。從天台智者 (538–597) 講《金光明經》於臨海鎮六十三處所設置放生池以來，經宋朝四明知禮 (960–1028)、慈雲遵式 (964–1032)，於佛誕日為皇帝祝賀舉行放生法會，以西湖為放生池，到蓮池袾宏的大力提倡。其結果，戒殺放生的信仰盛行於江南㉖。由此我們可以知道江南具有了孕育戒殺放生信仰的風土，同時那也是我推斷撰述《梵網經》的地點是在江南的理由之一。

欲徹底實踐戒殺放生的宗教倫理，在飲食生活上必須得斷肉食，實行茹素主義。其結果，戒殺、放生、茹素就成為一系列的倫理德目了。加上闡揚這一系列倫理的《梵網經》，一直為江南佛教所依循的緣故，在長時期被強調的結果，它成為中國江南佛教信仰的主流，同時也是構成在齋日，斷肉食吃素的信仰背景。

然而戒殺放生的對象，大致被局限於飛禽魚鳥類，作法也著重在買放上，久之弊端也就跟著出現了。在明末清初的士大夫思想界，就曾經為它而論諍㉗。在此我們來看看陳薦夫的意見。

---

中書門下奏：正月五月九月斷屠，伏以齋月斷屠，出於釋氏、緣國初風俗，猶近梁陳，卿相大臣，頗遵此教。又弛禁不一，只斷屠羊，宰殺驢牛，其數不少。鼓刀者坐獲厚利，糾察者皆受賄財，比來人情共知此弊（《唐會要》卷 41）。

㉖ 詳見拙文〈戒殺放生と仁の思想〉，《鷹陵史學》第十三號（佛教大學歷史研究所，1987 年 10 月 30 日）。

㉗ 同㉖。

荒木氏，〈戒殺放生思想の發展〉，《陽明學の開展と佛教》（研文出版，

> 世人放生多尅定時日，廣購生物。而射利之夫，乘機遘會，網羅穿掘，釣弋搏噬，往往致是，得至買放，十不二三，此以殺為放也。……
>
> 世人放生或鑿池沼，或置花囿。既有常處，人得伺之。命未生天，已入豫且之網，身方釋口（放），便作校人之羹，是緣放而殺也。……
>
> 以至草木之類，斬伐無禁，輒謂身非血屬，性乏動理，謂非生物，亦殊不然。夫合歡之晝舒夜卷，獨活之無風自搖，烏知非動之屬邪。瓜菓之沁漿迸潰，桑漆之擁腫流膏，烏知非血之屬邪。……《詩傳》稱：麒麟騶虞不食生蟲，不踐生草。《莊子》云：與草木蓁蓁，與鹿豕狉狉。《家語》云：啟蟄不殺，方長不折，往往以動植二物，提衡並較㉘。

陳薦夫的〈廣放生論〉，可以說道盡了我們所作的放生活動的弊病，值得我們深思。或許「要致力保護自然生態」才是陳薦夫的心聲吧！戒殺放生的主要意義，是在於尊重生命的尊嚴，無論是動物或是植物，在牠們的生命面臨危機時，我們解救牠們是義不容辭，但是比此更重要的，是給牠們能夠生存下去的環境。因此，在今日我們應該如何來運用擁有的資源，提昇我們戒殺放生的倫理行為的層次，以致力於自然環境的維護呢？

佛教倫理蘊存於經律論中，但是對經律論的詮釋，往往因時因地而有所差異，導致佛教倫理的實踐層次，會因時代、區域的不同

---

1984 年 7 月 15 日)。

㉘ 《水明樓集》卷 14，〈廣放生論〉。

而不同，這也是佛教寬容性的一面。因此我們在討論佛教倫理與現代社會時，我們需要瞭解實踐佛教倫理的時代性與區域性。為了達到這個目標，我想我們需要開拓佛教學術研究的自由空間，以客觀的立場來關心瞭解自己生存的社會，提昇佛教倫理實踐的層次。

一九八九年十二月二十日完稿於京都

# 拾肆　大乘佛教倫理與現代社會

楊曾文

人在社會生活中必須接受一定的倫理道德的制約和規範。因此，倫理道德現象可以說是人類社會生活的重要特徵。「倫理」和「道德」的詞義雖有區別，但在以研究人類道德為宗旨的倫理學科中，二者是一個意思。本文所要考察的「大乘佛教倫理」，也就是「大乘佛教道德」。

佛教是東方傳統文化中的重要組成部分。大乘佛教作為佛教的一支，現主要流傳在中國、朝鮮、日本等北傳佛教國家或地區內。大乘佛教道德是怎樣形成的，它有哪些主要的道德觀念和道德規範，在現代社會中有什麼價值和影響？對這些問題進行探討是很有意義的。以下從五個方面談談我的看法，並就此向諸位學者請教。

## 一、社會道德和佛教道德

人是社會的人，要從事社會的各種經濟、政治和文化的活動。道德作為社會的重要意識形態之一，是在人類的社會生活中逐漸形成的，並且隨著社會歷史的發展而發生演變。那麼，社會道德具有怎樣的含義呢？古來對此有各種不同的看法。本人同意這樣一種見解，即：道德是關於善與惡、公正與偏私、誠實與虛偽等觀念、情操以及調節人與人之間、個人與社會之間關係的行為規範的總和。就是說，道德的整體應包括道德觀念、道德意志、道德準則和規範、道德行為等。在人類發展史上各國產生了各種各樣的倫理道德學說，其中包括相當數量的宗教道德學說。各種道德學說互相影響、吸收，促進了人類道德的富豐和發展。

佛教是世界三大宗教之一，擁有自己獨特的倫理道德學說。佛教道德是在佛教的傳播和發展的過程中形成、發展起來的。在釋迦牟尼創教和以後佛教向各地的傳播發展中，吸收社會上已有的某些道德觀念、規範，加以改造，把它們與佛教教義、修行方式結合起來，並又根據修行和傳教的需要從佛教教義中引申出一些新的道德原則、規範，便形成了佛教道德。

在佛教倫理體系中用以評價道德觀念和道德行為的概念有善與惡、淨與染、道與非道、正與邪等。它們與一切道德觀念和道德規範被納入佛教體系之中，與善惡因果報應、修行解脫的理論、各種戒規和宗教活動密切結合。

佛經記載，釋迦牟尼成道後來到波羅㮈城附近的鹿野苑，向侍者憍陳如等五比丘首次宣說自己思悟出來的四諦、八正道的教義。此即「初轉法輪」。《中阿含經》卷 56 記述了這個事情。釋迦說：

> 五比丘當知，有二邊行，諸為道者所不當學：一曰著欲樂下賤業，凡人所行；二曰自煩自苦，非賢聖法，無義相應。五比丘，捨此二邊，有取中道，成明成智，成就於定而得自在；趣智趣覺，趣於涅槃，謂八正道，正見乃至正定，是謂八。

在釋迦最早向人們宣說的教法中已經包含著佛教道德的基本原則，並以此為根據進行了道德性的評價：貪求欲樂的世俗生活和外道主張的各種苦行，皆為偏頗之行（邊行），應予捨棄，只有奉行不執著苦樂二邊的「中道」，才能達到解脫。所謂「中道」就是八正道，從廣義來說，包括全部佛法。八正道是：⑴正見，對佛教真理四諦的正確見解；⑵正志（正思惟），對四諦等教義的正確思惟；⑶正語，言論符合佛教教義；⑷正業，行為符合佛教教義和戒規；⑸正命，按教義和戒規生活；⑹正精進，勤奮修持佛法；⑺正念，明記四諦等佛教義理；⑻正定，修習禪定，專心思悟四諦之理。八正道被認為是達到涅槃解脫的正確途徑和方法，同時也是用來判斷一個出家修行者行為善惡、邪正的基本道德標準。

八正道是從八個方面規定僧尼應按佛教的教義去思想、言語和行動的。凡這樣做的是正確的、善的，反之就是迷誤的、惡的。從內容來看，八正道還比較籠統。佛教在發展中還形成了很多具體的道德觀念和道德規範，而隨著佛教向各地區、各國的傳播，佛教道德也有相應的發展。西元前四、三世紀，原始佛教發生分裂，形成許多部派。在西元前後，大乘佛教從部派佛教中產生，它把以往的佛教統統貶稱為小乘。大乘源於小乘，自然它的道德也是在小乘道德的基礎上形成的，許多道德觀念和道德規範直接取自小乘，但按大乘教義作了某些新的解釋。無論是小乘還是大乘，為了協調教團內部僧人之間、上下之間以及僧俗之間的關係，都制定出若干戒規與所確認的道德觀念和道德規範相應。

戒，梵文 Sila 的意譯，音譯尸羅，意為慣行，轉為行為、習慣。「戒通善惡」，惡律儀也可稱戒。但在一般情況下，多從善的意義進行解釋，故也譯為道德、性善、虔敬等。《大智度論》卷 13 說：「好行善道，不自放逸，是名尸羅。或受戒行善，或不受戒行善，皆名尸羅。」佛教一般用來指為出家和非出家的信徒制定的規矩、規約，稱之為禁戒、戒條、學處，用以防非止惡的。佛教的戒規很多，有五戒、八戒、十戒、具足戒等。現存律藏都編成於部派佛教時期，漢譯本有大眾部的《摩訶僧祇律》、有部的《十誦律》、法藏部的《四分律》、化地部的《五分律》。這些律書對具足戒的規定不完全一樣，按唐以後中國最流行的《四分律》來說，比丘戒有 250 條，比丘尼戒有 348 條，從行動、言論和思想三個方面對出家比丘、比丘尼的修行和衣食坐臥作出了詳細的戒規，並規定對違犯者應採取的懲罰方式：重者驅逐出教團（波羅夷）；稍輕者在一定時間內被剝奪僧權並需向僧眾懺悔（僧殘）；再輕者也要按規定懺悔（捨墮、單墮、波羅提舍尼等）。以上內容在律本中占重要地位，稱波羅提木叉（戒本），屬禁戒部分。在律本的後一部分（揵度部分）是從正面規定受戒、說戒以及其他關於教團修法儀式的規定、僧尼衣食住應注意的禮儀規則等。從律本以上兩部分規定中，可以看到佛教道德的基本內容和特點。律本中記載的佛陀針對不同犯戒情況所作的批評和「結戒」時講的話，也就是道德說教。大乘佛教雖把以上戒律稱為「聲聞戒」，但仍遵守，另外又制大乘戒（「菩薩戒」）予以補充。《梵網經》中說的十重戒、四十八輕戒，其中相當多的部分可以看作是道德信條或規範。大乘佛教在中國得到很大發展，唐代以道宣為代表的佛教學者建立了富有民族特色的律學體系。道宣在《四分律刪繁補闕行事鈔》、《戒本疏》、《羯磨疏》等著作中，把宣說定慧的佛法稱為「化教」，把宣說戒律的佛法稱為「行教」（或制教），又將後者統括為止持、作持二門。止持者，即戒本中「五篇七聚」的規定，「方便正念，護本所受，禁防身口，不造諸惡，目之曰止。止而無違，戒體光潔，順本所受，稱之曰持。持由止成，號止持戒」(《行事鈔》卷中四)。作持者，即戒本中揵度部分，遵照實行有助於修行解脫，「惡既已離，事須修善，必以策勤三業，修習戒行，有善起護，名之為作」(同上)。道宣用大乘教義闡釋小乘戒律，把小乘戒納入大乘佛教體系之中，又提出有利於加強道德意識修養的心性「戒體」說，為大乘佛教倫理的發展作出重大貢獻。

## 二、大乘佛教的道德原則——慈與悲

在任何典型的道德體系中都有居於指導地位的道德原則。道德原則也是一種道德理念或道德規範，但它對其他道德觀念和道德規範有指導或制約的意義。如儒家道德體系中的仁義，道家的無為清靜，墨家的兼愛等等。佛教大小乘的道德原則是有區別的。小乘佛教的道德原則應是釋迦牟尼佛在鹿野苑初轉法輪時講的捨棄苦樂二邊的「中道」。在律藏中作為犯戒比丘的對立面是所謂「少欲知足」比丘。「少欲」不是滅欲；「知足」不是追求過分安樂，這本身就是一種道德評價。小乘佛教注重斷除苦惱，自我解脫，這種傾向自然要影響到它的道德。凡是有助於斷苦、自度的行為、做法，就是善的，就是清淨的「梵行」。大乘佛教主張自利利他，自度度他，因此它的道德的至高原則應是「菩薩道」。何為菩薩？何為菩薩道？菩薩是菩提薩埵 (bodhisattva) 之略，意為「覺有情」，上求菩提（自利、自度），下化眾生（利他、度他)。菩薩也是求無上菩提的大乘修行者，稱摩訶薩埵 (mahāsattva)，或菩薩摩訶薩等，意譯「大士」、「開士」、「大心眾生」等。《大智度論》卷 5 說：「摩訶者大，薩埵名眾生，或名勇心。此人心能為大事，不退不轉，大勇心故，名為摩訶薩埵……多眾生中起大慈大悲，成立大乘，能行大道，得最大處故，名摩訶薩埵。」「以是眾生等無邊無量，不可數，不可思議，盡能救濟令離苦惱，著於無為安隱樂中，有此大心，欲度多眾生故，名摩訶薩埵。」菩薩區別於小乘修行者的重要標誌有二：一是求無上菩提——成佛；二是普度眾生。菩薩從發菩提心，立四弘誓願，到修持六度：布施、持戒、忍辱、精進、禪定、智慧，歷經十住、十行、十迴向、十地諸階位的漫長修行過程，始終突出這兩個內容。

由此也就不難理解何為「菩薩道」了。簡單地講，菩薩道就是大乘修行者所應遵循的準則或原則。在《華嚴經・入法界品》中記述善財童子歷訪五十三位善知識（善友）的生動的故事。善財童子受文殊菩薩之教，向各種不同身分的人「問菩薩行，求菩薩道」，所得到的回答各種各樣，歸納起來不外是修持六度，上求菩提，下化眾生。但求無上菩提，斷一切煩惱，從性質上說屬於自利、自度，不是最能代表菩薩道或菩薩精神的方面，作為菩薩道最有代表意義的內容是普度一切眾生，如《華嚴經》中彌勒菩薩對善財童子所說的：「菩薩但為教化救護眾生，從大慈悲來，滅眾生苦故。」（晉譯本卷 60）正是這點，是大乘佛教道德區別於小乘道德的最重要的部分。

因此，在大乘倫理體系中只有反映普度一切眾生的道德概念，才能作為大乘倫理的至高的原則和道德規範。本人認為慈與悲反映了以普度眾生為宗旨的菩薩道的基本精神，它們就是大乘佛教的道德原則。

慈、悲，準確地講應是「大慈大悲」。小乘佛教也講慈悲，在禪觀「四無量」中有慈悲兩種禪定，各以修慈心、悲心為禪觀內容，目的是克制瞋恚。大乘佛教認為此是小慈、小悲。《大智度論》卷 27 說：

> 大慈與一切眾生樂，大悲拔一切眾生苦。大慈以喜樂因緣與眾生，大悲以離苦因緣與眾生。……四無量心中，慈悲名為小……小慈但心念與眾生樂，實無樂事。小悲名觀眾生種種身苦心苦，憐愍而已，不能令脫。大慈者令眾生得樂，亦與樂事。大悲憐愍眾生苦，亦能令脫苦。
>
> 慈悲是佛道之根本。所以者何？菩薩見眾生老、病、死苦，身苦、心苦，今世、後世苦等，諸苦所惱，生大慈悲，救如是苦，然後發心求阿耨多羅三藐三菩提（按，無上覺悟）。亦以大慈悲力故，於無量阿僧祇（按，永恆時間）世生死中，心不厭沒。以大慈悲力故，久應得涅槃而不取證。以是故，一切諸佛法中慈悲為大。若無大慈大悲，便早入涅槃。

這是說：⑴大乘的慈悲與小乘作為禪觀內容的不同，能在實際上給人以利益：悲為拔苦，慈為與樂。《法華經・觀世音普門品》所說觀世音以種種化身為眾生解苦救難，可看做是生動的說明。⑵慈悲是大乘佛法中最重要的道德原則和規範，因為有慈悲之心，才發心求證無上覺悟。⑶菩薩之所以是菩薩，不中道涅槃，就是為了實踐慈悲精神，普救一切眾生。應當指出的是，佛教所講的普度眾生雖主要是講應機宣傳佛法，引導眾生修持六度等佛法達到解脫，但並不排斥社會上一般意義上的從物質生活方面救濟眾生，幫助他們解決困難。菩薩修持的「四攝」中，就有這方面的內容。

用現代的話講，菩薩道中的「上求菩提」屬認識論的範疇，「下化眾生」才可列入倫理學的內容之中，包含利他、度他意義的慈悲，確實是大乘倫理的至高原則。

修持慈悲要有一種自我奉獻精神，《道行般若經・貢高品》中所說：「我當為十方人作橋，令悉蹈我上度去。」晉譯《華嚴經》卷 11 說：「我當代一切眾生受一切苦，普令眾生離一切苦。」以及《放光般若經》卷 14 菩薩自誓在眾生普度之前「不中道取證」等，都表達了這種精神。

## 三、大乘佛教倫理的主要道德觀念和道德規範

任何一種倫理體系，都有一系列的道德觀念和道德規範，主張凡是遵循這些道德觀念和規範去思想、去行動的，就是品行善良的、道德高尚的，反之就是品行惡劣、道德低下的。那麼大乘佛教倫理有哪些主要的道德觀念和道德規範呢？五戒、十善、三皈依、六度、慈悲喜捨、四攝等，可以說都具有道德的意義，可以看做是大乘倫理的道德觀念和道德行為規範。其中大部分源自小乘，但大乘佛教用「菩薩道」的精神作了發揮，在《郁伽羅越問菩薩經》、《十善業道經》以及《般若經》、《大智度論》、《華嚴經》，特別在中國佛教高僧的大量著作中，都可以找到大量例證。

1. 五戒。包括：不殺生、不偷盜、不邪淫（禁止發生不正當的男女關係，對出家者則要求不淫）、不妄語（不說謊話）、不飲酒。

有的佛經（如《無量壽經》）也把五戒稱為五善，因為與此相反的殺生、偷盜、邪淫、妄語、飲酒是「五惡」。五戒是在家信徒應遵守的，說修此五戒，積善功德，死後可再轉生為人。出家僧尼所受持的具足戒中也包含這五項內容，如嚴重違犯前四戒，將受到被逐出僧團的處罰。實際上這些戒條在佛教產生之前已被作為道德規範以至法律規定而存在。如殺生（此特指殺人）、偷盜等行為，被社會普遍看做是罪惡，並有法規制止。佛教把禁止這種行為的戒規稱為「性戒」，亦稱「性重戒」（意為對重罪的禁戒），與從佛教教義引申出來的「遮戒」（亦稱「息世譏嫌戒」，對輕罪的禁戒，如不飲酒）相對。宋元照《四分律行事鈔資持記》卷上一上說：「性戒元有，無論大聖（按，釋迦）制與不制，無非結業三途（指地獄、餓鬼、畜生）；遮戒不爾，佛出方制。」《大涅槃經》卷 11 把不殺、不盜、不淫、不妄語稱為「四性重戒」，而把「輕秤小斗」進行販賣、營田經商、蓄財養僕等稱為「息世譏嫌戒」。大乘佛教對五戒有所發展，如早期大乘佛經《郁迦羅越問菩薩行經》（《法鏡經》異譯，西晉竺法護譯）在五戒各條之後附加上：「等心於一切，常有慈心行。」「不貪他人財，遠離諛諂無黠之事，自知止足，不著他有，草葉毛米不犯不與取。」「不當念婬，計習婬泆……當令立願，令我後不習婬欲，何況念欲與共會合。」「所言至誠，所說審諦，所行如語，不兩舌，不增減，無失說，當行覺意，如所聞見說護於法，寧失身命，終不妄語。」「不樂酒，不嘗酒，當安諦性，無卒暴，無愚不定，心意當強。」不僅要求做到五戒，還進而從積極意義提出了加強道德意識的要求。

2. 十善。也稱十善業，是以五戒為基礎擴充來的，是佛教的基本道德觀念和規範。佛教把十善分別與身、口（語）、意（心）三業

（行為）相聯繫，說修此十善，死後可以生到天上（三十三天等）。這十善與三業的關係是：

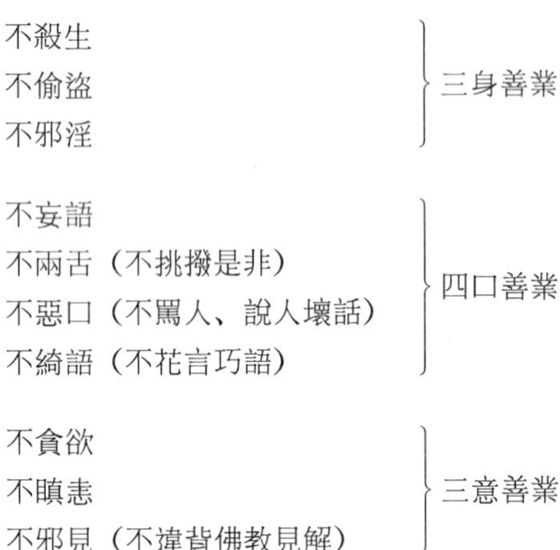


唐代實叉難陀譯的《十善業道經》對十善有很大發展，稱十善是「永離殺生、偷盜……邪見」，並作了詳細說明。此僅引三例：

> 若離殺生，即得成就十離惱法。何等為十？一、於諸眾生普施無畏；二、常於眾生起大慈心；三、永斷一切瞋恚習氣；四、身常無病；五、壽命長遠；六、恆為非人之所守護；七、常無惡夢，寢覺快樂；八、滅除怨結，眾怨自解；九、無惡道怖；十、命終生天。是為十。若能迴向阿耨多羅三藐三菩提者，後成佛時，得佛隨心，自在壽命。
>
> 若離偷盜，即得十種可保信法。何等為十？一、資財盈積，

> 王賊水火及非愛子不能散滅；二、多人愛念；三、人不欺負；四、十方讚美；五、不憂損害；六、善名流布；七、處眾無畏；八、財命色力、安樂辯才，具足無缺；九、常懷施意；十、命終生天。是為十。若能迴向阿耨多羅三藐三菩提者，後成佛時，得證清淨大菩提智。
>
> 若離瞋恚，即得八種喜悅心法。何等為八？一、無損惱心；二、無瞋恚心；三、無諍訟心；四、柔和質直心；五、得聖者慈心；六、常作利益安眾生心；七、身相端嚴，眾共尊敬；八、以和忍故，速生梵世。是為八。若能迴向阿耨多羅三藐三菩提者，後成佛時，得佛無礙心，觀者無厭。

僅此三例可以看出，與小乘十善相比，大乘更重視心理上的道德修養，從消極意義的不殺等，到修持積極意義的「慈心」、「施意」、「安眾生心」等等，並且詳細指出修持十善可以得到的功德利益，最後把修持十善皆與求無上菩提聯繫起來。

中國佛教對此有新的解釋。把不殺等看做是不做惡業，稱之為「止善」（止惡之善），同時主張應積極地去做善業，稱之為「行善」（行善之善）。隋代智顗在《法界次第初門》卷上之上提出與不殺等十項「止善」相對應的十項「行善」，它們分別是：放生、布施、恭敬、實語、和合、軟語、義語、修不淨觀、慈忍、信歸正道，發展了十善的道德蘊涵的意義。唐道宣在論釋戒律中提出「止持」、「作持」的說法，「諸惡莫作」相當於止持；「諸善奉行」相當作持。又認為止持中有作持，作持中有止持，《行事鈔》卷中 4〈持犯方軌篇〉說：「若就修行解止、持者，如止殺盜、先修慈、少欲等行，以行成故，名為作持；望境不起，名止持，即止中有作也。若就修行解作持者，如欲誦戒羯磨，先止外緣，望離粗過名止，後善行成名作，即作中有止也。」確實，人的行為是有選擇的，如果有善的道德意識修養，自然就會在特定環境選取善的行為，反之也一樣。道宣對持戒所作出的止、作二持的理論，對大乘佛教徒積極實踐大乘倫理、戒規有推動作用。

3. 三皈依。即皈依佛，皈依法，皈依僧，簡稱皈依三寶。這是佛教信徒入教必須履行的禮儀，似乎並不具道德的含義。但本文講的是佛教倫理，在大小乘佛教內部，是否能做到三皈依，做到與此相應的「信」、「虔信」（而不是「不信」），是評價一個信徒是否有道德的重要準則之一。正是由於這一點，佛教道德區別於世俗道德和其他宗教道德。當然在解釋三寶方面，大小乘有區別。佛典中有一體三寶、理體三寶、別體三寶、住持三寶等說法，這裏不擬解釋。只是說大乘信徒所皈依的三寶是按大乘理論予以解釋的，一般可解釋為皈依法身佛、六度等法、小地位上的菩薩僧。由於有三皈依的信仰，才有佛教倫理的實踐。

4. 六度。即六波羅蜜，也譯六度無極、六到彼岸，意為六種從生死此岸到達涅槃彼岸的方法或途徑，是大乘佛教修習的主要內容。包括：⑴布施（檀那）包括財施、法施和無畏施，是指從慈悲之心出發濟助人以財物，向眾生宣講佛法，用寬慰的語言並採取可行的方法為眾生解除苦厄和恐懼之心。《六度集經》第一章說：「慈育人物，悲愍群邪，喜賢成度，護濟眾生，跨天逾地，潤弘河海。」《大智度論》強調以淨心布施，沒有利己動機，卷 11 說：「清淨心生，無諸結使，不求今世後世報，恭敬憐愍故，是為淨施。」⑵持戒

（尸羅），遵守戒律。⑶忍辱（羼提）包括生忍、法忍。生忍指對恭敬供養自己的眾生不產生喜愛之心。對「瞋罵打害」自己的眾生也不生怨恨瞋恚之心。法忍是認識諸法性空，心不為一切內外事物所動。⑷精進（毗梨耶），指奮發努力修持佛法，「要須精進，得甚深禪定、實智慧及無量諸佛法」（《大智度論》卷 15）。⑸禪定（禪那）。⑹智慧（般若）。

從六度的含義來說，禪定與智慧沒有道德規範的意義，但因為「是否認真修禪」，「是否願求真實智慧」也具有道德評價的意思，所以可以把它們連同前四項看做是道德的信條或規範。大乘佛教把是否修持六度作為衡量信徒行為的善惡、邪正的基本標準。《大智度論》卷 89 說「行六波羅蜜，攝一切善法」，認為修持六度就等於修一切善行、善德。

5. 慈悲喜捨。是「四無量心」。前面已介紹，大乘已不局限於禪觀內容之中，認為應把它們投諸實踐。《十善業道經》說：「慈莊嚴故，於諸眾生不起惱害。悲莊嚴故，愍諸眾生常不厭捨。喜莊嚴故，見修善者心無嫌嫉。捨莊嚴故，於順違境無愛恚心。」創造條件使眾生安樂，此為慈；設法使眾生擺脫苦難困厄，此為悲。慈悲是大乘倫理的重要道德原則，前面已詳述。喜意為「慶悅」，原意修此禪觀以對治嫉妒，大乘進而主張對一切修善功德，做好事的人應予鼓勵和贊助，對別人獲得利益，取得成就應同樣感到高興。隋慧遠《大乘義章》卷 11 說：「喜能慶物。」「喜除不樂，以嫉妒故，見他得利，心不喜樂，故喜治之。」捨意為「亡懷」，平等地對待一切事物的態度。《大乘義章》卷 11 說捨有七個含義：心平等；捨怨親；捨一切貪瞋癡等；捨放眾生；得空平等，捨離眾相；自捨己樂，施與眾生；

化眾生，捨離希求。四無量心中以慈悲最為重要，有了普度眾生的慈悲之心，才能隨喜助人為樂，才能平等地對待一切眾生。

6.四攝。也作四攝事、四事攝法，是菩薩為親近化度眾生所採取的四種方法。包括布施、愛語、利行、同事（或同利）。據《摩訶般若經》卷24，布施是財施與法施；愛語是「以六波羅蜜為眾生說法」；利行是教導眾生修持六度；同事是菩薩借助神通變化，以各種形象深入各界眾生之中，應機以六度佛法教化眾生。中心旨趣是通過接近眾生，給眾生以利益，取得眾生的信賴，然後應機以六度教化眾生。《大乘義章》卷11說：「言四攝者，化他行也。」如果縮小眾生的範圍，僅以人為四攝的對象，此四項也有明顯的道德含意。《大乘義章》對四攝的解釋是綜合各種佛經而寫的，沒有特別強調六度。它對愛語攝的解釋是：「美辭可翫，令他愛樂，名為愛語；因其愛言，緣物從道，名愛語攝。」利行攝：「勸物起修，名為利行；以道潤彼，故云利益，因利緣物，名利行攝。」同利攝：「菩薩為化，先同眾生苦樂等事，名為同事；同行為次，菩薩為化，亦與眾生同修諸善，名為同行；同利最上，化物成德，來同菩薩，名為同利；因同緣物，名同利攝。」在四攝中，最後的同事（或同行、同利）最具「菩薩行」特色。不難看出，四攝貫徹著菩薩道的慈悲精神。

## 四、三聚淨戒的大乘倫理的實踐意義

大乘僧俗通受的三聚淨戒把持戒、修習佛法、普度眾生合為一體，通過授戒的方式讓信徒自覺實行，最具大乘倫理實踐的意義。三聚淨戒包括三類戒法：⑴攝律儀戒，包括五戒、八戒、十戒、式叉摩那、僧尼具足戒及大乘十重戒四十八輕戒等；⑵攝善法戒，修持佛法六度等；⑶攝眾生戒，也作饒益眾生戒，用四攝等善法饒益、普度眾生。《地持經》、《瑜伽師地論》、《瓔珞經》等都談到三聚淨戒。《大乘義章》卷 10 有綜合介紹。

唐代道宣在建立以《四分律》為中心的律學體系時也論證了三聚淨戒。他在《行事鈔》卷上 3〈受戒緣集篇〉中說，發心受戒，「成三聚戒故，趣三解脫門，正求泥洹果；又以此法引導眾生，令至涅槃，令法久住」。宋代元照《資持記》卷上 3〈釋受戒篇〉對此詳加解釋，認三聚淨戒統攝一切修行的法門（「攝行斯盡」），說攝律儀戒「禁惡」，斷除煩惱，是「止行」（止惡之行）；攝善法行是修證佛法，屬於「作行」（作善之行）；攝眾生戒，為度一切眾生，是「四攝行」——布施、愛語、利行、同事。說修此三戒分別可修得「無作」、「空」、「無相」三解脫門等。道宣在《羯磨疏》卷 3（見《濟緣記》卷 16）中又把三聚淨戒與三佛（法報應）、三德（斷智恩）等等配合在一起，提出三戒圓融說。認為三戒互攝互入，共為一體，「如是心受，即發圓體；如是心持，即成圓行」。這裏說的「圓體」指因在心中受持三聚圓戒所形成的「戒體」用現在通俗的話講，是受戒後所樹立的對遵守戒律的信心和意志，相當於道德意志。道宣把戒體解釋為心的善的意念（原文是阿賴耶識中的「善種子」），說戒體使人對所受之戒「能憶能持」，對惡「能防」，「隨心動用，還熏本識，如是展轉，能靜心源」，無非是強調意志在持戒修行中的能動積極的作用。重視人的內心信仰和道德意識的修養❶，重視主觀意

❶ 心性問題是大乘佛教，也是大乘倫理的重要問題，涉及面廣，本文不擬展開論述。希望有人對此專作探討。

志在宗教實踐和道德實踐中的決定意義，是大乘佛教和大乘倫理的重要特點。

## 五、大乘倫理和現代社會

佛教這一古老的宗教至今仍在亞洲不少國家和地區流行，並且已開始向歐美等地傳播。在北傳大乘佛教流行的範圍內，佛教作為傳統文化的重要組成部分仍對社會發生影響，在有的國家還產生了一些新興佛教團體，在傳教的同時還採取各種形式積極從事社會政治活動和文化活動。在現代社會上，作為大乘佛教協調內部僧俗信眾之間的關係和教團與社會關係的倫理，情況如何？它是如何適應現代社會，如何對社會發生影響，人們是如何評價這些影響的？這些都是值得探討的問題。鑑於筆者缺乏這方面的知識和經驗，這裏僅提出幾點想法供諸位參考。

### 1. 研究與借鑑

佛教從產生至今已有二千五百多年的歷史，而從佛教傳入中國到現在也接近二千年了。在這漫長的歲月中，佛教從原始佛教，到部派佛教，又最後形成大乘佛教。在以中國為中心的北傳佛教中，大乘佛教占有主導地位。在佛教的發展中形成了豐富多彩的佛教哲學、佛教義理、佛教律學、佛教倫理、佛教儀軌、佛教文學、佛教音樂、佛教美術等等。我們應結合佛教歷史的研究對此進行分門別類的研究和綜合性的研究。在佛教倫理方面，應研究在佛教體系中哪些屬於倫理道德的範疇，它們具有什麼形態，它們的形成發展的歷史如何。還應研究在大乘佛教中，大乘倫理占有什麼地位和產生怎樣的影響。佛教在傳入中國和其他國家、地區中吸收了大量傳統的民族道德成分，可以進行若干專題研究，如「中國佛教與儒家倫理」、「中國佛教中的倫理觀念和道德規範」等等。以此為基礎和借鑑，可以展開對「大乘佛教倫理與現代社會」的種種專題研究和綜合研究。

在日本近代以後，佛教進行了適應時代變化的種種改革，雖然世俗化十分突出，但各宗各派仍有自己的戒規和道德規範。南傳上座部佛教，在大乘看來是「小乘」，但在佛教傳承方面，與民眾聯繫方面，有自己的特色。對外國佛教倫理的研究，也是可以作為借鑑。

中國自進入近代以後，在佛教方面雖變化不顯著，但也有發展。有不少高僧、居士在一些佛教著述中也探討過佛教倫理問題，對此應搜集整理資料，可作參考。

### 2. 繼承與發展

在佛教流行的國家和地區，佛教影響社會的重要環節之一是它的倫理道德，它關係到社會人們對佛教的評價，關係到佛教的存在和發展。以慈悲為道德原則的大乘倫理，從古至今被廣大佛教信徒所遵循，但在不同時代和條件下有不同的表現形式。在現代社會，佛教教團可以通過怎樣的組織形式和活動方式來繼承以實踐慈悲為中心的大乘倫理的基本觀念和規範呢？例如可以結合傳教引導信徒互相關心、互相幫助，解決生活中的困難；提倡社會公德，結合五戒、十善的宣傳，制止危害公眾衛生健康的污染、公害和販毒吸毒現象；集資興辦社會福利事業，發揚傳統的福田、悲田思想；結合維持山林寺院，美化環境，發展觀光事業；按照「一切世間治生產業，皆與實相不相違背」的不二思想，可興辦產業，安置貧困失業人員和殘疾人員；提倡各宗派之間、各宗教之間的對話協商、避免紛爭；在國際間配合和平與發展的總趨勢，開展有利於國與國、民族與民族和解，促進裁減軍備，防止核戰爭的和平運動……這些都符合大乘佛教自利利他的「菩薩道」。佛教倫理是在實踐中繼承，在實踐中發展的。

說到發展，似乎還應對舊有倫理和戒規中的顯然過時的東西進行清理。如一些大乘佛經中及《高僧傳》等史書中記述、表彰的殘身供養、輕視婦女及律藏中某些過於束縛身體行為的戒條（如三十捨墮、九十單墮中的部分條款）。其實在現實生活中，有一些早已廢止不行了。

另外，對一些常用的道德觀念和規範可以適應現代社會的情況豐富它們的內涵。例如五戒、十善、四無量心及四攝等，本來伸縮性就大，豐富它們的內涵並不困難，也容易得到社會人們的理解。一九一六年太虛法師在〈佛教人乘正法論〉一文中已作過這種嘗試。他對五戒的解釋是：⑴不殘殺而仁愛；⑵不偷盜而義利；⑶不邪淫而禮節；⑷不欺妄而誠信；⑸不服亂性情品而調善身心。既繼承中國古代佛教吸收儒家倫理的做法，又結合時代作了新的發揮。例如第二戒「不偷盜而義利」，閒說「偷謂詐騙潛竊，盜謂強劫豪奪」，對不義利之事的戒是：「勿賭博、勿閒蕩、勿消費遺產而不事生產、勿丐求度日而不圖立身。」所舉義利之事是：「當教育兒女、當孝養父母、當供奉師長、當惠施幼弱」等。第三戒「不邪淫而禮節」的戒相是：「不非人淫、不非器淫、不非處淫、不非時淫」等。第五戒

「不服亂性情品而調善身心」的戒相是:「勿食鴉片、勿食各種煙草、勿飲酒、勿食各項奮興性、毒性藥品。」在對五戒的解釋中已提出了制止現代社會中常見的一些公害的意見。這種嘗試，至今猶有借鑑的價值。

### 3. 人生佛教和大乘倫理

佛教如何適應現代社會？佛教界一些人士提出了實行人生佛教的主張。人生佛教，也稱人間佛教。雖然人們的主張不盡相同，但大致都認為：人生佛教應以人生為本位，它不脫離人生，結合於人生，以改善人生為基礎，把大乘佛法中與社會人生密切相關的倫理觀念和道德準則作為主要實踐內容。關於這個問題我本人沒有更新的見解，僅簡要地介紹佛教界的一些主張。

在中國現代史上最早積極提倡人生佛教的佛教界人士是太虛法師。他生前就人生佛教發表了很多講演和文章，一九四五年他的弟子還專門收集有關言論編了《人生佛教》一書（海潮音月刊社出版)。明清以來佛教尤重死、重靈魂、重經懺超度。太虛批評這是「死的佛教」和「鬼的佛教」，提出與此相對的以重視人生、改善人生為基礎的「人生佛教」。一九二八年他在《人生佛教的說明》中說，適應現代世界文化的三個特點：現實的人生化、證據的科學化、組織的群眾化，「當以求人類生存發達為中心而施設契時機之佛學」;「今以適應現代人生之組織的群眾化故，當以大悲、大智普為群眾之大乘法為中心而施設契時機之佛學」；「大乘法有圓漸、圓頓之別，今以適應重徵驗、重秩序、重證據之現代科學化故，當以圓漸的大乘法為中心而施設契時機之佛學」。此三項即為人生佛教的三義。這種佛教「且從『人生』求其完成以至於發達為超人生、超超人生，洗除一切近於『天教』、『鬼教』等迷信；依現代的人生化、群眾化、科學化為基，於此基礎上建設趨向無上正遍覺之圓漸的大乘佛學」。佛教中有人乘、天乘、聲聞乘、緣學乘、菩薩佛乘。太虛尤重人乘，說「五戒之行」、「十善之化」屬於五乘共法，由人生改善，才進而修證其他乘法，經證得「後世增勝」（生天）、「生死解脫」，最後達到「法界圓明」而成佛（《人生佛教開題》）。他說人生佛教極為注重「充實人生道德」（《人生的佛教》）。在人的行為標準方面，他會通五乘，提出「應以十善六度為標準，此通於出世善法，從初發心，以至於等覺，無不依此修行，佛則於此十善六度已圓滿，而利他亦仍在此」（《佛學之簡明標準》）。太虛的人生佛教，把重點放在改善人生方面，可以爭取多數一般信眾的支持，也可得到社會的理解；把最高目標規定為成菩薩、成佛，則保持了大乘佛教的特色。還應指出，他還把菩薩、佛作了新的解釋，說：「若以合理的思想、道德的行為，推動整個的人生向上進步、向上發達，就是菩薩，亦即一般所謂賢人君子；再向上進步到最高一層，就是佛，亦即一般所謂大聖人。」（《人生的佛教》）這樣一來，佛、菩薩就不是「神秘的」，可望不可即的了。

由於海峽兩岸多年沒有直接交往，大陸學者對臺灣佛教所知甚少。一九八九年四月佛光山星雲法師率團回大陸探親訪問，傳遞了臺灣佛教的信息。打開《佛光山開山二十週年紀念特刊》，看到〈佛光山的性格〉、〈佛光山對佛教的影響〉、〈怎樣做個佛光人〉等，給人以耳目一新的感覺。星雲在吸收太虛的人生佛教思想的基礎上，結合佛光山建設和傳法的經驗，對人生佛教的理論和實踐從不同方面作了說明。星雲稱人生佛教為人間佛教。他認為，既然佛陀出生在人間，成道在人間，並以度化人為本懷，佛教就應是「人本的宗教，而非神權的宗教」，主張「人間佛教的性格是重視生活的、重視人生的，尤其在生活上注重『平常心是道』的體驗」。佛教是宗教，自然要宣傳脫離生死、涅槃出世的內容。但星雲特別強調：「固然要行者能了生脫死解脫煩惱，但是更重要的是要先福利有情；固然要學子宣揚出世精神，但是更重要的是先入世服務。」星雲在指導佛光山僧團佛法事業中，主張會通大小乘，八宗兼弘，立足於改善人生而實踐佛法和倫理，說：「四念住可以安頓身心，四威儀可以軌範行為，五戒是健全人道之本，六度是普利人我之行，八正道是修行之路，十大願是成佛之基，因為人間有佛法，人間才能和平安樂。」又說：「以道德莊嚴人生」，並提倡慈悲、四弘誓願、四無量心、「發心利益社會大眾」。在〈怎樣做個佛光人〉中提出的「常住第一、自己第二」、「事業第一、自己第二」、「佛教第一、自己第二」、「先入世後出世」……「不私收徒眾」、「不私蓄金錢」、「不私建道場」……「要有宗教情操」……都貫徹了大乘倫理，並結合現實有新的發展。在星雲的人間佛教理論和實踐中，重視佛教的現代化是另一個特點，在僧團制度、管理、傳教設施和傳教方法、佛學人才培養等方面，都適應現代社會情況作了重大改進，並引進現代最新科技手段。佛光山的建設和佛教事業的發展，已引起國內外佛教界和佛教研究學者的廣泛注目。

接著想對大陸佛教的有關情況略作介紹。眾所周知，大陸社會實行社會主義制度。總部設在北京廣濟寺的中國佛教協會是各民族佛教徒的聯合組織。一九八七年通過了該會的新章程，其中規定「團結全國各民族佛教徒提倡人間佛教積極進取的思想，發揚佛教優良傳統」。以會長趙樸初先生為代表的佛教界人士在不少場合演講或著文提倡人間佛教，希望佛教徒發揚農禪並重、注重佛學研究、開展國際友好交流的傳統，實踐佛教倫理，以「入世度生」的精神，為社會發展和人民福利而積極作出貢獻。趙樸初在一九八七年佛協五屆代表會議上作的《團結起來，發揚佛教優良傳統，為莊嚴國土利樂有情作貢獻》的報告中說：「佛教的利生思想，如『五明』中的『工巧明』，『四攝』中的『利行』、『同事』，『八正道』中的『正命』、『正業』，以及『一切資生產業（即工農商業）悉是佛道』的教義，中國佛教『農禪並重』和『一日不作一日不食』的優良傳統」，可以激勵佛教徒參加社會物質文明的建設；同時，「佛教教義中建設人間淨土、莊嚴國土、利樂有情的理想；眾生平等的主張；報國家恩、報眾生恩、普度眾生的願力；諸惡莫作、眾善奉行、自淨其意的原則；慈悲喜捨，四攝六和的精神；廣學多聞，難學能學，盡一切學的教誡；自利利他、廣種福田的思想；禁止殺、盜、淫、妄等戒規；以及中國佛教的許多優良傳統」，都可激勵佛教徒進行道德修養，提高文化，為社會精神文明建設作出有益的貢獻。此外，他一再呼籲要研究佛教對中國文化的影響。他針對把「燒香磕頭，求神拜佛」看做是佛教的簡單化看法，對佛教作了全面概括的介紹。一九八六年他在〈佛教與中國文化的關係〉一文（《文史知識》第十期）中指出佛教是中國傳統文化的一部分，就佛教對中國文化的深刻和廣泛的影響作了介紹。在文章的最後又談到人間佛教，說：「要吸收佛教文化的精華，要發揚『人間佛教』的精神。『人間佛教』的主要內容是五戒、十善和六度、四攝，前者著重在淨自己的身心，後者著重在利益社會人群。」多年來，廣大佛教信徒在生產、保護寺院和文物、護林造林、修橋補路、贊助社會公益福利事業以及開展佛學研究、培養人才、出版佛教文獻、增進國際佛教文化交流等方面，做出顯著成就，受到社會各界的稱譽。

據以上所述，人生佛教或人間佛教已不僅是個理論問題，而且已是付諸社會實踐的現實問題。佛教界關於人生佛教的各種理論和實踐，可以說是對「佛教如何適應現代社會」這一歷史性問題所作的回答。相信隨著社會實踐的發展，人生佛教理論和大乘佛教倫理思想將進一步得到充實和豐富。

最後，謹向這次國際佛學會議的總召集人聖嚴法師和為會議作出貢獻的諸位先生表示衷心的敬意和感謝。

一九八九年十月四日於北京

# 拾伍 （大乘）佛教倫理現代化重建課題試論

傅偉勳

## 一、前 言

《法句經》著名的「七佛通戒偈」有云:「諸惡莫作，眾善奉行，自淨其意，是諸佛教。」❶此偈前二句表明去惡為善的世間道德，多半屬於世俗諦層次的有漏善倫理，可稱世俗倫理 (secular morality)。第三句則強調自心的清淨，兼攝戒定慧三學，貫通八正道，旨趣是在超越世間世俗帶有功利意味的善惡對立，而建立純屬勝義諦層次

❶ 見《大正新修大藏經》（簡稱《大正》）卷 4，頁 567 中。此偈亦散見於《增一阿含經》卷 1〈序品〉、《出曜經》卷 25、《根本薩婆多部律攝》卷 14、《有部毘奈耶》卷 50、《四分律》卷 35 等處。《增一阿含經》卷 1〈序品〉（《大正》卷 2，頁 551 上）解此偈頌之義云:「四阿含義，一偈之中盡具足諸佛之教及辟支佛、聲聞之教。所以然者，諸惡莫作。戒具之禁，清白之行；諸善奉行，心意清淨；自淨其意，除邪顛倒；是諸佛教，去愚惑想。」日本佛教學者荻原雲來據巴利文《法句經》原典譯出此偈（第一八三條），改「自淨其意」之「意」為「心」。「心」、「意」二字於此相通。

的無漏善倫理，可稱勝義倫理 (supreme morality)。專就原始佛教以及（傳統的）小乘佛教言，世俗倫理的獎勵根據是在「善有樂果，惡有苦果」的業報輪迴之說，功利主義的傾向極為明顯。佛陀本人雖不必真信輪迴思想（如積善則可生天之類）或三世因果等說，但為教化方便，也難免順應當時印度宗教通行的說法，鼓勵世俗諦意義的積善除惡。以自心清淨為修道根本的無漏善倫理則不然，它的終極目標是在破功利、出世間的涅槃解脫。如說世間的有漏善是無關乎宗教解脫的純然（世間）道德的善，則出世間的無漏善乃屬超道德的 (transmoral) 純屬宗教勝義的善。因此，前者為低為劣，後者為高為優；前者不得獨立於後者，終必非解消到後者不可。佛教與偏向泛道德主義的 (panmoralistic) 儒家傳統之間的根本分辨，即在於此。

我們如再進一步特從大乘佛法的二諦中道觀點重新詮釋佛教倫理，則可以說，出家道與在家道、超世間的宗教勝義之善與人世間的倫理道德之善，乃至勝義諦與世俗諦等等的二元分化，以及兩者高低優劣的評價，原不過是佛陀為了應機教化權且施設的方便說法，卻不能視如（大乘）佛法的終極道理❷。弔詭地說，勝義諦與

❷ 一般學者似乎未予明辨「道理」與「真理」之異，於此必先澄清。佛法或佛教教義與涉及客觀事實的真理毫不相干。可言詮的佛法理論乍看之下極其類似科學理論，有如客觀真理。但就其深層結構言，它是不離心性體證的主體性道理；主體性道理所能具有的哲理強制性與普遍接受性（但絕不是科學真理的客觀真確性），本質上是建立在相互主體性脈絡意義的合情合理與共識共認，亦即天台所云「感應道交」。合情合理指謂道理的強制性；共識共認則指道理的普遍性，意謂人與人間（譬如佛與眾生之間或佛教信徒之間）相互主體的可體認性與可接受性。所

世俗諦原本無二，故許暫分為二，權且比出高低優劣罷了。站在「生死即涅槃」的般若空觀以及誓願不自成佛的大乘菩薩道立場，則應積極地倡導，勝義諦必須落實於世俗諦，而所謂出世間的宗教勝義無漏善，也只有通過我們世間道德的「日日新，又日新」，才能彰顯它那真實本然性與具體實踐性雙重意義出來；否則整個佛教倫理就很容易流於空泛而不著實，更有逃避現實的危險，而終禁不起宋明理學以來儒家對於佛教的嚴厲批判了❸。因此，大乘佛法在現代社會以及後現代社會，必須隨著社會與時代的變遷，繼續不斷地自我轉折，自我充實，否則（大乘）佛教倫理的現代化重建課題始終無法適予解決。這是我撰本文的基本旨趣。

我在以下本文首先考察大乘佛教所以比南傳（小乘）佛教較具現代化的開展與充實可能之理，進而依我多年來的研究心得，試予現代式的大乘佛法層面分析 (dimensional analysis)，析出二十門，藉以窺見大乘佛法的教義多門性與辯證開放性。接著說明涉及世俗諦的大乘教義諸門之中，為何戒律門（道德門）在整個佛教傳統的諸般現代化課題之中算是最為迫切而又吃緊的首要難題。依此瞭解，我建議傳統以來的大小乘戒律必須擴充而為合乎新時代要求的佛

---

謂佛法的終極道理，乃屬不可言詮、不可思議的最勝義諦之事，亦即不二法門的中道或真如。

❸ 關於傳統儒家對於佛教的倫理批評，參閱下列兩篇英文拙論 "Morality or Beyond: The Neo-Confucian Confrontation with Mahayana Buddhism", in *Philosophy East and West*, vol. 3 (July, 1973), pp. 375–396; "Chu Hsi on Buddhism", in Wing-tsit Chan ed., *Chu Hsi and Neo-Confucianism* (Honolulu: University of Hawaii Press, 1986), pp. 377–407.

教倫理 (Buddhist ethics and morality)，以便適予應付日益多元化、世俗化著的現代社會種種道德問題，諸如佛法與世法的微妙關係、政治參與、死刑、世界和平運動、女權運動等等世俗諦層次的具體問題。

為了提供解決此類世俗諦層次的倫理道德問題所亟需的現代化（大乘）倫理觀線索，我將試創下面一套具有五對倫理學名辭的模型：⑴僧伽本位的微模倫理對社會的巨模倫理；⑵具體人格的慈愛倫理對抽象人格的公正倫理；⑶動機本位的菩薩倫理對結果主義的功利倫理；⑷修行本位的戒律倫理對規則本位的職責倫理；⑸無漏圓善的成佛倫理對最低限度的守法倫理。我們應用此一模型，當有助於重新探討並發揚不二法門的中道原理（理論層面）與大乘菩薩道的慈愛精神（實踐層面），藉以暗示如何適予解決佛教戒律的現代化等圈內課題，以及佛法與世法之間的種種圈外問題。

## 二、從傳統戒律到大乘倫理

我們探討（大乘）佛教倫理現代化重建課題的首要步驟是，明予分辨大小二乘戒律的根本性質，藉以發現具有菩薩道精神的大乘戒律所以優越於小乘戒律的道理，以及所以能夠擴充而為現代化的佛教倫理的理論線索。據一般佛教學者的瞭解，在佛陀的時代並無一套固定不移的僧伽規範存在，而是依照「隨犯隨制」的應變原則隨時添加或改善戒律的。《法句經》的「七佛通戒偈」則可以說是代表根本佛教的戒律精神，故稱「通戒」。

平川彰教授在他的名著《原始佛教の研究——教團組織の原

型》考察「戒律」一辭的來源，認為中、韓、日等東亞國家向來慣用的此一名辭，在印度佛教找不到語源根據；在印度佛教，「戒」(śīla) 與律 (vinaya) 或「律儀」(saṃvara) 明顯分開，並無連用的跡象。依他的字源分析，「戒」字原指自願加入僧伽修行佛法的比丘個人的主觀決意，故有自律 (autonomous) 意味。律則不然，專指為了僧伽本身的團體秩序與存續，僧伽成員必須遵守的客觀規範，故有超越成員的個人意志而自外強制奉行的他律 (heteronomous) 性格。在東亞佛教，由於連用「戒律」一辭，多半當做僧伽規則看待，因此容易忽略原先存在著的自律、他律兩重構造，而無法看出「戒」與「律」之間可能存在著的矛盾或衝突❹。

上述平川的字義分析極為重要，因為我們今天探討佛教倫理的本質以及現代化重建課題，必須考慮到如何適予協調表現佛法內在精神的自律道德（戒）與代表佛教教團的他律規範（律），使不致產生兩者之間的道德衝突甚至道德兩難 (moral conflict or dilemma)，以及如何適予解決已經產生的衝突或兩難的佛教圈內倫理問題。圈內問題如未解決，也就根本談不到如何處理佛法與世法之間更加微妙複雜的圈外問題了。我自己就是敏感到「戒」與「律」的兩重構造

❹ 該書（東京：春秋社印行，1964），頁 107–108。佐佐木現順教授所主編的《戒律思想の研究》（京都：平樂寺書店出版，1981）一書收有主編本人的一篇〈インおよび東南アジアの佛教における戒律思想〉，也提到「戒」或「尸羅」是由 √sil（冥想、實行、獻身）這個字根形成，具有習慣性、傾向性、善的行為等義，延伸而有防非止惡之義；至於「律」或「毘奈耶」，則由 vi + √nī（去除、規導、訓練）組成，具有制御、調伏、規律等義，由是產生僧伽規則的律制意義（該書頁 3）。

之後，為了尋找此類圈內、圈外種種倫理難題的解決線索，才開始構想了下面所要提出的一套倫理學模型的。不過我們這裏的先決條件是，如何看出大小二乘戒律的性質差異，以便設法擴充傳統佛教為現代化的（大乘）佛教倫理。

我們在第五世紀出現的一些漢譯經典，如鳩摩羅什所譯《清淨毘尼方廣經》、曇無讖所譯《大涅槃經》以及《菩薩地持經》、求那跋摩所譯《菩薩善戒經》等，可以看到明顯分辨大乘戒（菩薩戒）與小乘戒（聲聞戒）的早期資料。據此不難推測，這一對名稱在第四世紀的印度已被使用。小乘佛教的戒律稱為「制教」，亦單稱「律」，乃起名於佛教教團的律法或規則，僧伽成員必須一律嚴守，如非成員則無此必要。與此相比，大乘戒的形成多半源於以在家為主的初期大乘菩薩佛教運動，因此大乘戒原非狹義的僧伽規則，而是信奉佛教的人們，不論僧俗，皆必嚴守的較具普遍性質的道德規範，可說遠較小乘聲聞戒更具自律的倫理性格。

據支婁迦讖所譯《般若三昧經》，大乘在家道乃以三皈五戒為主，三皈即不外是皈命佛法僧三寶，五戒則指通行的「不殺生、不偷盜、不邪淫、不妄語、不飲酒」。很顯然，三皈五戒並非強制性的他律規範。又在另一早期的大乘經典《菩薩內習六波羅蜜經》之中，特別記述六度修行之一的戒波羅蜜的內容，可見自律意味的戒行在菩薩修行之中已佔重要地位。到了《道行般若經》或《小品般若經》，不僅說及戒波羅蜜，更且提到原始佛教經典早有的十善道，所不同的是自行之外另說化他的十善道，明顯表現較為進取開放的大乘菩薩道思想，兼顧自利與利他。大乘化他活動的倫理說法，更在以後的許多大乘經論陸續出現，不勝枚舉；譬如《維摩經》卷 23 的六念法中念戒一條所列十種戒法或《大智度論》所整理出來的種種戒行（如智所讚戒、自在戒、隨定戒、具足戒）等是。由是可知，菩薩道利他、化他的宗教道德活動構成了大乘戒法修行實踐的要諦要領，充分表現大乘菩薩戒的自律性、化他性、進取性、開放性與社會性。

我們不妨再舉一些大乘經典例證這些特點。譬如《大品般若經》的〈一念品〉，強調戒的實踐乃是為了通過六度修行去實現淨佛國土成就眾生的菩薩大理想。《華嚴經》的〈十無盡品〉說及饒益有情戒等十無盡戒的奉行，以便與一切眾生共同成就無上菩提。又如《大般涅槃經》主張大乘戒優於小乘律，強調菩薩應當堅持自行的五支戒與護他（利他）的十戒。自行五支戒即是菩薩根本業清淨戒、前眷屬餘清淨戒、非諸惡覺覺清淨戒、護持正念念清淨戒與迴向阿耨多羅三藐三菩提戒；護他的十戒則為禁戒、清淨戒、善戒、不缺戒、不析戒、大乘戒、不退戒、隨順戒、畢竟戒與具足成就波羅蜜戒。《菩薩地持經》以三聚淨戒（即攝律儀戒、攝善法戒與攝眾生戒）為一切戒法的根本，且強調成佛得道或即人格完成的要領是在三聚淨戒的自律性道德實踐。又如《菩薩瓔珞本業經》以三受門（三聚淨戒）統攝一切佛教戒律，明示戒體（即謂一切菩薩聖凡戒法皆以心志為體，心無盡故戒亦無盡），同時主張菩薩戒有受法而無捨法，而為後來天台宗圓頓戒（指謂僧俗戒法皆以利他為主旨，故其戒體一得永不失）的思想根源。大乘圓頓戒的倫理觀足以代表，佛教戒法從早期偏重自利的聲聞倫理觀逐漸轉成利他本位的菩薩倫理觀的發展成果❺。

❺　大乘戒法思想的形成與開展有關的例示，大體上借自惠谷隆戒所著《大

大乘菩薩戒的殊勝處，至少可以歸納出以下四點。其一，由於大乘菩薩戒強調戒重於律，充分彰顯佛教倫理的自律精神，故極有助於道德主體性的挺立，而此挺立的宗教源頭，即不外是大乘菩薩誓度一切眾生的大慈悲心 (mahā-karuṇā-citta)，有如孔子的仁心或孟子的惻隱之心。不過一是以勝義宗教為本的自律道德心，另一則是世俗倫理本位的自律道德心。其二，基於大慈悲心強調化他利他的大乘菩薩道格外能夠彰顯佛法的中道真諦，表現之為勝義、世俗不即不離的二諦中道。其三，依據二諦中道的指導原理以及化他利他的菩薩道精神，能使大乘戒擴充之為具有社會性與開放性的佛教倫理，而有助於大乘佛法的勝義諦在世俗諦層次真正落實。其四，戒重於律的大乘佛教倫理較具權宜性與伸縮性，能夠隨著社會變遷與時代轉移而適予調節、加減或修改佛教教團的客觀律則。如借儒家的「經權」道理予以說明，則大乘菩薩戒擴充而成的佛教倫理，一方面有其大慈悲心與二諦中道為永不可移的「經」(仁心與仁義原理則為儒家的「經」)，另一方面作為客觀規範的律儀，則是依「經」而有所調整或改變的「權」(權宜辦法)，有如儒家的禮（如古時的「男女授受不親」之親)，並非一成不變的鐵則，但依仁義原理（即「經」) 及實際境況而有所調整或改變（故有孟子所云「嫂溺援之以手者權也」的應變)。

---

乘佛教思想史概說》(京都：佛教大學通信教育部非賣品發行，1977)，頁 86–115。亦可參看東京：春秋社所出《講座・大乘佛教叢書》第一冊所收沖本克己的一篇〈大乘戒〉(該書頁 184–221)。較為詳細精緻的大乘戒研究，可參看大野法道《大乘戒經の研究》(1954)、平川彰《初期大乘佛教の研究》(1968) 等書。

不少南傳佛教的當代代表也瞭解到大乘佛法有助於佛教傳統（尤其佛教倫理）的現代化開展與充實，而在他們的著述不時引用大乘佛法的道理去重新詮釋南傳佛教的教義。他們尤其感到，大乘佛法的開放性、伸縮性、應變性、利他性等等能夠向南傳佛教提供寶貴的思想資糧，藉以開展南傳佛教國家可行的（世俗諦層次的）社會倫理出來。譬如著名學者羅睺羅 (Walpola Rahula) 博士在他的《佛陀教義》(*What the Buddha Taught*) 引用了大乘「生死即涅槃」之旨，借來重新詮釋巴利經典的教義❻。他在另著《比丘的傳統承繼》(*The Heritage of the Bhikkhu*) 強調，「比丘並不是只想個人淨福而毫不顧及其他人類的自利懦弱的人。一個真實的比丘乃是以他人淨福為更重要的利他主義的英雄」❼，顯然帶有大乘菩薩般的語調。又如泰國最具前進思想的著名比丘佛陀駄沙 (Buddhadāsa) 也在他的主著《自我與我執》(*Me and Mine*) 到處借用大乘佛法的道理，如空性、「生死即涅槃」等等，去重新詮釋巴利經典，藉以設法建立較具現代化意味的佛教教義，尤其是佛教社會倫理。以上兩位小乘佛教主要代表的說法方式，足以例證大小二乘的教義差距，隨著現代化的實際需要，已在逐漸縮小，可望在不久的將來會有更進一步的創造性對談與交流，其中最為迫切的一項交流課題，應該是本文所強調的佛教倫理的現代化重建課題。

---

❻ 見該書 (New York: Grove Press, 1974)，頁 40。

❼ 見該書，頁 126。

## 三、二諦中道為理論根基的佛教倫理（學）模型建構嘗試

我在上面雖已指出大乘菩薩戒可望擴充之為現代化佛教倫理的殊勝所在，但也應該點出一些難題，有待我們共同反思。第一，依大乘菩薩戒的自律性而有大慈悲心的主體性挺立，固極重要，卻仍不得不關注戒與律間的協調問題。專顧自律性的戒法戒行，而忽視客觀規範性的律則律儀，或律則律儀不夠完整齊全，就很容易導致僧伽秩序的危害，以及個別主體的道德鬆弛或懈怠。就這一點說，大乘較小乘可能更有問題。如何在戒（自律）與律（他律）間謀求倫理平衡，確是現代佛教徒必須面對的一大難題。第二，戒律問題原是佛教教團的圈內問題，而與一般世法或政治法律無有直接關聯。但在今天日益多元化及世俗化的現代社會裏，所有大小乘佛教徒已無法迴避圈內與圈外之間日日產生的種種錯綜複雜的相關問題。如何跳過傳統戒律，而去處理或解決此類問題，亦是極其棘手的倫理課題，已非單靠傳統以來的大乘菩薩戒所能應付。第三，依照大乘菩薩道而將勝義諦落實到世俗諦層次，同時開展現代化的佛教倫理，並非單純的大乘菩薩實踐課題，而是涉及如何重新探討二諦中道的現代意義的一項理論課題。以下我先討論大乘佛法的多門義理，進而試探二諦中道的現代意義，然後依此根本原理試予建構現代化的佛教倫理（學）模型，藉以尋出上述各種難題的解決線索。

經過大乘佛學的長期充實與深化之後的佛法，可以說是無量無邊，對此要有通盤整全的掌握與瞭解，實非易事。不過，依我多年

來的反思探索，我今天認為整個（大乘）佛法大致可以總括成為以下二十門，俾便窺知它的教義多門性與辯證開放性，能夠隨著社會變遷與時代轉移不斷地自我創新、擴充或調節，伸縮自如而永不枯竭。這二十門是：⑴不二門（亦稱中道門、真空門或真如門），⑵二諦門（或稱般若門），⑶實相門（又稱妙有門），⑷緣起門（於華嚴宗則特稱性起門），⑸涅槃門（或稱解脫門），⑹心性門（或稱佛性門），⑺心識門（於法相宗則特稱八識門），⑻迷悟門（用現代語亦稱實存門），⑼業報門（亦稱輪迴門），⑽教化門（亦稱方便門或法施門），⑾應病門（亦稱治療門），⑿時機門，⒀禪定門（亦稱修行門），⒁戒律門（或稱道德門），⒂教團門（亦即包括僧俗的廣義僧伽門，或稱社會門），⒃生計門（亦稱經濟門或財施門），⒄五明門（又稱學術門），⒅藝術門（亦稱審美門），⒆文化門，以及⒇教判門（用現代語亦稱評價門）❽。

屬最勝義諦的不二法門乃是佛法本根，依此本根立即衍生二諦門出來，所謂「不二而二」即表現著這兩門的弔詭關係。如說不二門是不可思議、不落言詮的根本中道，則言詮可及的勝義、世俗二諦之分即不外是自此最勝義的根本中道方便衍生的二諦中道。也就是說，依不二法門的根本中道，最勝義的佛法無所謂二諦之分，蓋因從本來一切如如、自然法爾之故；但為隨應世間世俗的精神需求，卻又不得不立即權設二諦的分化對立，由是勝義為高為優，世俗為低為劣。二諦構成極其弔詭的辯證關係。一方面就根本性質言，二

❽ 佛法既是無量無邊，析出二十門，亦不過是權宜方便，隨著需要可合可分，調整門數。因此，此「大乘二十門模型」，並非一成不變。我只能說，此二十門大體上統括了無量佛法，當有助於現代學者的重新探討。

諦之間似乎絕對隔絕，毫不連續❾。譬如涅槃解脫的勝義境界確實不是生死輪迴的業報世間，佛心佛性亦絕不是無明業識心，勝義的真如法界實與業惑緣起的娑婆世界 (Sahā-lokadhātu) 斷然相異，不可混為一談。然而依據二諦中道，勝義與世俗又不可分離，必須相輔相成。也就是說，勝義諦必須落實於世俗諦，才有本身的彰顯意義；世俗諦亦必須體現勝義諦，才有本身的存在意義。勝義諦必須假借世俗諦而自我彰顯，世俗諦亦必依靠勝義諦而自我轉升（提升轉化）。從世俗諦到勝義諦的方向，即是向上門的往相，如「上求菩提」所示；從勝義諦到世俗諦的方向，則為向下門的還相，如「下化眾生」所示。

長尾雅人教授說：「佛教的還相，不是甚麼神性的流出或分有，毋寧是針對世俗如實肯定，不存一分神性。……所謂還相，毫不帶有任何一分連續，而是絕對非（世俗）自身的他力如如來生（亦即迴向）。勝義在世俗顯現出來，然其顯現，對於世間世俗來說，只能以絕對的他者形態顯現。因此，從勝義到世間，乃是絕對隔絕的，而不可能是流出的、連續的。連續的、顯現的，乃至顯了的，畢竟不過是世俗而已，由是世俗始終只能夠在世俗有其根柢。」❿我雖同

---

❾ 關於勝義諦對於世俗諦的絕對隔絕性或不連續性，參照長尾雅人所著《中観と唯識》（東京：岩波書店發行，1978）首章〈中觀哲學の根本的立場〉。此章最近經由美國基南 (John P. Keenan) 教授英譯成書，係紐約州立大學出版社今年 (1989) 印行。我曾為該出版社審閱譯稿，評原著為了不起的第一流學術傑作，資料分析與哲理詮釋均屬上乘，值得我們細讀多次。

❿ 前揭，頁 58。

意，二諦一旦分化，完全異質的勝義與世俗確有絕對隔斷的不連續性存在，但又認為長尾這裏似乎過分強調絕對他力還相意義的二諦隔絕，可能與他長在淨土真宗的宗教環境有關。然而我們如再進一步發揮以不二法門為本根的二諦中道哲理，同時強調基於大慈悲心的大乘菩薩道精神，則不得不弔詭地說，生死即是涅槃，緣起即是空性，無明即是真如，眾生心即是佛心。甚至可說世俗諦即是勝義諦，捨世俗諦外無勝義諦；菩薩道即是成佛之道，捨菩薩道外無成佛之道。我在拙文〈理想與現實相即不二的道理〉曾說：「大乘菩薩皆須誓願，如有眾生尚未獲致涅槃，則不先自求涅槃，寧等一切眾生獲致涅槃，而後隨之成道成佛；既是如此，菩薩當然永遠不會捨離世間，永遠要做普度眾生的努力，也自然不會變成佛陀。原則上，一切眾生悉有佛性；但事實上我們人類多半不會成佛。依此實事求是的瞭解，以及『理想』與『現實』相即不二的人生道理，我們應該強調，大乘菩薩時時刻刻普度眾生的『現實』工夫即是成道成佛的『理想』實現，菩薩道就是成佛，捨菩薩之外別無佛陀。」[11]總之，對於（成佛、涅槃在內的）「一切不可得」的大乘菩薩來說，一方面雖已肯認勝義與世俗在存在本質與價值意義完全隔絕（如長尾所云），但另一方面卻從勝義諦向下迴向到世俗諦而落實於日日實踐之時，卻從二諦絕對隔絕的原先存在感與價值感徹底解放出來，而體認到二諦依中道而相即不二之理。本來無所謂二諦分化，但一旦分化之後乃有不即（故相反相對）而又不離（故相輔相成）的弔詭辯證關係，此一關係在大乘菩薩的日日實踐當中終於化為相即不二

[11] 見拙著《「文化中國」與中國文化》（臺北：東大圖書公司印行，1988），頁 284。

的二諦中道，於此我們可以發現建立現代化倫理的理論基礎及其理據。

不二而二的二諦中道（不二門及其方便衍生的二諦門）是大乘佛法的本根。實相門、緣起門與涅槃門就言詮思慮可及的一點說，涉及世俗諦；然就言亡慮絕的一點說乃屬勝義諦。心性論與心識門分別歸屬勝義與世俗。迷悟門在一念之差或屬勝義或屬世俗。業報門純屬世俗。教化門、應病門與時機門的源頭皆在勝義，實際功用則屬世俗。禪定門與戒律門既係修道之事，乃屬世俗諦所轄，但如專講修證一如或無漏善倫理，則關涉到勝義諦。教團門、生計門、五明門、藝術門以及文化門皆屬世俗諦事，但須領受勝義諦的指導。最後，教判門指謂大小乘佛教經論以及各宗教義的教相判釋，而其評價功能所依據的最高準繩即不外是不二法門為本根的二諦中道。

依我對於上述二十門的考察，世俗諦層次的日常實踐所直接涉及的教化門（佛教教育工作）、應病門（佛教精神治療工作）、時機門（適應機根、機緣、時代、境況變化的處理方式）、禪定門（日常精神修行、心性涵養工夫）、戒律門（倫理道德的日日踐行）、教團門（佛教教團的政治參與、社會工作、團體活動等等）、生計門（僧伽與個別信徒的日常生計、經濟生活、生產計畫、財政管理等等）、五明門（佛學研究以及一般學術研究如科技醫藥的研究探討等等）、藝術門（佛教文學、音樂以及其他各種藝術作品的創造與鑑賞等等）以及文化門（包括文學藝術、哲學思想、宗教思想、精神發展、歷史文物等等在內的整個佛教文化的保存與創新）等等關係佛教傳統在世間世俗的現代化落實、存續、創新與開展甚為密切，其中當以戒律門亦即佛教倫理的現代化重建課題為首要而最迫切。此一課題如未獲致適當可行的解決，則其他諸門無論如何發展，都無助於提高佛法在世間世俗所能彰顯的真正價值，因為大乘菩薩為代表的今日佛教徒所不得不擔荷的第一項時代重任，就在如何面對現代社會愈來愈多而又嚴重複雜的世俗道德問題，設法依照二諦中道的根本道理謀求合乎「時措之宜」的解決，如何幫助世人逐步克服有漏的功利倫理的限制與缺陷，如何在日益多元開放化、民主自由化的現代世界與其他各大宗教傳統以及各種世間倫理學說進行創造性對談與交流，藉以謀求相互瞭解與本身的倫理充實。

我為了儒家倫理（學）的現代化重建課題，曾在一九八七年的國際孔學會議提出我所構想的一套倫理學模型，藉以探討道德的理想主義（傳統儒家）與道德的現實主義（現代西方所代表的功利倫理）之間有否融通而為現代式中庸之道的可能，以及儒家依此融通的方式可望自求倫理充實或創新的理論線索。此一模型共有五對相互關聯著的倫理學名辭，大體上每一對名辭都蘊涵著道德的理想主義與道德的現實主義之分辨。這五對名辭是：⑴家庭本位的微（小規）模倫理對社會本位的巨（大規）模倫理；⑵具體人格的仁愛倫理對抽象人格的公正倫理；⑶修身本位的正名倫理對規則本位的職責倫理；⑷動機主義的良知倫理對效果主義的功利倫理；以及⑸盡善盡美的成聖倫理對最低限度的守法倫理⓬。

依據辯證開放的大乘佛法觀點，我在這裏應用類似上述模型的探討方式，建構下面一套佛教倫理的現代化重建可望借用的倫理學模型，亦有五對名辭，大體上每一對名辭都蘊涵著大乘菩薩道為主

⓬ 拙文〈儒家倫理（學）的現代化重建課題〉收在《國際孔學會議論文集》（臺北出版，1988）中。見該書，頁 1213–1222。

的佛教慈愛倫理(前者)與現代西方為主要代表的世俗倫理(後者)。這五對名辭是:(1)僧伽本位的微模倫理對社會本位的巨模倫理;(2)具體人格的慈愛倫理對抽象人格的公正倫理;(3)動機本位的菩薩倫理對結果主義的功利倫理;(4)修行本位的戒律倫理對規則本位的職責倫理;以及(5)無漏圓善的成佛倫理對最低限度的守法倫理。

首就第一對名辭言,傳統以來的佛教戒律(不論大乘小乘),只適用於出家道的僧尼與在家道的皈依信徒,所關注的倫理道德(不論無漏善的勝義倫理或有漏善的業報倫理)與佛教圈外的世俗倫理並不相干,故屬一種微模倫理。但在日益多元化、世俗化的現代社會,如以美國為例,政教必須分離,宗教無權管制政治,反而必須接受世法(國家制定的法律法令)的管制,不得違背。因此,佛教人士必須認清,佛教倫理現代化重建的第一課題即是:如何突破較為保守的圈內戒律本身的內在限制,擴充傳統的佛教微模倫理為一種巨模倫理(即涉及圈外世間的社會倫理)?

次就第二對名辭言,大乘菩薩道的精神泉源,是在願度眾生脫離苦海故而「不住涅槃、不捨世間」的大慈悲心(或不如表現的更積極一點,改稱大慈愛心)。就這一點說,大乘佛教與儒家頗有類似之處,兩者都強調倫理規範的自律性、道德心(慈愛心或仁心)的自我培養與推廣及人;專顧具體的人格與人格之間的倫理關係與道德問題,卻未及關注現代社會的巨模倫理所強調的有關抽象人格之間的倫理觀念(如公平、平等、公正等等)。如何擴充大乘佛教的倫理觀念,兼顧並分別應付有關具體人格與抽象人格的不同關係及道德問題,也是一項不可忽略的課題。

再就第三對名辭言,傳統以來的大乘菩薩道對於道德行為與倫理判斷所採取的基本立場，如同儒家，可以說是重動機而輕結果的。無漏善的勝義倫理本來就是為了一切眾生獲致涅槃解脫，故而強調「自淨其心」，提倡大乘菩薩的慈悲精神，世俗功利意義的行為結果或效率並不是佛教倫理的關注重點。但是在講求功利實效的現代社會裏，佛教人士也不得不考慮到有關道德動機以外的行為結果的重要性，為了建立整全的現代化佛教倫理，必須同時兼顧而並重行為動機與結果，認真探討有關行為結果（如何增加行為產生的功利功效）的客觀知識，當做佛教倫理的重要成素。換句話說，佛教倫理的現代化重建工作之中，如何謀求無漏善的勝義倫理與有漏善的功利倫理之間的相輔相成，乃是佛教人士在理論與實踐雙層必須應付的一項難題。

又就第四對名辭言，傳統大小乘戒律基本上屬於無漏善的勝義倫理，講求修行本位的道德實踐，這與現代功利社會所偏重的「依照規則劃定各別職責」的倫理觀念大異其趣。但是，佛教教團在今日世界也在步耶教社會實踐的後塵，進行種種慈善事業（如設立醫院、養老院之類）、教育活動（辦佛教大學、佛學研究所、佛教書刊出版等等）及其他社會工作，也不得不考慮到修行本位的戒律倫理之外，有關工作規則與個人職責的一般性倫理課題。這些課題的探討與解決，當大大有助於佛教教團在社會實踐的現代化開展與落實。如何適予融合或協調原有修行本位的戒律倫理與規則本位的職責倫理，以便更健全地、有功效地推廣佛教本身的種種有益的慈善活動，也是佛教人士今天所面臨著的一項迫切課題。

最後就第五對名辭言，（大乘）佛教倫理的終極目標既在人人成佛，獲致涅槃解脫，既在講求超越有漏善的無漏圓善，故可規定之為一種「最高程度的倫理道德」(maxima moralia)；儒家講求成聖之道，故亦具此性格。相比之下，現代社會的世俗功利倫理是建立在約定俗成的規則或國家制定的法規上面，所要求的是人人守法，而非其他，故屬「最低限度的倫理道德」(minima moralia)。這兩種倫理道德的看法十分反映著佛法與世法的異質性與建立性。如何重新詮釋二諦中道，依此適予安排世法的地位與功能在佛法本身的低層部分，而不加以無謂的鄙視或否棄，也是一項值得探討的倫理課題。

## 四、結語：現代化的二諦中道倫理觀

總結上節所提出的二諦中道理論與倫理學模型，我想再次強調，為了佛教倫理的現代化充實與開展，我們必須在理論上能夠很有彈性地吸納現代社會的實際運作所必需的巨模倫理、公正倫理、功利倫理、職責倫理、守法倫理等等進來，依二諦中道的倫理學再詮釋，設法衝破二諦分化之後所形成的（長尾教授所云）勝義與世俗的絕對隔絕關係，如此貫通二諦，才有辦法解決佛教倫理的現代化重建課題。就理論層次言，就是要重新建立具有新時代意義的二諦中道倫理觀，以便謀求大乘佛法的勝義倫理與現代社會的巨模倫理之間適當可行的中庸之道。以下便是本文的簡單結論。

首先，我們必須認清，大乘佛法的最勝義諦乃是在於不二法門的根本中道，於此本無所謂二諦之分，更無所謂勝義、世俗的高低優劣可言。其次，我們回到我們的世間世俗，就立即發現到依不二法門而有二諦方便施設的道理。由是勝義與世俗頓形絕對隔絕而不連續，在佛教倫理本身亦形成無漏善的勝義倫理與有漏善的世俗倫理之間的相反對立。但如一味堅持兩者之間在性質上、價值上的絕對殊異，則又容易眼高手低，墮入頑空，有違中道之理。由是而有二諦中道的般若空觀（真空妙有觀以及無分別般若智與分別智的融合貫通）與大乘菩薩道（不住涅槃、不捨世間）的形成，如此大乘佛法的理論與實踐兩相配合，許有進一步從勝義諦向下落實到世俗諦層次的可能。一旦落實之後更可弔詭地體證世俗諦即勝義諦、生死即涅槃、菩薩道即成佛之道等等根本中道理趣，而在倫理道德的日日實踐徹底貫通原先偏重無漏善修行的勝義倫理與現代社會必需的功利、職責、守法等等巨模意義的世俗倫理，兩者終可化為一體。這是依照二諦中道的重新詮釋而不得不達到的有關佛教倫理現代化結論。

依此見地，我衷心盼望現代佛教徒以及佛教教團能夠更積極地參與世間世俗的政治活動與社會工作，把大乘佛法的菩薩道精神真正帶到我們人間的日常生活之中。佛教教團必須能夠提出有助於社會福利與進步的建設性主張與措施，必須敢於提出有佛法根據的政見，也必須好好利用時機，在民主自由而多元開放的公開討論條件下，正面提出具有說服力的佛教看法。面對諸般世間世俗社會倫理問題，譬如安樂死、墮胎、死刑、生態、社會風紀、女權等等當前迫切的倫理難題，應予進行佛教徒與教團本身的集體討論，建立具有佛法理據的共識，而向佛教圈外的人士表明佛教的倫理立場。無論如何，奉持佛法的現代人不能再像過分保守的傳統佛教那樣，隔斷佛法與世法，漠視世法，只管佛法。真正的佛法必須在從事於世法的改善轉化的奮鬥過程當中彰顯出來，這是根據二諦中道產生的關涉佛教倫理本身應有的實踐態度。

與耶教傳統相比，佛教傳統在社會倫理的現代化落實這一點仍很落後，如何通過創造的對談，學到其他宗教傳統的優點長處，藉以充實本身的倫理道德觀點，乃是現代佛教徒與教團不可迴避的首要課題。如何依據二諦中道的根本原理，大大發揮（大乘）佛法在世俗諦層次的倫理威力，可以說是一切佛教徒的共同責任。

**一九八九年十一月十日晨六時撰於美國費城北郊，為臺北中華佛學研究所主辦的「佛教倫理與現代社會」國際研討會而作。**

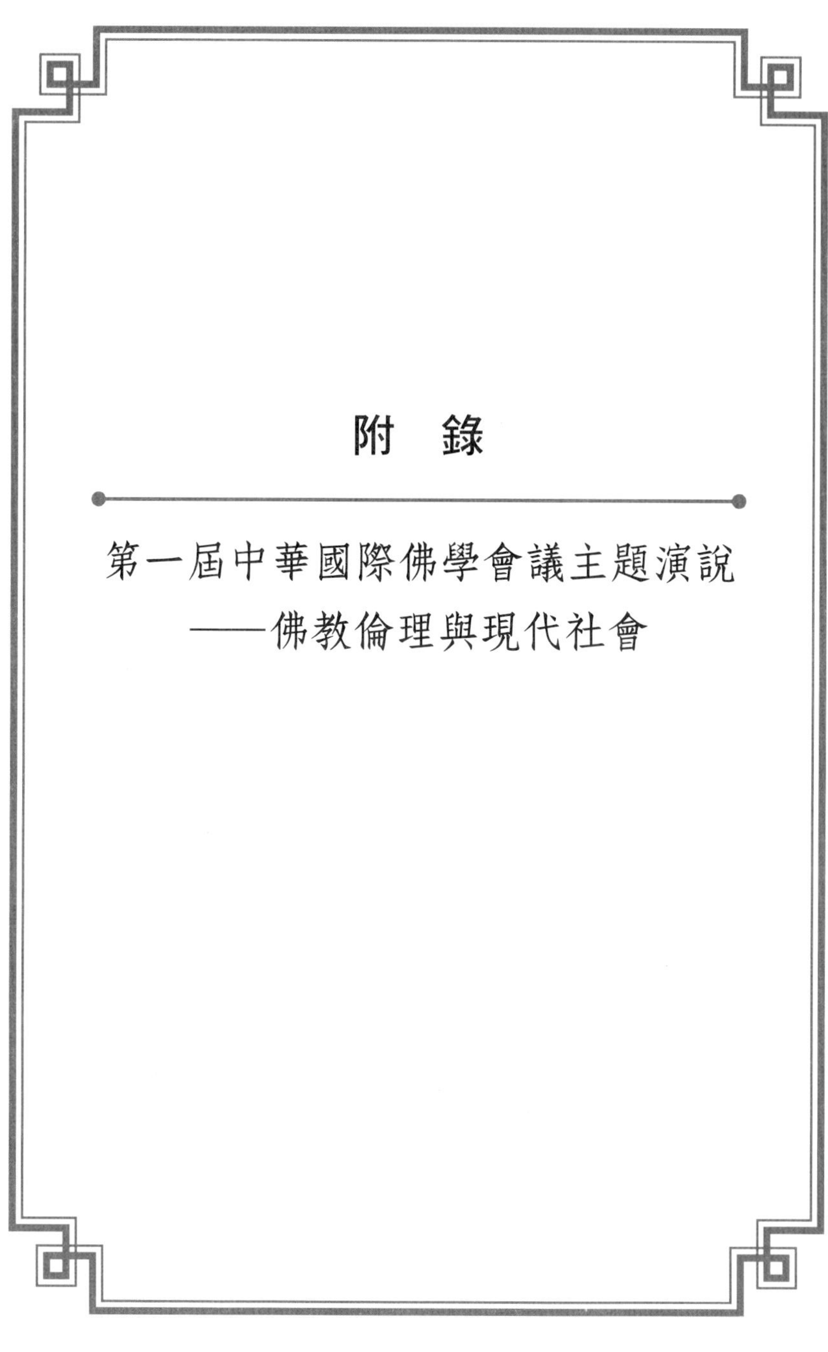

# 附　錄

## 第一屆中華國際佛學會議主題演說
## ——佛教倫理與現代社會

# 主題演說之一

水谷幸正

## 一、佛教倫理的本質

### 1. 戒律與倫理

就如從初期的佛教以來直到現在，大家所說的成佛之道的基本是戒、定、慧三學，基本的學佛之道其修行首先是從戒開始。戒者，原本是習慣的行為，然而在一般它是用於意味著道德的德目與修行中必須要遵守的規範。是指的五戒、八關齋戒、十善戒、二百五十戒（三百四十八戒），更進而十重四十八輕戒、三聚淨戒、圓頓戒等。在此戒上加上為了維持教團的秩序而制定的規律，也就是所謂的律，我們就稱之為戒律。如此它構成了經、律、論三藏中的律藏，我想這是大家所知道的事。

將這些戒律的內容，稱之為佛教倫理，是二十世紀中葉為止，佛教學者的傾向，是佛教徒的常識。律藏被視為是集佛教倫理之大成者，而誇示著佛教是如何地重視倫理。

沒有錯，由於戒律是敘說佛教徒個人或是團體的行為和紀律，所以名之為倫理，也並非不妥當。確實，單以名之為倫理的內容來看，就可以被承認，但是果真只有戒律才是佛教的倫理嗎?

關於佛教倫理是什麼?在此沒有多餘的時間來討論(單是這個，也就夠成為一個大課題)，可是我將一面把倫理的本質及道德的根源是什麼的問題納入視野。另一方面，我們將要探討，在宗教層面上的佛教而言，是否在任何方面都可以承認其倫理性等問題，作為我參究佛教倫理的基盤。進而希望各位能明白，縱使在我們將戒律視為倫理實踐形態的佛教倫理，我們只是研究它，是不能解決問題的。

## 2. 佛教倫理學的確立

在日本，就佛教的倫理性，換句話說，就佛教倫理的本質來加以追求，明確地提出就佛教倫理來作學問的研究者，是和辻哲郎博士的《原始佛教的實踐哲學》、《佛教倫理思想史》。他從佛教思想來將倫理觀作體系化，是項創舉而且是件偉大的事跡。那是把可以說是佛教的根本思想的緣起乃至空，作為根底的倫理思想。與佛教倫理學正是名符其實的內容，是由和辻博士首先提出的。在此，可以說那是置於宗教和倫理的水平上，確立的佛教倫理。

## 3. 宗教與倫理

我想，哲學是知識分子就倫理來加以思辨的學問。可是倫理作為生活在宗教領域裏大多數人們的實踐原理，是起了效用。進而表示人類行為的規範的倫理，必是形成宗教的重大要素。當然宗教不是終始於倫理，但是在人們判定宗教對人類生活是適當與否?換句話說，是迷信與否的基準上，就依有無倫理性而被採擇了。被稱為世界的宗教，高等的宗教是富於倫理性的，其中特別是佛教。不用說，這是我個人的見解。東亞各民族的倫理，是儒教的倫理，同時是植根於佛教的倫理。在優秀的宗教的真理中被證實的佛教倫理，它是超越了時代和民族的不同，而成為東洋人的血和肉，培養出了他們的心靈。

## 4. 缺乏倫理性的批評

可是在佛教來說，它缺乏調和日常生活和社會的倫理性，如此的批評是很明顯的，且是事實。我們知道當作欠缺倫理性的批判論中，佛教倫理被舉出作例子的情況倒是不少。

譬如說，來自儒教的批判是：佛教是否定了為維持家庭的良好風氣和國家秩序的人倫關係的出家遁世主義者。來自基督教的批評是：佛教是因基於現實的人生是苦惱的厭世觀，所以沒有以實現社會正義為目標的實踐倫理。甚而，哲學家和思想家們批評說：儒教是說人類的社會道德，基督教是說實踐神的愛的人道主義的倫理的宗教。可是在佛教裏，沒有那樣的社會性格，也沒有確立歷史觀。

面對如此的批評，這數十年來，很多的佛教學者和佛教信徒們透過學術研究的論文與社會評論，不僅是從事於形而上學的議論，而且致力闡明對現代社會得以發揮強而有力的指導力的佛教倫理，及具體實現的方針。他們一方面考察，對特定對象的佛教信徒，提供可適用於戒律的倫理，一方面探尋著，能作為背負下一代青少年教育的課題。又對於作為現在社會的一分子，而活躍生活於此世間的一般大眾來說，可作為必要的生活倫理的佛教倫理。然而有關此事的領域也太廣了，因為其關心是涉及到多方面，在一朝一夕中，要作包羅性的討論是不可能的。作個結論來說的話，是在二十一世紀的社會裏，對佛教徒來說，佛教倫理可說是項最大的課題。因此，請允許我在此，僅就幾項事例，來作問題的提起。

## 二、佛教倫理的根據

### 1. 佛教的特質

首先就我個人所知，舉出二點佛教的特質而置之。

第一是，為一般人所推測的，現仍保留著釋尊言教較多的初期經典，其內容富有極為濃厚的倫理色彩。這點可以從阿含經典中覓得。而我們看了《法句經》和《經集》的話，就可以明瞭了。關於此事，中村元博士在他的著作《原始佛教的生活原理》和《宗教與社會倫理》中，作了詳細的解說，各位可以參閱。

第二是，佛教比其他的宗教是較富有寬容性、合理性。我們看看歷史，佛教在傳播的過程中，從來沒有發生過激烈的戰爭和殺戮的現象。它能包容土著的宗教，而發展自己。這也是各個地域、各個國家的佛教，都擁有它自己的特色的理由所在。因此，特別是大乘佛教能夠擁有，訴之於現代人的理性的高度思想和哲學，而推展的原因。

我單是舉出此二點佛教的特質，相信各位可以理解，為何佛教是倫理的宗教了吧!

## 2. 達摩（法）的自覺

釋尊的悟道，是佛教的原點，此無他，即是法（達摩）的自覺。佛教的本質是法，亦即，佛教即是佛陀的教法。又如釋尊所述說的「見法者見我（佛）；見我（佛）者見法」，佛教是除了「達摩之教」之外，沒有別的。簡單地用一句話來作定義的話，可以將擁有習慣、慣例、義務意味的達摩，敘說成行為的規範。這也就是說，佛教倫理思想的根據，是在達摩的意思。作為一個人，該做的事是達摩，也就是佛法。敘說成行為規範的話，可以說生活倫理就展開了；而成了八萬四千法門者，乃現在的佛教。

## 3. 緣起思想

依據達摩的實踐方法，可說其數甚多。然而其基本是四聖諦中的道諦，而八正道是其代表。且也可以說，佛教的根本真理的達摩，是由緣起（相依相關、因緣生起）說而展開的。「見緣起者見法；見法者見緣起」的一段經文，是與前面所敘述的「見佛者」云云，具有同樣重要的教義。因此，緣起是佛教的根本思想。我們可以說，釋尊的悟道，也是緣起。在大乘佛教裏，它被作為性空的思想而體系化了。曾有學者指出，構成在前面引述過的和辻博士的倫理學者，乃是佛教的緣起思想，其基本的立場是佛教的空觀。我想，佛教倫理成立的基盤正是在此。

## 三、實踐德目

### 1. 慈悲、七佛通戒偈

從種種的角度，具體的實踐德目被闡述著，現在沒有時間來一一列舉。然而它們之間有個共通的精神，此精神是可以與基督教相媲美的，它就是慈悲。在樹立人際關係的心與心溝通的根底上，是不能沒有慈悲的。沒有慈悲的倫理，只不過是軀空虛的形骸。而且具體實現這個慈悲精神的第一步，是布施。以從煩惱中獲得解脫為指標的佛教修行者來說，布施是件當然的事。對社會一般人來說，也是最重要的實踐理念。又以德目來說，八正道是不用說的，可是我想列舉四攝事，及在大乘佛教中被體系化的六波羅蜜等，作為代表性的項目。

無論如何，總括這些實踐德目者，是那有名的「諸惡莫作，眾善奉行，自淨其意，是諸佛教」(七佛通戒偈)。以在前面曾舉過的《法句經》為首，很多的經典裏都言及此偈文。當有人詢問佛教是什麼時，我們可以直截了當解答者，就是此偈文。它是最能表達佛教正是倫理宗教的偈文。

不作一切惡，行一切善，淨化自己的心靈，就是諸佛的教誨。

### 2. 淨佛國土，成就眾生

在前面也提過，一般人批評佛教只顧自己的解脫，是厭世、遁世的出世間法。然而對此批評，我絕不以為然。在此世間，不作惡而行善是佛教的指標。即使為了自己的修行而遁世的傾向很強烈，佛教的修行者也是以「還來穢國度人天」為他的目標所在。在大乘佛教裏，就是高揭著「淨佛國土，成就眾生」，為成佛之道的目標。由古至今始終一貫，佛教就是為了要創造更好的人類，更好的社會，而且要傾全力於止惡行善，淨化自己的心靈。

## 四、對現代社會的任務

### 1. 現代社會的特徵

由以上個人的一些淺見，似也可以顯明，佛教在任何社會裏是不可欠缺的，就是特別把視點放在現代的社會裏，也是如此。可是當我們就「現代社會的特徵是什麼?」「以二十一世紀為指標我們該有什麼作為?」等問題來探討時，將涉及多方面而無法簡單地述說。但是可以列舉出通常大家所常談的：現代的社會將成為國際化、資訊化、高齡化的社會。

### 2. 國際化

在二十一世紀裏，國際化將更顯著地往前演進吧！各個民族，各個國家一方面要維護自己的文化、傳統和風俗習慣，一方面要去創造共通的文化吧！以站在人類的立場，凝視人類為首要的佛教倫理，正是共通於世界的普遍倫理。祈求實現人類的福祉、世界的和平，是現代人共有的願望，而佛教倫理則是達成此目標的原動力。因此，在這個時代裏，它將被重新評價吧！

### 3. 資訊化

資訊化所蘊涵的內容，是多樣性的。然而也因先端科技的顯著發達，它被惡用了，使產業社會變了容，招來了人性的頹廢。技術文明的進步，牽連到自然環境的被破壞，甚至到機械支配人類；資本主義的自由競爭，社會主義的獨裁統治，兩者都鬥爭不已。在產業社會裏，人與人之間的不信任感不斷地在增加。這樣一來，人類的慾望不斷增強的話，人類就愈來愈喪失理性而頹廢下去。經濟倫理和政治倫理必須建立，理性和良知必須回到人性中最有價值的自信，而這些都必須奠基於緣起性空的思想。

### 4. 高齡化

在日本，高齡化的社會特別被重視，它是我們邁入二十一世紀的重要課題。家族的倫理、社會福祉的理念，不消說；為了確立醫學的倫理，更進而生命的倫理，佛教思想該發揮的任務，是極為重大的。臨死的醫療和看護、安樂死、腦死、器官移植等等，有關的具體問題是很多的。不只是限於高齡化的社會，也可以把它當作社會倫理及生活倫理的共通課題。我想我在前面提到的四攝事，是特別重要的。布施、愛語、利行、同事四者，是可以連結人與人的心，可說是奉仕的倫理。我們實有必要重新來闡明這個倫理價值的重要性。

## 五、指導人類的理念

不問現代社會的內容如何，為了要使二十一世紀的社會，是個更好的社會，佛教倫理是極為重要的。在佛教裏，充滿了尊重人的精神，及日常倫理的實踐性。佛學是探究人性的學問。世界有名的學者們更指出了，從今以後指導人類理念的，不是西洋的思想，而是東洋的思想，尤其是佛教的思想。今日，佛教的價值，可說正廣為全世界所考量著。

倫理是人類理性所形成的，社會也是由人類的理性所組成。教育和社會福利（如政治和經濟）對社會狀況的改善是必須的；教育的目的是在成就人類的理性，政治和經濟也是朝向理想社會而努力。

我深信藉著堅固的教育和社會福利基礎，佛教倫理必能為我們提供一個光明的未來；這也是我以作為一個佛教徒，在此貢獻我對於推動朝向佛教理想中的未來社會的看法。

# 主題演說之二

## 路易・藍卡斯特

能成為中華佛學研究所主辦的第一次國際會議一分子是我的榮幸。關涉到組織和掌握這麼重大的事要求很多，而且我們之中辦過類似會議的人都能充分體恤你們所花費的心血。這些會議，對少有機會互相交流的學者很重要，因為替他們製造了當面切磋請教的機會。依賴互相供給資料、評估觀點及論點的學者，彼此之間的學術網也由此等會議而穩固的建立。

除了專家們之間的學術探尋、交流之外，這個學術會議還有個很重要的部分，就是使有興趣的公眾能得到知識。自由的交換資訊，甚至開放學術的會議給廣大民眾的意願是此次會議的宗旨。上個月，我在韓國演說時提及：在東亞，佛教所面臨的重大挑戰之一，即是如何對一般人提供教育性的節目。在這方面，我籲請韓國佛教徒重視「臺灣模式」，因為在臺灣為了幫助非佛教徒而建立的機構之數目令人印象深刻。中華佛研所在出版佛教教義及歷史方面的資料一直處於主導地位，且其教育課程使該所維持高水準的歷史及哲學討論。

我們非常高興能有此機會，同你們一起分享這個目前正在進行中的鼓勵研究複雜佛教傳統的過程。這個宗教，也是我們會議的焦點，曾是東亞及南亞每個社會中的主要結構。在未來，若有任何有關亞洲及其文化的課程，都必須研究佛教這一重要環節，而中華佛研所和臺灣其他教育機構的貢獻，將是此等研究的關鍵所在。

我再次對大會籌備人員致敬，由於他們的召集，所以使我們有機會第一次深入地探討佛教和倫理，也希望能藉此帶動更多的國際會議，以引發更深地透視佛教在社會中所應扮演的宗教角色。

# 主題演說之三

## 釋聖嚴

諸位政府首長、諸位中外貴賓：

傳統與現代是永遠分不開的，所謂溫故知新、推陳出新、破舊革新，雖然態度不一樣，而其由傳統至現代的交替過程相同。所以離開傳統便無從談論現代。

論傳統，未必是要復古；談現代，也不能與傳統無涉。歷史及文化的腳步，是從古代走向現代，再走向未來的，這便是佛教所說的因果關係。可是隨著時代的延伸和環境的變遷，便不可能有永恆不變的傳統可循，這就是佛教所說「諸法因緣生，諸法因緣滅」的道理。

佛教的傳統，可從其教理史及教團史兩方面來加以探討。教理方面可分為原始的基礎思想及發展的宗派思想，教團方面可分為區域性的形態及時代性的形態。也可以說，佛教在二千五百多年以來，為了因應各個時代及不同環境的需求，經常主動或被動地從傳統走向現代。

佛教既能歷久而常新，且能從中印度傳遍今日的全世界，必定有其被人歡迎接受的價值和條件。為了能使這些有益於人類社會的佛教內涵，迅速、正確、有效地從其傳統走向現代，我們遂以「佛教傳統與現代社會」為永久主題，成立了「中華國際佛學會議」，預定從各個不同角度，來作深入而廣泛的討論。這是第一屆會議，以「佛教倫理與現代社會」為專題。

從理論上說，佛教的因果觀念就是倫理的基礎；從因到果之間，必然有種種因素，這叫做因緣。任何事、任何物、任何人的活動，在時間上的前後過程叫做因果關係，在空間上的接觸移動叫做因緣關係。從一定的起點到其一定的結局的出現，只要有一個因素錯亂，結果就會不同。所以佛教徒為了從煩惱的生死境界達到清淨的諸佛境界，絕對不敢違背因果，錯亂因緣。

從眾生到菩薩到諸佛的果位，必須要盡到一切責任；所謂「做一日和尚撞一日鐘」，「在什麼地位做什麼事」。也就是兢兢業業於與各人身分相應的分內責任。

再從實際的生活而言，佛教倫理的基礎在於戒；以戒的類別、戒條的多少和輕重的等級，來區別佛教徒的層次。例如在家的優婆塞優婆夷只須受五戒，最多加上今日受持的八戒。初出家的沙彌沙彌尼須守十戒；成年而成熟的出家男女二眾，要受二百五十條乃至三百多條的比丘戒及比丘尼戒。

佛教徒因為戒律的倫理關係，而自然形成權利共享、責任與義務分擔、上下尊卑各安其位、各盡其職、彼此照顧、相互尊重、恭敬、愛護、教養、適時、適處、適位。佛教的僧團從來沒有整體的制度和縱橫的行政架構，然而佛教徒行之於天下，都會遵守和履行他們應有的責任和義務，也必然遵守與各人身分相符的禮節。

佛教徒對於人間的尊敬、關懷和愛護是這樣的。在《雜阿含經》卷 34，九百五十二經說：「若見眾生，愛念歡喜者，當作是念：如是眾生，過去世時必為我等父母、兄弟、妻子、親屬、師友、知識。」也就是把各個不同身分和年齡的人都看作跟自己有倫理關係的人；對一般人尚且如此，何況是對實際上的關係人而不予以尊敬、關懷和愛護呢？另外在《十誦律》卷 34 說：「先受大戒，乃至大須臾時，是人應先座、先受水、先受飲食。」這是說佛教徒的上下座位及飲食之時，以受戒的先後為次第。為什麼要以受戒的先後多少大小而分層次？乃因要求知法知律，能夠向下層層攝化，向上級級依止；若不知律不知法，不得為人作依止師。所以，這是非常合理的倫理制度。

我們並不意謂在二千五百幾十年前釋迦牟尼佛所制定的戒律，今天大家在任何地方都必須遵守其中的每一條。很明顯的，在釋迦牟尼佛度了五比丘出家之後，僧團並沒有馬上制定戒律的必要。後來由於出家的弟子越來越多，其中有些犯了當時社會風俗所不容許的過失而受到批評，佛陀才漸漸地因事實的需要而一條一條制定了各項戒律。可是一直到他入滅為止，由於實際情況的發展，好多重要的戒條都在一次及一次的更改中；到了佛陀入滅之後，沒有人敢更改戒律，遂成了定案。

我們可以理解，今天來談以戒律為依據的佛教倫理，並非主張全盤遵守佛世所制的戒律條文，而是希望循著因果和因緣的理念，加上戒律所規定的倫理原則，配合著佛法的推廣，使得我們今日乃至今後的世界人類，都能生於更和諧、更健康、更安定、更繁榮、更有安全保障的社會環境。

我們不須要說，古代的倫理道德，一定比今日的情況更好；但是在科技的物質文明愈來愈昌明的社會環境之中，人與人之間的關係和關心，愈來愈疏遠，愈來愈淡薄，這是事實。一方面由於生活步調的忙碌，另一方面也由於生活的空間愈來愈窄，沒有更多的時間來照顧自己的關係人，卻有更多的機會接觸到無關係的人，因此對於近親和遠親、有關係和無關係的人之差別感覺，愈來愈小；也就是說，倫理的關係與責任感也愈來愈模糊不清，所以造成家庭的分離與社會的混亂。例如，對夫婦間的婚姻、父母的孝敬、子女的教養，師長、朋友、親戚，以及工作場合的主從關係等，責任與義務的觀念漸漸不受重視。如此人人自私自利的結果，卻是自害害人。因此我們希望提倡佛教因果因緣的觀念、培養受戒持戒的精神，提昇人的品質，建設人間淨土。

## ◎ 釋迦牟尼與原始佛教　于凌波／著

釋迦牟尼為世界三大宗教之一的佛教教主，是眾人崇敬、信仰的對象。然而，由於弟子對他的崇敬與懷念，逐漸將他塑造為具有無邊神通、超越一切的「神」，導致後人對釋迦牟尼在歷史上的真實性產生懷疑。本書以原始經典為素材，忠實敘述釋迦牟尼一生的行誼和他所領導的僧團，冀望使讀者正確認識佛陀和佛教的誕生與發展。

## ◎ 唯識學綱要　于凌波／著

唯識學是大乘佛教法相宗的宗義，其內容在闡釋萬法唯識的妙理，探討我人內心深處之實態，以尋回人們真實的自我。本書為學者進入唯識學門戶之津梁，書中分論五位百法、五蘊、四大、八識、種子等唯識學上的基本觀念，期能以深入淺出的手法，引領讀者一窺此千年絕學之奧祕。

## ◎ 簡明佛學概論　于凌波／著

本書概述佛教之史傳、佛學之理論及佛法之修持三大單元，不僅簡介了釋迦牟尼的生平傳略及佛教在印度與中國的發展，還囊括了佛經翻譯及《大藏經》編修等介紹，並簡明扼要、深入淺出地闡明佛學之基本哲理，盼能藉此提升讀者對佛教之認識，掌握實踐修持之方法與步驟。

## ◎ 龍樹與中觀哲學　楊惠南／著

龍樹是初期大乘佛教最有力的鼓吹者和理論家，在他的努力下，大乘佛教大為興盛，甚至取代了小乘佛教的地位。在印度，信徒們為他立廟，供奉如佛；在中國，龍樹則被尊為（大乘）八宗的共祖。本書透過對龍樹著作之研究，試圖釐清龍樹哲學中的重要概念，對於佛學研究的理論與基礎面的整理，貢獻良多。

## ◎ 佛教思想發展史論　楊惠南／著

本書作者以雙重角度，分析、考查中、印佛教在教團、戒律、教義等各方面思想上的異同。既從佛教哲學問題的橫面意義，討論了佛教哲學中的各種重大問題；亦由佛教史的面向，探究了這些哲學問題在歷史上的縱向發展。如此縱橫交錯，截長補短，使本書既具有佛學概論的廣度，也擁有佛教史的深度。

## ◎ 佛法與醫學　川田洋一／著　許洋主／譯

醫生通常可以告訴您生了什麼病，卻無法確切地告訴您為什麼會生病；「人為什麼會生病」這個問題，似乎牽涉到生命意識的深層結構。本書由世尊的覺悟內容為起點，有系統地論述身體與宇宙韻律的關係，並詳細介紹佛門的醫療方法，為您提供一條健康喜悅的生命之道。

## ◎ 佛言佛語——佛教經典概述　業露華／著

要了解佛教，必須要對其經典有一定的認識，但佛教典籍浩如滄海，一般人很少能一窺全豹。為此，本書特別針對佛教經典，尤其是中國佛教的部分，作歷史性及概要性的介紹，使讀者在閱讀本書後，能對佛教經典的產生、內容，以及在中國社會的流傳情況，有更深入的了解。